南無本師釋迦牟尼佛

本師釋迦牟尼佛 偈讚

俱胝圓滿妙善所生身

成滿無邊眾生希願語

如實觀見無餘所知意

於是釋迦尊主稽首禮

法稱論師

法稱論師 偈讚

法理摧非法

威名昭三界

語日破惡說

頂禮法稱足

賽倉・語王吉祥大師

賽倉・語王吉祥大師 偈讚

文殊怙主法王語自在

普弘法義妙慧演稀奇

吉祥守護此域僧伽事

賢德善知識足誠祈請

賽倉攝類學 上

造論／賽倉‧語王吉祥大師

總監／真如　　主譯／釋如法

主校／釋性忠

大慈恩‧月光國際譯經院

བསེ་བསྡུས་ཁྲིད།

《賽倉攝類學》譯場成員

承　辦／大慈恩・月光國際譯經院・第四譯場（五大論前行系列）

授　　義：哲蚌赤巴仁波切、大格西功德海、如月格西

總　　監：真如老師

主　　譯：釋如法

主　　校：釋性忠

主校助理：釋性暖

審　　義：釋性理

參　　異：釋性說

參異助理：釋性泰、釋性奉、釋性正、釋性崇、釋性殿、
　　　　　釋性黎、釋性璠、釋性揚、釋性鴻、釋如持、
　　　　　釋善見、釋緣享、釋性空、釋果道、釋超志

行　　政：釋性回、釋性暖

特別鳴謝：妙音佛學院預一班、122班、
　　　　　南海寺僧團中文攝類學班、王士豪、趙軍、
　　　　　蔡纓勳、潘呂棋昌、潘竑、張波、張絉維

五大論譯叢總序

　　佛典浩瀚深邃，其智慧與慈悲千百年來穿越歷史，凝眸當代。為生命者，無不希望除苦，無不希望得到快樂，而除苦引樂之方便，雖多如牛毛，細不可數，然立足於解決眾生因無明障蔽而產生的生死之痛，指出所有痛苦皆可除，所有快樂皆可得者，唯佛陀爾。

　　最徹底無餘地去除痛苦之法，所有的快樂皆能修成之法，即是三藏要義，為法寶。以佛為師，依其教法而修學，浩浩然千古不變，高僧大德輩出於世，燦如日月，美如星河，抒寫出人類對於幸福追求的頌歌，千經萬論，如金鼓鳴響史冊，法音流轉，三千驚嘆，群蒙得潤。

　　佛陀為了利益一切有情而發菩提心，三大阿僧祇劫積聚資糧，終成正覺，其間四十九載宣說法要孜孜不倦。佛法弘傳至今兩千餘年，漫長歲月中，無量有情依仰著佛陀宣說的教法，而得到從人天善果到不可思議成就的種種饒益。因此寂天佛子說：「療苦唯一藥，眾樂出生處，聖教願恆住，受供養承事。」至尊法王宗喀巴大師也曾說過：「世尊事業中，語事為最勝。又復因於此，智者隨念佛。」佛陀的教法，實是欲解脫者唯一舟航，是欲竭生死海者殷殷渴盼的無死甘露，是這個世上最為珍貴稀有的無價寶藏。

　　為導眾生，世尊示現十二事業，成道之後，由於所化機根性不同，宣說了八萬四千法蘊。而八萬四千法蘊又可以攝入三轉法輪之中。初轉法輪有《法輪經》等，以小乘行者為主要所化機，而宣說四諦等等的內涵；中轉法輪有《大般若經》等，以大乘中觀師為主要所化機，宣說諸法無相的內涵；

後轉有《解深密經》等，以大乘唯識師為主要所化機，宣說了三無自性性等的內涵。世尊般涅槃之後，阿難、鄔波離、大迦葉尊者，分別結集世尊的語教經律論三藏，一代釋迦教法，於焉集成而傳於世。

三藏雖傳，然而後世學人，如何從浩瀚的佛語當中，抉擇出一條所有補特伽羅都必經的成就之路？佛陀所說的法要，如何化為行持的準則？佛法當中的猶如金剛鑽石般璀璨的核心見地——無我空見，其正確的闡述為何？如何闡述？次第為何？三藏當中所說的種種法相，其嚴密的定義為何？佛法當中種種的立宗，應當以怎樣的理路去研習、證成？後世歷代教法傳持者，雖隨著眾生的根機，分別形成了有部、經部的小乘論宗，及中觀、唯識的大乘論宗，然而無不遵循著這些重要的議題，深入地探討佛語而製疏造論。龍樹菩薩、聖天菩薩、馬鳴菩薩、清辨論師、佛護論師、月稱論師、月官論師、獅子賢論師、觀音禁論師、寂天佛子、無著菩薩、世親菩薩、安慧論師、功德光論師、釋迦光論師、聖解脫軍、陳那菩薩、法稱論師、天王慧論師、釋迦慧論師等等，這些祖師們留與後人的論著，為我等學人開示佛語的密意，指示趣入三藏的光明坦途，為探索三藏要義者前路的燈塔、頭頂的星辰。因此諸大論師們被譽為開大車軌師，或持大車軌師、贍洲莊嚴，成為難以數計的學人隨學的光輝典範。

當印度的正法如日中天之時，遠在漢地的高僧，為了探尋佛法的真義，而前往西域者，不知凡幾。如五世紀初的法顯大師、法勇大師，七世紀的玄奘大師、義淨大師等，或走陸路，翻越雪山臥冰而寢，攀爬數日無處立足的峭壁，不顧生命，勇悍穿行千里無人的沙漠。或走海路，相約同志數十人共

行，臨將登船，餘人皆退，唯己一人奮勵孤行。古來的求法高僧，以寧向西行一步死，不向東土半步生的毅志，終將三藏傳譯漢土。而藏地自七世紀以來數百年間，諸如吞彌桑布札、惹譯師、瑪爾巴譯師、寶賢譯師、善慧譯師，也都是冒著熱病瘴毒，將生死置之度外，前往印度求法。於是才將三藏經續及諸大論師的論著，大量傳譯至藏地。由於先輩譯師們追求正法的偉大行誼，佛陀的教法，才能廣佈於遙遠的國度，而形成如今的北傳、藏傳佛教。

時遷物移，印度佛法至十二世紀令人痛心地消失殆盡。如今，保留著最完整的印度祖師佛法論著的語系，已不是印度本土的梵文，也不是巴利語系，而是藏語。藏族譯師，經過近千年的努力，譯出的印度祖師論著多達三千多部，約二百函。不計禮讚部及怛特羅部，也有近七百部。藏族譯師，不僅譯出了大量的印度祖師論著，諸大教派各成體系，對於這些論藏做了深入地研習。其中顯教法相的部份，以噶當、薩迦二派諸師為主要傳持者。至十四世紀，宗喀巴大師降世，廣學經論註疏，結集各派之長，為諸大論典作了詳明的註解，尤就其甚深難解之處，清晰闡釋，為學人奉為頂嚴。其高足賈曹傑、克主傑、根敦主巴，也依著宗喀巴大師之說，而造論著述，為格魯派後學奉為準繩。宗喀巴大師創建甘丹寺祖庭之後，至第三代法台克主傑大師，始創建法相學院，漸漸在諸大論著之中，確立《釋量論》、《現觀莊嚴論》、《入中論》、《俱舍論》、《戒論》為主軸，從而含攝其餘眾論的學習體系。其後三大寺中各學派的論主——色拉杰尊巴、班禪福稱、袞千妙音笑等，又依宗喀巴大師父子的著作，再造五部大論的著釋，而形成三大學

派。至五世勝王時期，成立正式的五部大論格魯大考的哈朗巴格西考核制度，五部大論的研習制度，從此完備，延續興盛了數百年，並且擴及四川、青海、甘肅、雲南、拉達克、內蒙、外蒙等區域。涵蓋了這麼廣大的地區，經歷了這麼多的世代，五部大論的修學體系，令人驚歎地成為這世界上最為完備的佛法修學體系。

五部大論中，以《釋量論》作為首先學習的內容。法稱論師所造的《釋量論》對於因明之學做了詳盡的闡述。《藍色手冊》中，就記載有「成辦一切士夫義利的前行就是量論」的說法。學人先學習《釋量論》的內容，訓練自己的理路，如造一艘大船，可乘之航行無邊大海。一旦熟練地掌握理路論式，以及各種法相，即可運用這些辨析的方式貫穿整個五大論的學習。因此，《釋量論》成為五部大論中第一部學習的論典。由於《釋量論》的內容極為艱難，藏地的祖師們慈悲開出了《攝類學》、《因類學》、《心類學》三科，作為《釋量論》的前行課程，以幫助後學進入精彩的思辨聖殿，以窺真理之光。進而廣展雙翼飛越難點高峰，而遊於甚深理之虛空。

五部大論中的第二部《現觀莊嚴論》，為五部大論中的主體核心論典。《現觀莊嚴論》為至尊彌勒所造，闡述經中之王《般若經》，是學習般若的快捷方便。《現觀》透過三智、四加行、果位法身等八事，來開闡《般若經》中所隱含的三乘行者修行的完整次第。在正規的學程中，必須經過六到八年的時間來研習本論。並且在前行課程中，學習七十義、地道、宗義，過程中學習附帶的專科《二十僧》、《辨了不了義》、《十二緣起》、《禪定》。至此，學人猶如入海取寶，琳瑯滿目，美不勝收，心船滿載智慧寶

藏。

五部大論中的第三部《入中論》，為應成派的月稱菩薩闡述中觀空見的論典，專門闡述龍樹菩薩解釋《般若》顯義空性的《中論》，為五部大論中，探討大乘空見最主要的論典。猶如皓月當空，朗照乾坤，為諸多探討空性者，指示正道，令離疑惑及怖畏，萬古深恩，令人銘感五內。中觀常與現觀合稱，被並列為五部大論中最為重要的兩部，交相映輝，光灑三千。

五部大論中的第四部論著《俱舍論》，為世親菩薩所造的小乘對法論著。此論對於佛法中的種種法相，做了全面性的歸納及細緻探討。猶如收藏百寶之室，若能登堂入內，大可一覽天上天下眾多珍奇。

五部大論中的最後一部《戒論》，為功德光論師對《根本說一切有部毘奈耶》的攝要，詮說共乘別解脫戒的內涵。皎潔戒光，通透論典，令人一閱，遍體遍心清涼，實為濁世不可多得的解脫妙藥。

諸多教授五部大論的師長都曾傳授這樣的教授：五部大論以詮說總體修行次第的《現觀》為主體，以《釋量論》作為學習《現觀》的理路，以《中觀》作為《現觀》中空見的深入探討，以《俱舍》作為《現觀》的細分解說，以《戒論》作為《現觀》的行持。學習《釋量論》重在論辯；學習《現觀》重在廣泛閱讀，架構整體佛法次第綱要；學習《中觀》重在體悟空性正見；學習《俱舍》重在計數法相；學習《戒論》重在持守律儀。至尊上師哈爾瓦‧嘉木樣洛周仁波切，在《法尊法師全集序》中，也以五部大論如何含攝經律論三藏要義、大小二乘要義、三轉法輪要義、四部宗義要義、二勝六莊嚴論著要義五個角度，闡述格魯派學制為何以五大論作為顯乘修學的主

體內容。從這些內容當中，我們可以認識到，五部大論對於令學人掌握整體佛法修學，有著怎樣的超勝之處。

　　漢藏兩地，各經近千年的佛經翻譯歷史，二者璀璨的成就，可謂相得益彰。漢地的《大毘婆沙論》、《大智度論》、《四阿含經》，為藏地所缺。而漢地則在五部大論的翻譯以及闡述方面，未如藏地完備。如《現觀莊嚴論》，在法尊法師之前，漢土幾不聞此論。因明部份，漢地先前只有《因明正理門論》等少數論著，至於《集量論》、《釋量論》、《定量論》等，也是到了法尊法師時才譯出的。《中論》雖早有漢譯，且有《青目釋》、《般若燈論》等印度釋論及本土三論宗的著述，然瑜伽行自續派及中觀應成派的論典，猶多付之闕如。《俱舍》一科的論著，漢地較為完備，然印度釋論如《王子疏》、《滿增疏》，藏地論著如《欽俱舍釋》等，於漢土亦不無補益。律論方面，由於漢藏兩系所傳系統不同，因此藏地所依的一切有部律，漢地除了有義淨大師譯的《根本說一切有部毘奈耶》之外，並沒有一切有部律的論著。這方面，藏系中的印藏論著，同樣可以完善漢系中的空缺。

　　五部大論相關的藏譯印度論著，合計起來，至少有一二百部。這些印度論著傳入藏地之後，歷代藏地祖師為之註釋，其論典更是在千部之上，其中不乏有眾多數十萬字的巨製大論。蒙族在五部大論的學修方面，與藏族難分上下，而蒙族對於五部大論著有註釋的論著，也都以藏文形式保存著。總合藏文五部大論體系論著的數量，幾乎與漢地現有的《大正藏》相等。如此巨大而珍貴的寶藏，數百年來就非常活躍地流傳於藏地，卻不為比鄰的漢人所知。直到近代，法尊法師譯出數部重要的論著，如《釋量論》、《集量

論》、《現觀莊嚴論》、《辨了不了義善說藏論》、《入中論》、《入中論善顯密意疏》、《入中論善顯密意鏡》、《阿毘達磨俱舍釋‧開顯解脫道論》等，漢土的有情方有機緣得以見聞此諸教典。法尊法師為藏譯漢的譯師先驅，引領著我們。

　　恩師上日下常老和尚，經過多年親身的修學歷程，深刻地體悟到，學習佛法，絕不可逾越聞思修三者的次第。而要修學圓滿的佛法，必須在最初階段，對教典進行完整的聞思。因此恩師對廣大的信眾學員，致力弘揚《菩提道次第廣論》，對於內部的僧團，更是從一九九四年起，開始招收沙彌，延請師資，教令學習古文、藏文，作為未來學習五部大論、翻譯經典的準備。二零零四年恩師示寂至今，福智僧團的學僧們，依舊秉持著恩師的遺願，十餘年如一日，艱辛地完成五部大論的學程。並且在寺院中，開設了十多個藏文五部大論的學習班級，近期也開始翻譯，以中文的方式教授五部大論。雖然，如今我們開始起步所翻譯的教典，只是滄海一粟，但卻也是宏偉譯經事業的巨輪莊嚴啟動。譯師們滴滴心血凝聚譯稿，寒暑往來，雖為一句經文，皓首窮經亦無憾。在此祈請上師三寶加持，龍天護祐，相信藉由祖師佛菩薩的願力、僧眾們的勇猛精勤力，這些廣大的教典，能成為漢地有緣眾生的豐盛法宴！以濟生死貧窮，以截人法二執苦根，三界火宅化為清涼無死佛國，是吾等所盼！

2017 年 10 月 15 日 真如於加拿大敬書

སྨྲ་བའི་ཁྱུ་མཆོག་ཆོས་ཀྱི་གྲགས་པ་ཡི། །ཁྱད་མའི་བསྟན་བཅོས་ཆད་མ་རྣམ་འགྲེལ་གྱི།

།དགོངས་དོན་སྙིང་པོ་ལེགས་པར་རབ་བསྡུས་པའི། །བསྟན་བཅོས་མཁས་པའི་མགུལ་རྒྱན་ཞེས་བྱ་བ།

།ལེགས་པར་བསྒྱུར་བའི་དགེ་ཚོགས་གཅིག་བསྒྲུས་པས། །འགྲོ་ཀུན་རྒྱལ་བའི་གོ་འཕང་མྱུར་ཐོབ་ཤོག

ཅེས་པ་འདི་ནི་བསེ་དགག་དབང་བཀྲ་ཤིས་པའི་སྐྱེ་ཕྲེང་དྲུག་པར་སྐྱོ་བཏགས་པ།

དྲ་ཀྱིའི་དགེ་སྐྱོང་བློ་བཟང་དཔལ་ལྡན་ཆོས་ཀྱི་རྡོ་རྗེ་ནས་2017ལྡི་ ཟླ་9ཆེས་ལ་བྲིས།

六世賽倉・洛桑華丹大師祝願文

言語之主法稱尊，
所著量論名《釋量》。
善匯玄旨書為論，
《智者頸嚴》號其名。
總集迻譯善資糧，
普願群生速成佛。

言語之主法稱論師所著的量學典籍，名為《釋量論》。名為《智者頸嚴》的論著，善為匯聚其中的旨趣精義。希望詳實翻譯本論的所有善業資糧，令一切眾生都能迅速成佛。

此頌為徒具賽語王吉祥第六世轉生之名者，釋迦比丘善慧具德法金剛，

著於 2017 年 9 月吉時

སྐྱེང་བཙོང་།

༄༅། །བེ་ཁྲན་དགེ་སློན་ཕྱུང་བསྨན་ཆོས་སྐྱིང་དགོན་པ་ཕྱུག་འདེབས་པ་པོ་དགེ་དར་ལ་
བསྨན་འཇོང་ཁྲུམས་ཆེན་ལགས་ཀྱི་དགོངས་བཞེད་དུ་དགོན་པ་འདིར་རྗེ་ཡབ་སྲས་དང་།
ཀུན་མཁྱེན་འཇམ་དབྱངས་བཞད་པ་ཡབ་སྲས་ཀྱི་ཡིག་ཆའི་སྟེང་ནས་མཚན་ཉིད་ཀྱི་བཤད་
གྲྭ་འཇོག་རྒྱུའི་ཕྱགས་འདུན་ཡོང་པ་ལྟར་བཀའ་གྲྭ་བཅུགས་ནས་ལོ་ངོ་བཅུ་གཉིས་རིང་།
བསྒྲུས་གྲྭ་ནས་འདུལ་བ་འཇོང་གྲྭའི་བར་ཚད་པ་སོང་ཉིན་ཅིང་། མཚན་ཉིད་རིགས་ལམ་
སྤྱང་བ་ལ་བསྒྲུས་གྲྭའི་རིགས་ལམ་སྤྱང་བ་ཤིན་ཏུ་གལ་ཆེ་བ་ལྟར་རེ་པོ་དགེ་སློན་པའི་
མཚན་ཉིད་བཤད་གྲྭ་ཡོད་སར་ཐོག་མར་བསྒྲུས་གྲྭའི་རིགས་ལམ་ལ་སྤྱང་བའི་ཕྱག་སྐོལ་
ཡོད་པ་བཞིན་དགོན་པ་འདིར་ཡང་ཕྱགས་སྲས་བག་དབང་བཀྲ་ཤིས་ཀྱི་གསུང་ཚོམ་བསྒྲུས་
གྲྭ་ཆད་མའི་དགོངས་འགྲེལ་བསྨན་བཅོས་ཆེན་པོ་རྣམ་འགྲེལ་ཀྱི་དོན་གཉིག་ཏུ་དྲིལ་བ་བློ་
རབ་འབྲིང་ཐ་གསུམ་ཏུ་སྨྱོན་པ་ལེགས་བཀད་ཆེན་པོ་མཁས་པའི་མགུལ་རྒྱན་སྐལ་བཟང་
རེ་བ་ཀུན་སྐོང་ཞེས་པ་ལ་ལོ་གསུམ་རིང་སྤྱང་ཚོན་ཉིན་ཅིང་། གཉིགས་དཔེ་ཁག་རིམ་
པས་རྒྱ་པོད་ཁན་སྤྱར་ཏུ་དཔར་སྐྱུན་ཞུ་འཆར་སོགས་ལ་རྗེས་སུ་ཡི་རང་དང་ཞུ་ལགས་སོའི་
བསྒྲགས་བཙོང་དང་ཕྱགས་འདུན་བཞིན་འགྲུབ་པའི་སྨོན་འདུན་ཞུ་རྒྱུ་བཅས་འབྲས་སྤུངས་
མཁན་ཁྲིའི་མིང་འཇོང་པ་སྐྱོ་མ་མཁན་རྒྱུར་གཡུང་པ་བློ་བཟང་བསྟན་པས

ཁྱབ་ འཔྱུ་
                    ༢༠༡༢/༡/༡/ལ།

哲蚌赤巴仁波切　序

　　台灣格魯派正法林佛學院創建者，殊勝善士日常法師，希望依循宗大師父子，以及遍智妙音笑大師父子之教典，而在該寺建立法相學院。

　　依其心願而建立起學院，至今經過了十二年，已完成攝類學班級至毘奈耶班級之辯論課程。

　　學習法相理路過程中，學習攝類學理路，極端重要。凡有日窩格魯派之法相學院之處，皆有最初先學習攝類學理路之傳統。如是，該寺也以三年為期，完成心子賽昂旺札西（語王吉祥）大師之攝類學著作，《將解釋〈量論〉密意之大論典・〈釋量論〉之義揉合為一，為上中下慧開示之廣大善說，智者頸嚴，滿具緣願》的研習與辯論課程，並計畫逐步出版此書之漢藏對照本。對此等深感隨喜讚歎，並願此等皆如願成就！

　　具哲蚌寺住持之名，果芒學院退位住持，雄巴洛桑丹霸撰文於 2017 年 8 月 8 日。

བསྐུས་གྲུའི་སྐྱེང་བརྗོད།

ཤེས་བྱའི་དེ་ཉུ་གདངས་དོངས་ཡངས་ལ༎རིགས་ལས་མེ་ཏོག་ཁོན་པ་ཅན༎ ཀྱི་ཀྱི་བློ་གསལས་གཉེན་ཏུ་ རྣམས༎ འདི་ན་ཅེང་རྫོ་བུ་བར་རིགས༎

ཞེས་གསུངས་ཏེ་སྐྱར་རིགས་པ་ནི༎ དག་འབྱོར་སྐྱོད་མེད་དག་པོ་ཅད༎ མཚན་སྐྱན་བཞེས་དང་གྲོགས་ཀྱིས་བསྐུངས༎ ཕྱི་ནང་མ་ཐུན་ཀྱེན་ཀུན་ཆན་བས༎

བློ་གསལ་གཉེན་ཏུ་ཤེས་འདོད་རྣམས༎ གཡེང་དང་ཕྱི་བགོས་སྤྱད་ནས་ནི༎ རིགས་ཚུལ་འདི་ལ་བསླབ་པར་རིགས༎ འདི་མི་ཤེས་ན་མི་ཡི་ལུས༎

ལུག་གི་གོ་འཁང་ཐབ་དུ་རེས༎ བཤེས་གཉེན་ཆེན་པོ་པོ་ཅེ་བས༎ སྐྱགས་ལས་ཏེ་བྱགས་འབྱེད་དགོས་གསུངས༎ ཕྱི་བྱགས་གང་གི་ས་འབྱེད་ཅེ་ན༎

དག་འདུལ་གཉིས་སྐྱོང་ཟོར་གསོག་དང་༎ གཉིས་དང་རས་དང་འཐིག་ལ་སྐྱོན༎ གཡགས་དང་དེ་གཉིས་མཉམ་པ་ཡིན༎ ཚོམ་ཀྱི་སྐྱོད་ལས་ཁྱུད་པར་འབགས༎

རྗེ་སྐྱར་ཚོམ་ལ་འདུག་པའི་ཚུལ༎ གཉིས་ཏུ་བློ་གསལ་ཤེས་འདོད་རྣམས༎ ཅུར་དགོ་ཆེ་འདོད་དགོས་སུ་ལོངས༎ དོ་བཟལ་སྐྱོན་མོའི་སྐྱེ་ཏུ་སྐྱོངས༎

ཀུ་ཡངས་གྲོགས་མེད་རས་འཁྱིམས༎ ཀུན་ལ་གྲོགས་ཀྱི་དས་པར་སྐྱོ༎ སྐྱང་ཚུལ་མ་སྐྱོན་རྣམས་དགའ་སྐྱོངས༎ མདོ་སྐྱམས་རིག་གནས་ཀུན་ལ་ཡང་༎

བསྐུས་གྲུ་ཉིན་ཏུ་གགས་ཆེ་བས༎ ཕྱགས་སུམས་དགའ་དང་བགའ་ཤིས་ཀྱི༎ བསྐུས་གྲུ་སྒྲུབས་བྱ་བརྒྱམས་ཞེས་གགས༎ སྐྱོར་དགོན་ཁྲ་རིས་བསྐུས་གྲུ་འདི༎

བརྗོད་བྱ་ཚང་ས་རྒྱས་བསྐུས་འཚམས༎ འདི་ལ་སྐྱང་བ་མཛར་ཕྱིན་ན༎ བསྐུས་གྲུའི་རིགས་པ་ལུང་བར་འགྱུར༎ བསྐུས་གྲུའི་རིགས་ལས་ལུང་རྒྱབ་ནས༎

སྐྱ་བ་དུ་མར་འདུག་པའི་ཚུལ༎ ཕྱི་ནིན་དགོས་པོ་ཀུན་ཚོས་ཆད༎ བདག་མེད་ཡིན་ཏེ་ཅིའི་ཕྱིར་ན༎ བདག་མེད་མེད་མ་ཡིན་པ་ཡིན་ཕྱིར༎

ཞེས་པའི་གཏན་ཚིགས་ཆེན་པོ་དོན༎ ཚོས་ཀུན་སྐྱོས་བྲལ་བདག་མེད་དེ༎ བདག་མེད་མིན་པབང་བདག་མེད་དོ༎ ཞེས་པའི་གནས་ཚུལ་དུ་པར་ཤུགས༎

གཉེན་ཡང་བསྐུས་གྲུའི་རིགས་པ་ལ༎ དཔྱད་ན་ཕོག་མཆན་མི་རྟེད་ཅིང་༎ དཔུས་སུ་གནས་པར་མི་འགྱུར་ཏེ༎ ཁས་བླངས་ཐམས་ཅད་འཇིག་པར་འགྱུར༎

ཐོག་མཐའ་མེད་ཅིང་དུས་མི་དགེགས༎ ཁས་བླངས་མེད་ཅིང་གྲུབ་མཐའ་མེད༎ དེའི་ཚེ་དབུ་མ་ཆེན་པོ་འོ༎ དེ་སྐྱར་སྐྱངས་པའི་ཡོན་ཏན་ནི༎

རྒྱལ་བ་མཉེས་པའི་མཆོད་པ་ཡིན༎ བསོད་ནམས་ཡེ་ཤེས་ཚོགས་ཆེན་ཡིན༎ གྲུ་ས་མཛེས་པའི་རྒྱན་བྱེད་ཡིན༎ གྲོགས་ལ་བཤེས་དགའ་བའི་དགའ་སྟོན་ཡིན༎

མཁས་པ་རྣམས་ལ་སྤྲེ་བཟང་ཡིན༎ བླན་པོ་མཁས་པར་སྐྱོར་བྱེད་ཡིན༎ ཀུན་མཉེན་ཐོབ་པའི་རྒྱུ་དངོས་ཡིན༎ རིགས་པའི་དབང་ཕྱུག་རྣམས་གཉིས་ཀྱི༎

རིགས་གཞུང་བརྒྱ་ཡེ་དགོངས་པའི་མཐིག༎ རིགས་ཚུལ་སྐྱིང་པོ་བསྐུས་པའི་སྐྲ༎ རིགས་ལས་ལམ་སྟ་སོས་འབྱེད་ནུས་སོག །

大格西功德海　序

遼遠所知茂林野，
理路嘉卉怒崢嶸，
噫嘻聰慧眾童子，
於斯理應樂嬉遊。

遼闊無際的所知林野中，盛綻著理路之花，心智明晰的年輕人哪！理應來此歡愉嬉戲。

言理應者其云何？
暇滿無過諸根具，
合量師友所攝持，
內外順緣悉圓聚。

為什麼理應如此？是因為具足了沒有瑕疵的暇滿，諸根俱全，並且受到合量的師友所呵護，內外順緣都悉數圓聚。

聰慧求知諸少年，
應斷散亂及推延，
於此智理勤研習。
若昧此理其人身，
徒綿羊位斯無疑。

因此心智明晰，具有求知欲的年輕人們，理應斷絕散亂與推託懈怠，前來學習正理。如果不懂得這些正理，那他的人身，一定只是綿羊的果位。

大善知識博多瓦，
言今與畜須分殊。
然依何事方區別？
伏敵護親厚積財，
食睡男女情欲事，
此畜與我悉等同，
行持正法方勝彼。

大善知識博多瓦曾說，必須要與畜生分出差別。但是透過什麼，才能夠區分出差別？若是降伏仇敵、養護親友、累積財富，以及睡眠、飲食，沉溺於男女情欲，在這些方面，我跟牛隻其實一樣，只有行持正法，才得以勝過牠們。

趣入正法之理者，
聰慧求知諸少年，
來此受享諸欲求，
青石板上勤研習。
遊此無央大道場，
倚一切眾為勝友，
毋現怒容修歡喜。

那麼如何趣入正法？智慧清明，滿懷求知欲的年輕人，前來隨心所欲地恣意享用吧！在廣大無私的僧團中一心專注，將所有人當作最殊勝的善友，要在青石板上勤奮地研習，不要顯露怒氣，應當保持怡然歡喜之心。

無論顯密諸明處，
攝類之學極切要。
心子語王吉祥尊，
普稱授課三十返，
剎日領誦師所錄，
廣略允適義圓滿，
於此精研臻究竟，
攝類理智能練達。

無論對於顯密或者一切的明處而言，攝類學都是極其切要的，因此傳聞心子語王吉祥大師，他一生中教授攝類學，多達三十次。其中領誦師剎日所筆錄的這個版本，內容完整，而且廣略適中。如果能研習這本書達到究竟，就能精通攝類學的理智。

既嫻攝類理路已，
趣中觀見之理者，
內外實事眾有法，
盡皆無我其云何？
縱非無我亦無我。

嫻熟攝類學的理路之後，趣入中觀正見之方法是什麼？
「內外一切實事有法，都是無我，為什麼呢？因為即使不是無我的，也都是無我。」

此廣大因之義者，
萬法無離觀待我，
非無我者亦無我，
斯即中道實相義。

這個偉大的正因的內涵，是指所有一切法，都沒有遠離觀待之我，就連「不是無我的東西」，也依然是無我。一旦通曉這個道理，就是進入了中道的實相。

又於此攝類學理，
窮研不得其始終，
復無兩間中可住，
一切承許悉摧滅。
無終無始亦無中，
無承許復無宗義，
斯名至大中觀道。

不僅如此，如果深入探究攝類學的理路，是找不到開端與盡頭的，也沒有中心點可以安住，所有的承許都將被摧毀。沒有開端、沒有盡頭，也找不到中心點，沒有可以承許之處，也不再有宗義，那時即是至大的中道。

如是研習之功德，
是令佛喜勝供養，
廣大福智妙資糧；
嚴飾道場妙瓔珞，
親友欣悅慶喜宴；
於諸智者為勝禮，
能令凡愚轉為智，
是獲遍智之正因。

如此研習的功德，是令諸佛歡喜的供養，是廣大的福德與智慧資糧；是裝飾道場的莊嚴瓔珞，也是取悅師友的喜宴；是贈與智者的珍禮，讓愚人轉為智者的妙方，是獲得遍智的正因。

正理微妙能盡啟，
正理自在二尊者，
正理百論深奧旨，
正理精華總攝門。

兩位正理自在的大師，著有百部關於理路的典籍。祈願透過精細的理路，能夠開啟總攝其中涵義的核心，正理精華的門徑。

編輯凡例

一、本書以四川阿壩慧圓寺顯密講修院 2005 年版《賽倉攝類學》（簡稱各莫本）為底本，並以拉卜楞寺 1860 年版長函本《賽倉攝類學》（簡稱拉寺本）、印度果芒學院 1984 年版長函本《賽倉攝類學》（簡稱果芒本）、民族出版社 1985 年於北京發行之《賽倉攝類學》（簡稱民族本）四種版本作為參考。藏文部份，亦以各莫本為底本，考以上述另外三種版本而釐定最終用字。

二、本書所譯法相名詞，主要依據玄奘大師譯法及其他漢傳法相。未見先賢譯法，或漢藏法相差異較大者，則逕從藏文直譯。

三、《賽倉攝類學》全書以邏輯推理為主軸，句句相承，思路綿密。為能忠實傳達藏文原意，翻譯時以直譯為主，儘量保存藏文原貌。間或直譯文字在漢文語法中極難理解，方進行必要性調整。

四、文中自宗他宗討論之焦點，部份內容為同一句話在藏文語法中有一語雙關之意，而漢譯時無法同時呈現雙方的理解方式，此時只譯出自宗之意，而於註解欄另附說明，並於小節前之編號加上「★」。

五、文中編號，及大量上下引號等標點為原文所無，為翻譯過程加入，旨在
　　幫助讀者易於分辨、理解正文。

六、《賽倉攝類學》中之法相概念，部份涉及藏文語境，多數不易為漢地讀
　　者所易解。書中儘量不厭煩雜，一一詳註，註解之依據，係遵循前輩諸
　　祖師所著論典，或請益諸大善知識所得之答覆。

七、本書雖經反覆審校，然詞義舛誤，掛一漏萬之處難以避免，懇請博雅碩
　　學，十方大德不吝斧正是幸！

校勘體例說明

一、本書依據之版本介紹

底本：四川阿壩慧圓寺顯密講修院本（簡稱各莫本）

該本為哈爾瓦・嘉木樣洛周仁波切擔任主編，由慧圓寺顯密講修院以書冊的方式重新編排印刷。

拉卜楞寺重校長函本（簡稱拉寺本）：

該本初版由格西昂旺加措校訂，但因最初底本略有錯誤，再次校對後，於藏曆十四迴繞鐵猴年，重新刊刻。

印度果芒僧院長函本（簡稱果芒本）：

該本公元 1984 年由印度果芒僧院月賢格西擔任施主，重新刻版印刷。

民族出版社於北京重印發行本（簡稱民族本）：

根據扎什倫布寺和塔爾寺木刻版整理校訂，公元 1985 年由民族出版社以書冊的方式於北京印刷出版。

二、校勘原則

1. 凡中文無法表達歧異者，概不出校。

2. 各本有異於各莫本，且於義理明顯有誤者，於註解欄中出校。各本彼此間有出入者，不另說明。

    例：**不是色法的直接因** 果芒本作「是色法的直接因」。按，此與自宗承許無異，應誤。

3. 他本異文善於各莫本，各莫本亦於理有誤，則據他本改之。

    例：**因為他是實事的直接果的緣故** 各莫本作「因為他是直接果的緣故」，上下文義無法連貫，又拉寺本、果芒本、民族本皆作「因為他是實事的直接果的緣故」，故依拉寺等本改之。

4. 他本異文若未勝於各莫本，然於義理可參考者。

    例：**柔粗輕重冷飢渴** 後三字民族本作「飽、飢、渴」，各莫本、拉寺本、果芒本皆作「冷、飢、渴」。按，飽（འགྲངས）應為冷（གྲང）之訛字，但飽與飢亦能成一對，故提出以供讀者參考。古代法相名詞中，將此七者譯作「滑、澁、輕、重、冷、飢、渴」，今從藏文譯作「柔、粗、輕、重、冷、飢、渴」。

5. 各本皆無差異，然於義理似有錯誤，須存疑或更正者。

    例：**聲音從能詮聲的角度分為兩種** 各本皆作「聲音從能詮聲的角度分為兩種」，但能詮聲不可能分出與非能詮聲同義之非開示有情聲，故與下文似有相違之處，私謂此句話為「聲音從是不是能詮聲的角度分為兩種」的略語。

賽倉攝類學 總目錄

上冊

初級理路

中級理路

下冊

高級理路

附錄

將解釋量論密意的大論典《釋量論》之義

揉合為一 為上中下慧開示之

廣大善說智者頸嚴

滿具緣願

初級理路

第一章

紅白顏色的單元

導讀

〈紅白顏色〉一章，出自於法稱論師所造《釋量論》：「青等於眼識，功能各見故」等文，意為青色與眼根相遇的時候，有產生眼識的作用。也就是說，沒有青色就不會有看見青色的眼識；有了青色，才有可能產生看見青色的眼識。如同這般，瓶子等所有色處，與能見的眼根相遇的時候，也各自會產生看見它的眼識。另外還有提到「白色等非是，依止於地等」等文，由此延伸出顏色等本單元所探討的內容。

〈紅白顏色〉一章，主要討論顏色、形狀等問題，另外也旁及其他色法的討論，而之所以取名為〈紅白顏色〉，係藏族在安立篇名時，常會以正文的前幾個字，為該篇文章的篇名，就如〈དམིགས་བརྩེ་མ〉（密集瑪）即是取正文的前幾個字而命名。〈紅白顏色〉的第一個他宗，正是在討論紅白顏色，因此命名為〈紅白顏色〉。

此單元，為了讓學者由淺入深，所以從顏色、形狀乃至色聲香味觸等五境，眼等五根，進行剖析、觀察。所謂的色處，義為眼識所取，亦即眼識所直接證達的事物。色處分成顏色及形狀二者，顏色又分出根本色及支分色。根本色即指三原色(黃、紅、藍)及白色四種，乃至黑色也被計入其中，這些顏色無法用其他顏色調配出來，所以稱之為根本色；反之，可以透過其他顏色調出來的，即是支分色。對此，現今普遍

認為，白色與黑色都可由其他顏色調配出來，因此與攝類學中的觀點有所差異。形狀分為長、短、高、矮等八種。聲音分成能詮聲及非能詮的聲音二種：能詮聲，指有表達人事物等意涵的聲音；非能詮的聲音，則是如水聲等等，不表達任何意思的聲音。香，此處泛指廣義的氣味，分為天然及合成的氣味兩種，這兩者又各分為好聞與不好聞。味，此處特指味覺所感受的味道，粗分為酸、甜、苦、辣、鹹、澀六種。觸則分為地水火風四種元素，及透過四種元素搭配產生的柔軟、粗糙、輕、重等大種所生的七種觸。

接下來提到的五根，是相對於五識、五境而言，分別為眼耳鼻舌身根。五識必須透過各自的根才能了知各自的境，所以將眼耳鼻舌身五識稱之為根識。譬如眼識，先透過眼根，才能看見顏色、形狀。不僅如此，五識彼此之間不會了知對方的境，就如同眼識只能證達色處，而不能了知聲香味觸。相反的，如果沒有境或者根其中一者，根識也就無法生起。

上述的五根、五境，分別歸納在內色、外色當中。內外色二者的區別，在於能否為補特伽羅心續所攝持，能的說為內色，反之即是外色，二者是相對的。所謂的攝持之義，在論典中並沒有特別的解釋，但在賽倉大師的另一部著作《賽倉攝類學未竟本》中還提出：手、腳等有知覺的身體部位，以及沒有知覺但卻會生長的頭髮、指甲，乃至口水、鼻涕等分泌物都是內色。

《賽倉攝類學》不僅闡述上述內容，也提出形狀與顏色並非相違，而是四句型的關係；黑色是根本色等。《賽倉攝類學未竟本》甚至提出

根本色與支分色不相違，這些說法都不同於他派攝類學的觀點。也會有許多學者依循這些概念，討論白法螺的顏色是不是白色？無量壽佛的顏色到底是什麼顏色？黑暗是不是一種顏色？眼識是否看得到人、人是色處嗎？有無高矮的共同事、長短的共同事？在伸手不見五指、一片漆黑當中的瓶子是不是觸處，義即是否透過觸覺能了知到瓶子？默背的經文是不是聲音？是否有不是天然的氣味？牛奶是味處還是屬於觸處中的水？鬆軟的泥土是否符合地的性相「既堅且固」？金屬、寶石比土還堅固，那他們是否是地？渴為何被歸類為觸處而不是味處？眼識是否看得到鏡子裡的影像？什麼叫作補特伽羅心續所攝持？流下來的眼淚是否是內色？眼睛與眼根是不是同義？眼耳鼻舌是否都是身等等問題。對於這些內容，我們可以多多思辨、反覆觀察，進而解答難點，以期最終了解祖師們的密意。

敬禮上師與怙主妙音。

破除他宗

1.1

有人說[1]：「是顏色的話遍是紅色[2]。」

那麼[3]白法螺的顏色有法[4]，應當是紅色，因為是顏色的緣故。已經承許周遍了。

---

1 **有人說** 藏文為「ཁ་ཅིག་ན་རེ」，多數西藏祖師著述中，「有人說」一詞，專指陳述他宗的觀點，為自宗所不承許。但在其他經論中，「有人說」一詞，則不局限於表達他宗的想法。以下的內容直到自宗之間，屬於破他宗的段落。每一個小節都是由他宗先陳述自己的觀點，自宗進而提出破斥的理路。

2 **是顏色的話遍是紅色** 「遍」，即「一定」、「必然」之義，因此此句可理解為「是顏色都一定是紅色」。顏色，古譯又作「顯色」。

3 **那麼** 藏文「ན」為「如果…的話」。在翻譯時「ན」之後的應成論式若屬於歸謬法，則在該論式前加上「那麼」；若是正向成立的論式，則不加上「那麼」。

4 **有法** 藏文為「ཆོས་ཅན」，意為帶有某種屬性的事例，在此指論式中的所諍事，亦即雙方據之以爭論是、非、有、無、遍、不遍的那個事例，故名「所諍事」。在一般辯論格式當中，雙方必須舉出一個事例作為焦點，進而討論此事例「是什麼」、「不是什麼」、「有什麼」、「沒有什麼」、「遍是什麼」、「不遍是什麼」等等議題。如瓶子是存在、無常、色法；不是無、不是常法；有因、有果；沒有名相、沒有所緣；遍是實事、遍是所知；不遍是總、不遍是一。因此上述的這一切都是瓶子的屬性，也就是瓶子所具有的法，故而瓶子名為有法。同理可推，一切有無的事例都可以稱為有法。當提到「白法螺的顏色有法，應當是紅色，因為是顏色的緣故」這個應成時，便是在探討白法螺的顏色是否具有「是紅色」、「是顏色」這樣的屬性，故稱「白法螺的顏色有法」。

如果說因不成立[5]的話，白法螺的顏色有法，應當是顏色，因為是白色的緣故。

如果說因不成立的話，白法螺的顏色有法，應當是白色，因為是與白法螺的顏色為一[6]的緣故。

如果承許根本論式的宗[7]，白法螺的顏色有法，應當不是紅色，因為是白色的緣故。

如果說不遍[8]的話，這應當有周遍，因為白色與紅色二者的共同

---

5 **因不成立** 為答方反駁問方的一種回答方式，是指不同意論式中提出的所諍事與因之間的關聯。如「白法螺的顏色有法，應當是紅色，因為是顏色的緣故」這個應成論式，其所諍事為「白法螺的顏色」，因是「顏色」，所以此論式中所提出的所諍事與因之間的關聯，即為「白法螺的顏色是顏色」。「因不成立」就是否認這種關聯，因此在否認的同時，也等於承認了「白法螺的顏色不是顏色」。

6 **與白法螺的顏色為一** 可理解為白法螺的顏色本身。在因明學中，「與某事為一」必須是與此事一模一樣。因此一般而言，「與某事為一」只會有一個事例，就是那個事物本身。若以瓶子為例，只有瓶子才是與瓶子為一，連「與瓶子為一」也不能是與瓶子為一。

7 **如果承許根本論式的宗** 藏文為「ཙ་བ་འདོད་ན」，即承許最初論式的宗。最初的論式指本節辯論段落中，問方所提出來的第一個論式。此節最初的論式是「白法螺的顏色有法，應當是紅色，因為是顏色的緣故」，在此根本論式的宗即指「白法螺的顏色是紅色」。宗，在此指論式中所提出的所諍事與所顯法結合後的內容。例如此論式的所諍事為「白法螺的顏色」，所顯法為「紅色」，二者結合後的內容即「白法螺的顏色是紅色」，這也就是本節中根本論式的宗。行文至此，其實是將中間許多問答的過程省略掉了。

8 **不遍** 藏文為「མ་ཁྱབ」，為答方反駁問方的一種回答方式，是指不同意論式中提出的所顯法與因之間的關聯。如「白法螺的顏色有法，應當是紅色，因為是顏色的緣故」這個應成論式，其所顯法為「紅色」，因是「顏色」；所以此論式中所提出的所顯法與因之間的關聯，即為「是顏色的話遍是紅色」，亦即「只要是顏色一定是紅色」。「周遍」是表示必然性，為「沒有遺漏」、「一定是」之義。「不遍」就是否認這種必然性，因此在否認的同時，也等於承認了「是顏色的話不遍是紅色」。

事[9]不存在的緣故。

　　如果說因不成立的話，白色與紅色二者的共同事應當不存在，因為白色與紅色二者是相違[10]的緣故。

1.2

　　另外[11]，寶生佛[12]的顏色有法，應當是紅色，因為是顏色的緣故。已經承許周遍了。

　　如果說因不成立的話，寶生佛的顏色有法，應當是顏色，因為是黃色的緣故。

　　如果說因不成立的話，寶生佛的顏色有法，應當是黃色，因為是與寶生佛的顏色為一的緣故。

9　**共同事**　藏文為「གཞི་མཐུན」，義為彼二者是反體異，又有一法分別是彼二者。換句話說，判斷這二者有無共同事，必須符合兩個條件：一、這兩者是不一樣的法，二、有是這兩者的事例。此處否定「有白色與紅色二者的共同事」，雖然白色與紅色二者是不一樣的法，所以符合第一個條件，但是不符合第二個條件，因為沒有任何東西是這兩者的事例，因此沒有白色與紅色二者的共同事。

10　**相違**　藏文為「འགལ་བ」，義為彼二者相異，而且沒有共同事。在此指白色與紅色是相違的關係，因為甲乙二者是否是相違，必須觀待符不符合相違的兩個條件：一、甲乙二者是不一樣的法；二、沒有既是甲又是乙的事例。而白色與紅色既是不一樣的法，又沒有是它們兩者的事例，所以它們是相違。

11　**另外**　藏文為「གཞན་ཡང」，通常在《攝類學》中，「另外」是指從另一個角度，破斥上述他宗的觀點。「是顏色的話遍是紅色」的觀點，已在第一小節用白法螺的顏色進行破斥，此處承接上文，用寶生佛的顏色再度進行剖析、問難。

12　**寶生佛**　藏文為「སངས་རྒྱས་རིན་ཆེན་འབྱུང་ལྡན」，五方佛中南方的如來。梵文Ratna-saṃ義譯。此報身佛身黃色，一面二臂，右手結勝施印，左手結禪定印，結跏趺坐。在五方佛中象徵淨化受蘊、我慢，為五智中平等性智的代表。

如果承許根本論式的宗，寶生佛的顏色有法，應當不是紅色，因為是黃色的緣故。

如果說不遍的話，這應當有周遍，因為紅色與黃色二者是相違的緣故。

2.1

有人說：「是顏色的話遍是白色。」

那麼無量壽佛[13]的顏色有法，應當是白色，因為是顏色的緣故。已經承許周遍了。

如果說因不成立的話，無量壽佛的顏色有法，應當是顏色，因為是紅色的緣故。

如果承許根本論式的宗，無量壽佛的顏色有法，應當不是白色，因為是紅色的緣故。

如果說因不成立的話，無量壽佛的顏色有法，應當是紅色，因為是無量壽佛的顏色的反體[14]的緣故。

13　**無量壽佛**　藏文為「ཚེ་དཔག་མེད」，五方佛中西方的如來，為西方極樂世界的教主。梵文Amitāyus義譯，又名無量光佛、無量清淨佛。《悲華經》提到，往昔過恒河沙阿僧祇劫有轉輪王，名無諍念王，曾連續三個月供養寶藏如來，並在佛前發願：我今想真實行持菩提行，發願成辦清淨國土，願我成道時，我的世界中沒有地獄餓鬼畜生；世界中眾生的身體皆呈金色，無有女人，壽命無量、無有臭穢。其他的諸佛國土，若有眾生聽聞我的名號，修諸善根發願投生我世界者，只要不是五逆與誹謗聖者、破壞正法等眾生，願命終時必得投生我的國土等，共發下四十八大願。寶藏如來授記無諍念王成佛時，名號為無量壽佛。

14　**無量壽佛的顏色的反體**　義為與「與無量壽佛的顏色為異」相反的法，換句話說，即指是與無量壽佛的顏色為一、與無量壽佛的顏色一模一樣。

如果說因不成立的話，無量壽佛的顏色有法，他應當是他的反體，因為他是成實[15]的緣故。

◈ 2.2

另外，不空成就佛[16]的顏色有法，應當是白色，因為是顏色的緣故。已經承許周遍了。

如果說因不成立的話，不空成就佛的顏色有法，應當是顏色，因為是綠色的緣故。

如果承許根本論式的宗，不空成就佛的顏色有法，應當不是白色，因為是與不空成就佛的顏色為一的緣故。

◈ 3

有人說：「是根本色[17]的話，遍是四種根本色其中一者[18]。」

---

15 **成實** 藏文為「གཞི་གྲུབ」，義為量所成立，可理解為正確的心所成立、所證達的事物等，與「有」等同義。

16 **不空成就佛** 藏文為「དོན་ཡོད་གྲུབ་པ」，五方佛中北方的如來，梵文Amoghasiddhiḥ義譯。不空成就佛身綠色，一面二臂，右手結施依印，左手結禪定印，結跏趺坐。在五方佛中象徵淨化行蘊、嫉妒，為五智中成所作智的代表。

17 **根本色** 藏文為「ཚ་བའི་ཁ་དོག」，無法由混合不同顏色而呈現的顏色。

18 **其中一者** 藏文為「གང་རུང」，原意可指其中一者，也可以是其中兩者，乃至全部都是。漢文中未找到完全相對應的字詞，權譯作「其中一者」。漢文中的「是其中一者」，往往會被理解為只能是其中的一個，而在攝類學中，其概念則可以是其中一者，也可以是其中的多者。

那麼黑色有法，應當是四種根本色其中一者，因為是根本色的緣故。已經承許周遍了。

如果說因不成立的話，黑色有法，應當是根本色，因為是黑色的緣故。

如果承許根本論式的宗，黑色有法，應當不是四種根本色其中一者[19]，因為既不是白色，而且也不是黃色，也不是紅色，也不是藍色的緣故。

如果說第一個因不成立的話，黑色有法，應當不是白色，因為是黑色的緣故。

如果說不遍的話，這應當有周遍，因為白色與黑色二者的共同事不存在的緣故。

如果說第二個因不成立的話，黑色有法，應當不是黃色，因為是黑色的緣故。

如果說不遍的話，這應當有周遍，因為黃色與黑色二者是相違的緣故。後面的兩個因同理可推[20]。

---

19 **不是…其中一者** 藏文為「གང་རུང་མ་ཡིན」，在攝類學當中特指「任一皆非」，權譯作「不是…其中一者」。漢文中「不是…其中一者」，有可能會被理解為只是不是其中的某一個，而並非「每一個都不是」，而在攝類學中，其概念必須作為「每一個都不是」。在因明學中，是某一法及不是某一法必須在措辭及內涵上都是完全相對的，既然「གང་རུང」已譯作「其中一者」，則「གང་རུང་མ་ཡིན」必須譯為「不是…其中一者」。而且在內涵上，必須將「不是…其中一者」解為與「其中一者」完全相反的意涵。

20 **後面的兩個因同理可推** 指「黑色」不是「紅色及藍色」的理由，與不是「黃色、白色」的理由一樣。由於黃色與白色二者分別都與黑色沒有共同事，用這理由同樣可以證成黑色既不是紅色也不是藍色，因為紅色與藍色二者分別都與黑色沒有共同事。

◈ 4.1

有人說：「是支分色[21]的話，遍是八種支分色其中一者。」

那麼紅黃文殊的顏色有法，應當是八種支分色其中一者，因為是支分色的緣故。已經承許周遍了。

如果說因不成立的話，紅黃文殊的顏色有法，應當是支分色，因為是紅色與黃色二者的支分色的緣故。

如果說因不成立的話，紅黃文殊的顏色有法，應當是紅色與黃色二者的支分色，因為是紅黃色的緣故。

如果承許根本論式的宗，紅黃文殊的顏色有法，應當不是八種支分色其中一者，因為不是雲、煙、塵、霧四者其中一者，而且也不是明、暗、影、日光四者其中一者的緣故。

每個因都成立，因為是與紅黃文殊的顏色為一的緣故。

◈ 4.2

另外，綠色有法，應當是八種支分色其中一者，因為是支分色的緣故。已經承許周遍了。

如果說因不成立的話，綠色有法，應當是支分色，因為是黑色與黃色二者的支分色的緣故。

---

21 **支分色** 藏文為「ཡན་ལག་གི་ཁ་དོག」，一般指由不同顏色混合而呈現的顏色。然而在《賽倉攝類學未竟本》中提到，凡是雲、煙、塵、霧的顏色都是支分色，因此白雲的顏色也是支分色。這種說法迥異於他派攝類學的說法。

如果說因不成立的話，綠色有法，應當是黑色與黃色二者的支分色，因為是綠色的緣故。

如果承許根本論式的宗，綠色有法，應當不是八種支分色其中一者，因為是與綠色為一的緣故。

◎ 5

有人說：「是色法的話，遍是顏色。」

那麼栴檀的氣味有法，應當是顏色，因為是色法的緣故。已經承許周遍了。

如果說因不成立的話，栴檀的氣味有法，應當是色法，因為是堪能為色[22]的緣故。

如果說不遍的話，這應當有周遍，因為堪能為色是色法的性相[23]的緣故。

如果承許根本論式的宗，栴檀的氣味有法，應當不是顏色，因為是氣味的緣故。

---

22 **堪能為色** 藏文「གཟུགས་རུང་」的直譯。在梵文中，此詞含有阻礙性的意思，因此古譯作「變礙」。具備阻礙其他色法的性質，即是堪能為色。凡是物體都有阻礙其他物體的能力，就譬如光會被其他物體擋住、人體無法穿越牆壁、杯子可以盛住水、交通工具逆風行駛時阻力增強等等，都屬於色法阻礙其他色法的表現。

23 **性相** 藏文為「མཚན་ཉིད་」，一個事物不共的特色，其內涵與該事物相同，又比該事物容易理解，能夠藉由此特色了解該事物，便可稱為該事物的性相。以火為例，既熱且燒是火最獨特不共的特色，也與火的內涵完全相同。即使還不了解什麼是「火」，但是不經過別人的教導，透過自身的體驗也能直接了解既熱且燒的特性，因此既熱且燒比火更容易理解。透過既熱且燒，就可以了解火，所以既熱且燒是火的性相。

如果說不遍的話，這應當有周遍，因為氣味與顏色二者的共同事不存在的緣故。

如果說因不成立的話，栴檀的氣味有法，應當如此，因為氣味與顏色二者是相違的緣故。

❀ 6.1

有人說：「是色法的話，遍是色處。」

那麼聲音有法，應當是色處，因為是色法的緣故。已經承許周遍了。

如果說因不成立的話，聲音有法，應當是色法，因為是物質的緣故。

如果說因不成立的話，聲音有法，應當是物質，因為是微塵所成[24]的緣故。

如果說不遍的話，這應當有周遍，因為微塵所成是物質的性相的緣故。

如果承許根本論式的宗，聲音有法，應當不是色處，因為不是眼識所取[25]的緣故。

---

24 **微塵所成** 藏文為「 རྡུལ་དུ་གྲུབ་པ 」，是物質的性相，指八種以上的塵質組合而形成的結合體。八種塵質：色、香、味、觸、地界、水界、火界、風界等八種元素；每個物質最少都由這八種塵質所組合。

25 **眼識所取** 藏文為「 མིག་ཤེས་ཀྱི་བཟུང་བྱ 」，指無誤的眼識所直接證達的法。

如果說因不成立的話，聲音有法，應當不是眼識所取，因為是耳識所聽聞的緣故。

如果說因不成立的話，聲音有法，應當是耳識所聽聞，因為是聲處的緣故。

❀ 6.2

另外，甘蔗的味道有法，應當是色處，因為是色法的緣故。已經承許周遍了。

如果說因不成立的話，甘蔗的味道有法，應當是色法，因為是味道的緣故。

如果說不遍的話，這應當有周遍，因為是色聲香味觸五者其中一者的話，必須是色法的緣故。

如果承許根本論式的宗，甘蔗的味道有法，應當不是色處，因為不是眼識所取的緣故。

如果說不遍的話，這應當有周遍，因為眼識所取是色處的性相的緣故。

安立自宗

有色法的性相，因為堪能為色即是彼的緣故。色法與物質二者同義。

色法分為兩種，因為有外色與內色二者的緣故。

有外色的性相，因為士夫[26]心續所不攝持的色法即是彼的緣故。

外色分為五種，因為有色處、聲處、香處、味處、觸處這五者的緣故。

有色處的性相，因為眼識所取即是彼的緣故。

色處分為兩種，因為有形狀與顏色二者的緣故。

形狀分為八種，因為有長、短、高、矮、方、圓、平、不平八者的緣故。

方可得舉例，因為像四方的形狀即是彼的緣故。圓可得舉例，因為圓圓的形狀與像蛋的形狀即是彼的緣故。平可得舉例，因為平整的形狀即是彼的緣故。不平可得舉例，因為像不平整的形狀即是彼的緣故。

顏色分為兩種，因為有根本色與支分色二者的緣故。根本色分為四種，因為有白、黃、紅、藍四者的緣故。支分色分為八種，因為有雲、煙、塵、霧、明、暗、影、日光八者的緣故。

顏色與形狀二者有是非的四句型，因為有是顏色而不是形狀的句型、是形狀而不是顏色的句型、顏色與形狀二者皆是的句型、形狀與顏色二者皆非的句型，共有四句的緣故。

---

26 **士夫** 藏文為「སྐྱེས་བུ」，原意指依著身體而能發揮力量者，特指人類。下文內色的性相中作「སྐྱེས་བུ」，通常譯作「士夫」，原意指具有能力者，通指補特伽羅。但是依據如月格西解釋，在此處這兩者同義，泛指所有補特伽羅，因此還是譯作「士夫」。

有是顏色而不是形狀的句型，因為四種根本色即是彼的緣故；有是形狀而不是顏色的句型，因為長、短、方、圓四者即是彼的緣故；有顏色與形狀二者皆是的句型，因為雲、煙、塵、霧四者即是彼的緣故；有形狀與顏色二者皆非的句型，因為地水火風四者即是彼的緣故。

色處、色的界與可見色三者同義。

有可見色的事相[27]，因為顏色與形狀二者即是彼的緣故。

顏色與形狀二者有法，有他名為「可見色」的原因，因為在眼的境中可以顯示，所以才這麼稱呼的緣故。

有聲處的性相，因為耳識所聽聞即是彼的緣故。

聲音分為兩種，因為有「有執受大種所造聲[28]」與「無執受大種所造聲」二者的緣故。有執受大種所造聲可得舉例，因為士夫拍掌的聲音即是彼的緣故。無執受大種所造聲可得舉例，因為水聲即是彼的緣故。

27　**事相**　藏文為「མཚན་གཞི」。如有人尚未了解瓶子之前，當他第一次看到黃金打造的能作盛水用途的大腹縮足器時，雖然觀察到大腹縮足的特徵，但不知那是瓶子。藉由這個事例，透過瓶子的性相，進而了解瓶子的名稱與意涵的關聯，亦即在這個事例上，懂得了瓶子的性相與「瓶子」這個名相。因此黃金打造的能作盛水用途的大腹縮足器可以作為瓶子的事相。反之，以金瓶為例，當我們知道了金瓶，其實就已知道了瓶子，因此不需要再透過瓶子的性相去了解他，所以金瓶無法作為瓶子的事相。因此一定要有某個補特伽羅已經證達這個事例，卻尚未證達該法，這個事例才會成為該法的事相。

28　**有執受大種所造聲**　藏文為「ཟིན་པའི་འབྱུང་བ་ལས་གྱུར་པའི་སྒྲ」，大種，是指地水火風四種元素。透過補特伽羅自身所攝持的四大種而發出的聲音，即是有執受大種所造聲。

聲音從能詮聲的角度分為兩種[29]，因為有開示有情聲與非開示有情聲二者的緣故。開示有情聲與能詮聲二者同義。有其事相，因為詮說「聲音無常」的聲音即是彼的緣故。非開示有情聲與非能詮聲所屬[30]的聲音二者同義。有其事相，因為鼓聲與螺聲等等即是彼的緣故。

有香處的性相，因為鼻識所感受即是彼的緣故。

香分為兩種，因為有俱生香與合和香二者的緣故。俱生香可得舉例，因為栴檀的氣味即是彼的緣故。合和香可得舉例，因為調和香的氣味即是彼的緣故。

俱生香分為兩種，因為有好聞的俱生香與不好聞的俱生香二者的緣故。好聞的俱生香可得舉例，因為像紅花的氣味與冰片的氣味二者即是彼的緣故。不好聞的俱生香可得舉例，因為像阿魏[31]的氣味與硫黃的氣味二者即是彼的緣故。

合和香分為兩種，因為有好聞的合和香與不好聞的合和香二者的緣故。好聞的合和香可得舉例，因為像調和香與前藏香的氣味二者即是彼的緣故。不好聞的合和香可得舉例，因為調和眾多不好聞的藥材的氣味即是彼的緣故。

29　**聲音從能詮聲的角度分為兩種**　各莫本、拉寺本、果芒本、民族本皆作「聲音從能詮聲的角度分為兩種」，但能詮聲不可能分出與非能詮聲同義之非開示有情聲，故與下文似有相違之處，私謂此句話為「聲音從是不是能詮聲的角度分為兩種」的略語。

30　**所屬**　藏文為「 གྱི་」，在攝類學中，為表達前後二者共同事的虛詞。如「非能詮聲所屬的聲音」即指既是「非能詮聲」又是「聲音」的事物。

31　**阿魏**　（學名：*Ferula assafoetida*）是一種印度香料，又名興渠、阿虞、薰渠、哈昔尼、芸薹等。多年生草本，有濃烈蒜味，故於此處將阿魏的氣味列入不好聞的俱生香。性苦、辛，溫。

　　有味處的性相，因為舌識所感受即是彼的緣故。味道分為六種，因為有甜味、酸味、苦味、澀味、辣味、鹹味六者的緣故。

　　甜味可得舉例，因為像甘蔗的味道與牛奶的味道即是彼的緣故。酸味可得舉例，因為像餘甘子的味道與酸奶的味道即是彼的緣故。苦味可得舉例，因為像蒂丁[32]的味道即是彼的緣故。澀味可得舉例，因為像訶子[33]的味道即是彼的緣故。辣味可得舉例，因為像三種熱藥[34]的味道即是彼的緣故。鹹味可得舉例，因為像硝鹽[35]與青鹽[36]的味道即是彼的緣故。

　　有觸處的性相，因為身識所感受即是彼的緣故。觸分為兩種，因為有大種所屬的觸與大種所生所屬的觸二者的緣故。

---

32 **蒂丁**　一類藥用植物名，味苦，性涼。在藏藥材中，同一味藥的名稱、品種因地、因人而異的現象極為普遍，蒂丁也不例外，在不同地區流通使用的蒂丁多不統一，涉及60多種植物，多數以獐牙菜和虎耳草兩屬植物為「蒂丁」主流品種使用。獐牙菜（學名：*Swertia chirayita*），龍膽科，獐牙菜屬植物，味苦、寒，清肝利膽，退諸熱。虎耳草（學名：*Saxifraga stolonifera Curt.*）又名石荷葉、金線吊芙蓉、老虎耳等。微苦、辛，寒。

33 **訶子**　（學名：*Terminalia chebula*）為使君子科訶子屬的植物。訶子原稱訶黎勒，源於阿拉伯語halileh。據《本草綱目》解釋，訶黎勒在梵語中意為「天主持來」。喬木，高可達30米，核果堅硬，性苦、酸、澀、平。有澀腸止瀉的功效。

34 **三種熱藥**　分別是蓽茇、胡椒、薑。蓽茇（學名：*Fructus Piperis Longi*），別名蓽拔、鼠尾。本品為胡椒科植物Piper　longum　L.的乾燥近成熟或成熟果穗。呈圓柱形，稍彎曲，有特異香氣，味辛，熱。功效為溫中散寒。胡椒（學名：*Piper nigrum Linn.*），胡椒屬木質攀援藤本；種子含有揮發油、胡椒鹼等。味辛，熱。有溫中止痛的功效。薑（學名：*Zingiber officinale*），熱帶地區植物，開有黃綠色花並有刺激性香味的根莖。性溫。

35 **硝鹽**　一種白色粉末狀固體，一般是硝酸鈉和亞硝酸鈉。具有防腐作用，是強烈的致癌物質。

36 **青鹽**　別稱湖鹽、岩鹽。是從鹽湖中直接採出的鹽和以鹽湖滷水為原料在鹽田中曬製而成的鹽。可作食用鹽、食物防腐劑，也是製鹼、鹽酸和氯氣的原料。

　　大種所屬的觸分為四種，因為地水火風四者即是彼的緣故。有地的性相，因為既堅且固即是彼的緣故。有水的性相，因為既濕且潤即是彼的緣故。有火的性相，因為既熱且燒即是彼的緣故。有風的性相，因為既輕且搖即是彼的緣故。

　　大種所生的觸分為七種，因為柔、粗、輕、重、冷、飢、渴[37]這七者即是彼的緣故。

　　有內色的性相，因為士夫心續所攝持的色法即是彼的緣故。內色分為五種，因為有眼根、耳根、鼻根、舌根、身根這五者的緣故。

　　有眼根的性相，因為由作為自果眼識的不共增上緣[38]的那一分而安立[39]的澄淨內色即是彼的緣故。眼、眼根與眼界三者同義。眼根分

---

37 **柔粗輕重冷飢渴**　後三字民族本作「飽、飢、渴」，各莫本、拉寺本、果芒本皆作「冷、飢、渴」。按，飽（ཟ）應為冷（ཟ）之訛字，但飽與飢亦能成一對，故提出以供讀者參考。古代法相名詞中，將此七者譯作「滑、澀、輕、重、冷、飢、渴」，今從藏文譯作「柔、粗、輕、重、冷、飢、渴」。

38 **眼識的不共增上緣**　眼識的增上緣，指能產生眼識執取自境能力的緣。眼識的增上緣分成共通與不共二者，這二者都能令眼識執取自境。其中，意根可以產生眼識而令其看見顏色、產生耳識而令其聽到聲音等等，所以意根是眼識的共通增上緣。但是一般而言，五根當中，只有眼根能讓眼識看見顏色及形狀，所以是眼識的不共增上緣。其他根識的增上緣也以此類推。

39 **那一分而安立**　指從同樣這一類的這分而安立。一般來說「那一分而安立」一詞有二種作用：一、性相已完整表達出最足以表徵該名相的特色，但是遇到某些特殊事例，不符合該性相中所說的這種特色，卻又必須是這個名相時，就在性相中加上「那一分而安立」，以表示這些事例與該名相為同類，並透過同類的這一分來收攝這些事例。例如睡覺時的眼根，雖然不會生出眼識，不是眼識的不共增上緣，但由於睡覺時的眼根與醒來時的眼根是同類，因此以同類的這一分來安立睡覺時的眼根是眼根。二、性相已完整表達出最足以表徵該名相的特色，而遇到特殊事例，符合該性相，卻又不能是這個名相時，則在性相中加上「那一分而安立」，以表示這些事例與該名相不是同類，並透過不是同類的這一分來排除這些事例。例如「能生自果聖道的那一分而安立的大乘現觀」，是聖道支的性相，而聖道支一定是聖者心續中的聖道。凡夫心中大

為兩種，因為有具依眼根與同依眼根二者的緣故。具依眼根可得舉例，因為見到白色與藍色等等的眼根即是彼的緣故。同依眼根可得舉例，因為睡著時的眼根即是彼的緣故。

有耳根的性相，因為由作為自果耳識的不共增上緣的那一分而安立的澄淨內色即是彼的緣故。耳根分為兩種，因為有具依耳根與同依耳根二者的緣故。

有鼻根的性相，因為由作為自果鼻識的不共增上緣的那一分而安立的澄淨內色即是彼的緣故。鼻根分為兩種，因為有具依鼻根與同依鼻根二者的緣故。

有舌根的性相，因為由作為自果舌識的不共增上緣的那一分而安立的澄淨內色即是彼的緣故。舌根分為兩種，因為有具依舌根與同依舌根二者的緣故。

有身根的性相，因為由作為自果身識的不共增上緣的那一分而安立的澄淨內色即是彼的緣故。身根分為兩種，因為有具依身根與同依身根二者的緣故。

乘世第一法的加行道，雖然也符合能生自果聖道的大乘現觀這一特色，但由於不是聖道，所以在聖道支的性相中加上「那一分而安立」，以表示這種加行道不是聖道支的同類，並排除他是聖道支。攝而言之，當性相中出現「那一分而安立」時，就表示符合其性相的主要內涵，未必即是這個名相；或者有些事物歸屬於這個名相，卻不符合其性相的主要內涵，此處屬後者。因明術語中，前者稱為「那一分而安立所排除」，後者稱為「那一分而安立所包含」。

斷除諍論

🌼 1

有人說：「風有法，應當是大種所生，因為是大種所生七觸其中一者的緣故。

如果說因不成立的話，風有法，應當是大種所生七觸其中一者，因為是輕的緣故。」回答不遍。

這麼說了之後，有人說[40]：「這應當有周遍，因為是輕的話，遍是大種所生七觸其中一者的緣故。

如果說因不成立的話，是輕的話，應當遍是大種所生七觸其中一者，因為列舉大種所生七觸時，必須將輕列為其一的緣故。」回答不遍。

如果承許根本論式的宗，風有法，應當不是大種所生，因為是大種的緣故。

如果說因不成立的話，風有法，應當是大種，因為是四大種其中一者的緣故。

如果說因不成立的話，風有法，應當是四大種其中一者，因為是風的緣故。

---

40 **這麼說了之後，有人說**　一般來講，是承接上一段自宗回答或破斥他宗的觀點之後，他宗接續的問難。在此是對上述「風有法，應當是大種所生七觸其中一者，因為是輕的緣故」，自宗回答「不遍」這點，他宗繼續反難。

❀ **2**

有人說：「白馬有法，應當是顏色，因為是四種根本色其中一者的緣故。

如果說因不成立的話，白馬有法，應當是四種根本色其中一者，因為是白色的緣故。

如果說因不成立的話，白馬有法，應當是白色，因為他是白馬的緣故。」回答不遍。

如果承許根本論式的宗，白馬有法，應當不是白色，因為不是顏色的緣故。

如果說因不成立的話，白馬有法，應當不是顏色，因為不是色法的緣故。

如果說因不成立的話，白馬有法，應當不是色法，因為是補特伽羅[41]的緣故。

如果說因不成立的話，白馬有法，應當是補特伽羅，因為是馬的緣故。

---

41 **補特伽羅** 藏文為「གང་ཟག」，梵語Pudgala（པུངྒལ།）音譯，又譯為數取趣。在施設處之五蘊或其中四蘊上所假立的士夫，包含佛、菩薩等所有聖者及凡夫。一般而言，補特伽羅都是心不相應行法，而心不相應行法必須既不是色法又不是心識。因此自宗在此以是補特伽羅為由，證成白馬不是色法。

3

有人說：「所知[42]有法，應當是色法，因為是形狀的緣故。

如果說因不成立的話，所知有法，應當是形狀，因為是平與不平二者其中一者的緣故。

如果說因不成立的話，所知有法，應當是平與不平二者其中一者，因為是不平的緣故。

如果說因不成立的話，所知有法，應當是不平，因為不是平的緣故。」回答不遍。

如果承許根本論式的宗，所知有法，應當不是色法，因為不是實事[43]的緣故。

如果說因不成立的話，所知有法，應當不是實事，因為是常法[44]的緣故。

如果說因不成立的話，所知有法，應當是常法，因為是與所知為一的緣故。

---

42 **所知** 藏文為「ཤེས་བྱ」，即指堪為覺知的境。與「有」、「法」等等同義。

43 **實事** 藏文為「དངོས་པོ」，指能作用，亦即具有產生自果能力的法。

44 **常法** 藏文為「རྟག་པ」，指法與非剎那性的共同事。

第二章
證有證無的單元

導讀

　　〈證有證無〉一章，源於《釋量論》中：「可見不可得，當知為無事。」等文，意指諸如桌椅等等，只要存在的話就可以被察覺的事物，當我們在某些地方完全察覺不到這樣的事物時，我們就可以確定在這些地方沒有這樣的事物。另外又提到「其諸可得有，由可得非餘，無知使知故，許一不得喻」以及「其可得無者，由不得非餘，故由於彼有，成彼因聲知。」前一段說明「有」以及有的內涵；後一段則提到「無」以及無的內涵。

　　本單元強調，一法的存在必須觀待於「證達這一法的量存在」，而這個「量」是第一次無誤地理解所證達的境的心識。所以當「證達這一法的量」不存在，這一法也就不存在。由於本單元要論述「有」、「無」與「證之為有的量存在」、「證之為無的量存在」的關聯，因此本單元取名為〈證有證無〉。

　　在這之中，提到「有」的性相為「量所緣」，分成常法與無常二者，或者常法與實事二者。無常是指剎那剎那壞滅的事物；與此相反的，即指不會剎那剎那壞滅的事物──常法。無常分為色法、心識、心不相應行法三者；色法，在第一個單元已介紹過；心識，即指清晰且明了的各種心理反應，為每一位補特伽羅所具有；心不相應行法，即指非

色法也非心識的無常,如時間、方向、生老病死、數量等。常法,分成永遠存在的常法及偶爾存在的常法。永遠存在的常法,例如:無為的虛空、常法、有等等,這些從無始以來到盡未來際都會存在;與此相對應的,就是偶爾存在的常法,如:與瓶子為一、瓶子之上的無我等等,依於某個無常之上的常法,這類常法會在所依的無常壞滅時,也隨著消失,所以稱之為偶爾存在的常法。

另外,文中提到「證之為有的量存在」,是指了知某一事物是存在的量,這個量是存在的。但凡此法存在,證之為有的量就存在。同理可推,此法如果是常法、無常、無,則證之為常法的量、證之為無常的量、證之為無的量就分別會存在。

這樣的描述,本單元還會以二重三重以上的方式呈現,如「證之為有的量.證之為有的量存在」,當提到「瓶子有法,證之為有的量.證之為有的量應當存在」時,其理解方式為:第一個「之」字指瓶子,第二個「之」字指第一重的量,亦即「證瓶子為有的量」。由於證瓶子為有的量是存在的,所以證「證瓶子為有的量」為有的量是存在的。當出現三重的時候,第三重的「之」字,即指第二重的量,餘下同理可推。因此在推算的時候,必須先確認前一重的量存不存在,才能判斷下一重的量存不存在。

解說證有證無的單元

破除他宗

1

有人說：「證之為有的量[45]存在的話，證之為實事的量遍存在。」

那麼所知有法，證之為實事的量應當存在，因為證之為有的量存在的緣故。已經承許周遍了。

如果說因不成立的話，所知有法，證之為有的量應當存在，因為是有的緣故。

如果說因不成立的話，所知有法，應當是有，因為是成實的緣故。

如果承許根本論式的宗，所知有法，證之為實事的量應當不存在，因為不是實事的緣故。

---

45 **量** 藏文為「ཚད་མ」，指新而不欺誑的明了，理解為對某一個事物第一次無誤證達的心識，如第一次認識瓶子的這個心識，正是在無誤的狀態下第一次認識瓶子，所以這個心識即是量。

　　如果說因不成立的話，所知有法，應當不是實事，因為是無實事⁴⁶的緣故。

　　如果說因不成立的話，所知有法，應當是無實事，因為是非能作用的緣故。

　　如果說不遍的話，這應當有周遍，因為非能作用是無實事的性相的緣故。

🏵 2

　　有人說：「證之為無實事的量存在的話，證之為常法的量遍存在。」

　　那麼兔子角有法，證之為常法的量應當存在，因為證之為無實事的量存在的緣故。已經承許周遍了。

　　如果說因不成立的話，兔子角有法，證之為無實事的量應當存在，因為是無實事的緣故。

　　如果說因不成立的話，兔子角有法，應當是無實事，因為不是實事的緣故。

　　如果說因不成立的話，兔子角有法，應當不是實事，因為是無的緣故。

　　如果承許根本論式的宗，兔子角有法，證之為常法的量應當不存在，因為不是常法的緣故。

---

46 **無實事** 藏文為「ངོས་མེད」，意指「他是實事」這一點不存在，因此與「非實事」同義。

如果說因不成立的話，兔子角有法，應當不是常法，因為不是法與非剎那性[47]的共同事的緣故。

如果說因不成立的話，兔子角有法，應當不是法與非剎那性的共同事，因為不是法的緣故。

如果說因不成立的話，兔子角有法，應當不是法，因為是無的緣故。

如果說不遍的話，這應當有周遍，因為法與有二者是同義的緣故。

🌸 3

有人說：「證之為非所作[48]的量.證之為非所作的量存在的話，證之為非所作的量遍存在。」

那麼聲音有法，證之為非所作的量應當存在，因為證之為非所作的量.證之為非所作的量存在的緣故。已經承許周遍了。

如果說因不成立的話，聲音有法，證之為非所作的量.證之為非所作的量應當存在，因為證之為非所作的量.證之為所作的量不存在的緣故。

---

47 **剎那性** 藏文為「སྐད་ཅིག་མ」，無常的性相。有兩種理解方式：一、每個無常都有自己存在的時期，當自己的時期結束後的下一個剎那時，就會毀壞滅亡，是名為剎那性；二、每個無常剎那剎那之間都在不停的變化遷滅，是名為剎那性。任何一個無常一定具備這兩個條件。

48 **非所作** 藏文為「མ་བྱས་པ」，即指無生，只要不是由因緣所出生，都是「非所作」，其中包含了常法與不存在的事物。

　　如果說因不成立的話，聲音有法，證之為非所作的量.證之為所作的量應當不存在，因為是實事的緣故[49]。

　　如果承許根本論式的宗，聲音有法，證之為非所作的量應當不存在，因為不是非所作的緣故。

　　如果說因不成立的話，聲音有法，應當不是非所作，因為是所作的緣故。

　　如果說因不成立的話，聲音有法，應當是所作，因為是色法的緣故。

　　如果說不遍的話，這應當有周遍，因為是色法、心識[50]、心不相應行法[51]三者其中一者的話，遍是所作的緣故。

❀ 4

　　有人說：「證之為無的量.證之為無的量存在的話，證之為無的量遍存在。」

---

49 **因為是實事的緣故**　民族本作「因為不是實事的緣故」，上下文義無法連貫，應誤。

50 **心識**　藏文為「ཤེས་པ」，古譯作「心法」，泛指一切能夠緣取境界的意識、根識。

51 **心不相應行法**　藏文為「ལྡན་མིན་འདུ་བྱེད」。行，指五蘊中色、受、想、識以外的所有事物；心不相應，意指不會與心王相應。因此凡是非色法，也非心識的無常，全部都歸納於心不相應行法。例如生老病死、時間、方向等，這些都是無常，卻不是實質的物質，也不是任何心理反應，因此是心不相應行法。例如無常、所作、因、果、實事等，這些法包含了所有的色法、心識，卻又不歸屬於色法、心識其中一者，因此也是心不相應行法。至於「色法心識二者」等既不能說是色法，又不能說是心識，但仍然是無常，所以歸屬於心不相應行法。

那麼瓶子有法，證之為無的量應當存在，因為證之為無的量.證之為無的量存在的緣故。已經承許周遍了。

如果說因不成立的話，瓶子有法，證之為無的量.證之為無的量應當存在，因為是成實的緣故。

如果承許根本論式的宗，瓶子有法，證之為無的量應當不存在，因為證之為有的量存在的緣故。

如果說因不成立的話，瓶子有法，證之為有的量應當存在，因為是有的緣故。

如果說因不成立的話，瓶子有法，應當是有，因為是常法實事其中一者的緣故。

如果說因不成立的話，瓶子有法，應當是常法實事其中一者，因為是實事的緣故。

❀ 5

有人說：「證之為常法的量.證之為無的量存在的話，證之為常法的量與證之為無的量其中一者遍存在。」

那麼柱子有法，證之為常法的量與證之為無的量其中一者應當存在，因為證之為常法的量.證之為無的量存在的緣故。已經承許周遍了。

如果說因不成立的話，柱子有法，證之為常法的量.證之為無的量應當存在，因為不是常法的緣故。

如果說因不成立的話，柱子有法，應當不是常法，因為不是無實

事的緣故。

　　如果說因不成立的話，柱子有法，應當不是無實事，因為是實事的緣故。

　　如果說因不成立的話，柱子有法，應當是實事，因為是能作用[52]的緣故。

　　如果說不遍的話，這應當有周遍，因為能作用是實事的性相的緣故。

　　如果承許根本論式的宗，柱子有法，證之為常法的量與證之為無的量其中一者應當不存在，因為證之為常法的量不存在，而且證之為無的量也不存在的緣故。

　　如果說第一個因不成立的話，柱子有法，證之為常法的量應當不存在，因為不是常法的緣故。

　　如果說因不成立的話，柱子有法，應當不是常法，因為不是法與非剎那性的共同事的緣故。

　　如果說因不成立的話，柱子有法，應當不是法與非剎那性的共同事，因為是法與剎那性的共同事的緣故。

---

52 **能作用**　藏文為「ངོས་བྱེད་ནུས་པ」，實事的性相。任何實事都能有所作用。不同的實事容或各自有不同的作用，如瓶子能裝水，柱子能頂樑，但所有的實事都有相同的一個作用，即出生自果，因此此處的能作用，特指能出生自果的作用。經部宗認為，只有實事才會有作用，常法不會有任何的作用。一切有部則認為，常法也可以有作用，如虛空具有乘載風的作用，各種無為法也都有作為證達他的心識的所緣境的作用。因此一切有部認為，實事、能作用與有同義。而經部宗則認為，實事、能作用與無常、因、果同義，範圍小於有。攝類學所依的宗義為經部宗，因此不承許一切有部的這種說法。

如果說因不成立的話，柱子有法，應當是法與剎那性的共同事，因為是法，而且是剎那性的緣故。

如果說第一個因不成立的話，柱子有法，應當是法，因為是持自體性[53]的緣故。

如果說不遍的話，這應當有周遍，因為持自體性是法的性相的緣故。

如果說第二個因不成立的話，柱子有法，應當是剎那性，因為是無常的緣故。

如果說不遍的話，這應當有周遍，因為剎那性是無常的性相的緣故。

如果說前面第二個因不成立的話，柱子有法，證之為無的量應當不存在，因為不是無的緣故。

如果說因不成立的話，柱子有法，應當不是無，因為不是量所不緣的緣故。

---

53 **持自體性** 藏文為「རང་གི་ངོ་བོ་འཛིན་པ」，持自體性的方式有十種：一、萬事萬法都執持各自的體性；二、如諸行無常，是一切有為法都會執持的總體體性。諸法無我，是一切萬法都會執持的總體體性；三、道及涅槃執持脫離輪迴的體性；四、意識執持境的體性；五、福報執持脫離惡趣的體性；六、壽執持身體延續的體性；七、佛語執持無謬道理的體性；八、四元素執持能生大種所生的體性；九、證達執持證的行為的體性；十、風俗、宗教、三士夫等執持與自己相順的行為的體性。攝類學當中主要取前兩者的意涵。

如果說因不成立的話，柱子有法，應當不是量所不緣，因為是量所緣[54]的緣故。

如果說因不成立的話，柱子有法，應當是量所緣，因為是遍智的所量[55]的緣故。

安立自宗

「證之為有的量存在」與「有」二者是是等遍[56]，因為證之為有的量存在的話，遍是有；是有的話，證之為有的量遍存在的緣故。

「證之為無的量存在」與「無」二者是是等遍，因為證之為無的量存在的話，遍是無；是無的話，證之為無的量遍存在的緣故。

---

54 **量所緣** 藏文為「ཚད་མས་དམིགས་པ」，一般可以從境及動作兩種角度來解釋。從境的角度，指所緣境，即是心識所緣的事物本身，如看見瓶子的心緣著瓶子，瓶子即是這個心識的所緣境。從動作的角度而言，「緣」的這個行為有兩種層次的差別：一、心專注於某個事物上，但並沒有證達這個事物。如在討論某一物品是什麼材質時，心完全專注於什麼材質，可以說此心緣著這物品，討論是什麼材質，但這顆心當下並沒有證達這物品。二、指證達的行為，如萬事萬法都是量所緣，義即萬事萬法都是量所證達。此處是從第二種角度解釋，因此「量所緣」與「有」同義。若是量所不緣，則是不存在的事例。

55 **遍智的所量** 藏文為「རྣམ་མཁྱེན་གྱི་གཞལ་བྱ」，指遍智所證達的對境。遍智，指佛陀相續中，一剎那間即可了知一切法的智慧，這是佛陀的不共功德之一。所量，一般理解為量所證達，與有、所知等同義。所量在字面上的意思也可理解為量所衡量。在此的衡量即指證達。

56 **證之為有的量存在與有二者是是等遍** 在此指「證之為有的量存在」與「有」二者之間有雙向對等的周遍關係，是有的話證之為有的量遍是存在，證之為有的量是存在的話，同樣也遍有，以下以此類推。

「證之為常法的量存在」與「常法」二者是是等遍，因為是常法的話，證之為常法的量遍存在；證之為常法的量存在的話，遍是常法的緣故。

「證之為實事的量存在」與「實事」二者是是等遍，因為是實事的話，證之為實事的量遍存在；證之為實事的量存在的話，遍是實事的緣故。

「證之為無的量.證之為無的量存在」與「有」二者是是等遍，因為是有的話，證之為無的量.證之為無的量遍存在；證之為無的量.證之為無的量存在的話，遍是有的緣故。如果說因不成立的話，證之為無的量.證之為無的量存在的話，應當遍是有，因為兩重、四重、六重等等的證之為無的量.證之為無的量[57]，凡是偶數的話，都遍存在的緣故。

「證之為常法的量.證之為實事的量存在」與「常法」二者是是等遍，因為是常法的話，證之為常法的量.證之為實事的量遍存在；證之為常法的量.證之為實事的量存在的話，遍是常法的緣故。

「證之為實事的量.證之為有的量存在」與「實事」二者是是等遍，因為是實事的話，證之為實事的量.證之為有的量遍存在；證之為實事的量.證之為有的量存在的話，遍是實事的緣故。

「證之為有的量存在」與「證之為有的量.證之為有的量存在」

57　**兩重、四重、六重等等的證之為無的量.證之為無的量**　原文如此，意為將「證之為無的量」重疊為兩重，或者四重、六重等等。並非指「證之為無的量.證之為無的量」重疊兩次、四次、六次之義。

二者是是等遍，因為證之為有的量存在的話，無論累積多少「證之為有的量.證之為有的量」都遍存在的緣故。

證之為有的量.證之為實事的量應當存在，因為證之為有的量是實事的緣故。

有「有」的性相，因為量所緣即是彼的緣故。有、所知、成實與法等同義。有所知的性相，因為堪為覺知[58]的境即是彼的緣故。有成實的性相，因為量所成立即是彼的緣故。有法的性相，因為持自體性即是彼的緣故。

「有」分為兩種，因為有實事與常法二者的緣故。

有實事的性相，因為能作用即是彼的緣故。實事、所作與無常三者同義。

實事分為三種，因為有色法、心識、心不相應行法三者的緣故。

有物質的性相，因為微塵所成即是彼的緣故。物質與色法二者同義。物質與色法二者分為外色與內色兩種。外色與內色二者各分為五種，因為就如前文已說的緣故。

有心識的性相，因為清晰且明了[59]即是彼的緣故。心識、覺知與明了三者同義。有其事相，因為遍智即是彼的緣故。

---

58 **覺知** 藏文為「ཤེས།」，與心識、明了同義，義為顯現自境的明了。如看見瓶子的眼識，當下在眼識中顯現出瓶子的行相、樣子，這樣的眼識，即是顯現自境的明了。

59 **清晰且明了** 藏文為「གསལ་ཞིང་རིག་པ།」，心識的性相。泛指心識本身具有清晰的特質，並且具有明現對境的作用。此處的清晰且明了，並非證達的意思，因為在心識當中有許多錯亂識或無法證達對境的心識，所以此處的清晰且明了，是指一切心識都具備顯現其顯現境的作用。

常法分為兩種，因為有一切時處的常法[60]與暫時的常法[61]二者的緣故。一切時處的常法可得舉例，因為所知與有二者即是彼的緣故。暫時的常法可得舉例，因為瓶子的反體與柱子的反體二者即是彼的緣故。

斷除諍論

❀ 1

有人說：「瓶子有法，應當是常法，因為證之為常法的量．證之為實事的量存在的緣故。

如果說因不成立的話，瓶子有法，證之為常法的量．證之為實事的量應當存在，因為證之為常法的量．證之為實事的量．證之為無的量存在的緣故。」落入相違周遍[62]。

---

60 **一切時處的常法**　藏文為「 རྣམ་པ་ཐམས་ཅད་པའི་རྟག་པ་」，指存在於一切時間、處所的常法，例如：無為的虛空、常法、有等等，這些都是無始以來到盡未來際，任何地方都會存在的常法。

61 **暫時的常法**　藏文為「རེས་འགའ་བའི་རྟག་པ་」，指偶爾存在的常法，如：與瓶子為一、瓶子之上的無我等等，依於某個無常之上的常法，這類常法會在所依的無常壞滅時，也隨著消失，所以稱之為暫時的常法。常法的「常」字並非指一定要永恆地存在下去，而是其存在的方式並非由因緣聚合而出生、緣盡而滅，純粹由分別心假立出來的一種概念。它在存在的過程中不會剎那剎那地變化，因此稱之為常法。

62 **落入相違周遍**　藏文為「འགལ་ཁྱབ་ལ་འཇུག」，義為是因的話絕對不是所顯法，所舉的因適足以否定所要成立的法。以這個應成為例，「證之為常法的量．證之為實事的量應當存在」與「證之為常法的量．證之為實事的量．證之為無的量存在的緣故」，分別是這個應成論式的所顯法與

2

有人說：「所知有法，應當是實事，因為證之為實事的量.證之為無的量.證之為有的量存在的緣故。」落入相違周遍。

如果說因不成立的話，所知有法，證之為實事的量.證之為無的量.證之為有的量應當存在，因為不是實事的緣故。

因，而證之為常法的量.證之為實事的量.證之為無的量存在的話，證之為常法的量.證之為實事的量一定不存在，所以這個應成便成為相違周遍的應成。

第三章

是反非反的單元

導讀

　　第三單元〈是反非反〉，源於《釋量論》中「其言從他遮，及言從他返」，以及「故從彼彼遮，此因緣類別」等文，提到聲音是聲音的非反、常法的是反，以及是從非所作而返，一切實事也同理可推。

　　是反非反，即是討論「是」的相反及「不是」的相反的內容，所以取名為〈是反非反〉，「是反」，即是的相反，換句話說即指不是；「非反」，亦即不是的相反，即指是。不僅如此，「是反」的雙數，如「是反的是反」，代表是「是」的意思；單數，如「是反的是反的是反」，意即「不是」。至於「非反」不管是雙數還是單數，都理解為「是」。

　　本單元提及色法與心識二者沒有共同事；他是有為法的話，「他是無常」這點就一定是心不相應行法；還有實事的非反是常法這些內容。在學習這個單元時，通常還會討論到：有沒有性相與名相的共同事？如果沒有是他的事物，那麼是他的話，則任作何想都可以成立嗎？「是瓶子」與瓶子的非反兩者分別都是常法嗎？有沒有從與自己為一而反的事物？這些問題都可以細緻地思考、討論。

解說是反非反的單元

破除他宗

1

有人說：「是實事的非反的話，遍是心識的非反。」

那麼瓶子有法，應當是心識的非反，因為是實事的非反的緣故。已經承許周遍了。

如果說因不成立的話，瓶子有法，應當是實事的非反，因為是實事的緣故。

如果說因不成立的話，瓶子有法，應當是實事，因為是能作用的緣故。

如果說不遍的話，這應當有周遍，因為能作用是實事的性相的緣故。

如果承許根本論式的宗，瓶子有法，應當不是心識的非反，因為是心識的是反的緣故。

如果說因不成立的話，瓶子有法，應當是心識的是反，因為不是心識的緣故。

如果說因不成立的話，瓶子有法，應當不是心識，因為是物質的緣故。

如果說不遍的話，這應當有周遍，因為心識與物質二者的共同事不存在的緣故。

◈ 2.1

有人說：「是色法的非反的話，遍是瓶子的非反。」

那麼聲音有法，應當是瓶子的非反，因為是色法的非反的緣故。已經承許周遍了。

如果說因不成立的話，聲音有法，應當是色法的非反，因為是色法的緣故。

如果說因不成立的話，聲音有法，應當是色法，因為是聲音的緣故。

如果承許根本論式的宗，聲音有法，應當不是瓶子的非反，因為是瓶子的是反的緣故。

如果說因不成立的話，聲音有法，應當是瓶子的是反，因為不是瓶子的緣故。

如果說因不成立的話，聲音有法，應當不是瓶子，因為是聲音的緣故。

如果說不遍的話，這應當有周遍，因為聲音與瓶子二者的共同事不存在的緣故。

◈ **2.2**

另外，栴檀的氣味有法，應當是瓶子的非反，因為是色法的非反的緣故。已經承許周遍了。

如果說因不成立的話，栴檀的氣味有法，應當是色法的非反，因為是色法的緣故。

如果說因不成立的話，栴檀的氣味有法，應當是色法，因為是香處的緣故。

如果承許根本論式的宗，栴檀的氣味有法，應當不是瓶子的非反，因為是瓶子的是反的緣故。

如果說因不成立的話，栴檀的氣味有法，應當是瓶子的是反，因為不是瓶子的緣故。

如果說因不成立的話，栴檀的氣味有法，應當不是瓶子，因為是氣味的緣故。

如果說不遍的話，這應當有周遍，因為氣味與瓶子二者的共同事不存在的緣故。

◈ **3.1**

有人說：「是實事的是反的是反的話，遍是實事的是反。」

那麼遍智有法，應當是實事的是反，因為是實事的是反的是反的緣故。已經承許周遍了。

如果說因不成立的話，遍智有法，應當是實事的是反的是反，因為是實事的緣故。

如果說不遍的話，這應當有周遍，因為實事的是反的是反與實事二者是是等遍的緣故。

如果承許根本論式的宗，遍智有法，應當不是實事的是反，因為是實事的非反的緣故。

如果說因不成立的話，遍智有法，應當是實事的非反，因為是實事的緣故。

如果說因不成立的話，遍智有法，應當是實事，因為是物質、心識、心不相應行法三者其中一者的緣故。

如果說因不成立的話，遍智有法，應當是物質、心識、心不相應行法三者其中一者，因為是心識的緣故。

如果說因不成立的話，遍智有法，應當是心識，因為是量的緣故。

如果說因不成立的話，遍智有法，應當是量，因為是遍智的緣故。

❀ 3.2

另外，聲音無常[63]有法，應當是實事的是反，因為是實事的是反的是反的緣故。已經承許周遍了。

如果說因不成立的話，聲音無常有法，應當是實事的是反的是反，因為不是實事的是反的緣故。

---

63 **聲音無常**　藏文為「སྒྲ་མི་རྟག་པ」，指聲音剎那遷流變化的特性。

如果說因不成立的話，聲音無常有法，應當不是實事的是反，因為是實事的緣故。

如果說因不成立的話，聲音有法，他無常應當是實事，因為他是實事的緣故。

如果承許根本論式的宗，聲音無常有法，應當不是實事的是反，因為是實事的非反的緣故。

如果說因不成立的話，聲音無常有法，應當是實事的非反，因為是實事的緣故。

如果說因不成立的話，聲音無常有法，應當是實事，因為是心不相應行法的緣故。

如果說因不成立的話，聲音有法，他無常應當是心不相應行法，因為他是實事[64]的緣故。

❀ 4

有人說：「是無實事的非反的話，遍是無的非反。」

那麼「有」有法，應當是無的非反，因為是無實事的非反的緣故。已經承許周遍了。

如果說因不成立的話，「有」有法，應當是無實事的非反，因為是無實事的緣故。

64　**他無常應當是心不相應行法，因為他是實事**　如瓶子、柱子是無常，因此瓶子無常、柱子無常也都是無常，其他實事以此類推。而瓶子無常與柱子無常，在無常當中既不屬於色法，也不屬於心識，所以是心不相應行法。

如果說因不成立的話，「有」有法，應當是無實事，因為是能作用空[65]的緣故。

如果說不遍的話，這應當有周遍，因為能作用空是無實事的性相的緣故。

前面不遍處如果說因不成立的話，「有」有法，應當是能作用空，因為不是能作用的緣故。

如果說因不成立的話，「有」有法，應當不是能作用，因為不是能生自果的緣故。

如果說因不成立的話，「有」有法，應當不是能生自果，因為他的果不存在的緣故。

如果說因不成立的話，「有」有法，他的果應當不存在，因為他是常法的緣故。

如果承許根本論式的宗，「有」有法，應當不是無的非反，因為是無的是反的緣故。

如果說因不成立的話，「有」有法，應當是無的是反，因為不是無的緣故。

如果說因不成立的話，「有」有法，應當不是無，因為不是量所不緣的緣故。

如果說因不成立的話，「有」有法，應當不是量所不緣，因為是量所緣的緣故。

---

65 **能作用空** 藏文為「དོན་བྱེད་ནུས་སྟོང་」，指沒有能生自果的作用。如常法，即是沒有能生自果的作用，因此不是任何果的因。所有常法都是能作用空。

如果說因不成立的話，「有」有法，應當是量所緣，因為是量的所量的緣故。

如果說因不成立的話，「有」有法，應當是量的所量，因為是遍智的所量的緣故。

如果說因不成立的話，「有」有法，應當是遍智的所量，因為是成實的緣故。

5

有人說：「是非所作的非反的話，遍是無的非反。」

那麼常法有法，應當是無的非反，因為是非所作的非反的緣故。已經承許周遍了。

如果說因不成立的話，常法有法，應當是非所作的非反，因為是非所作的緣故。

如果說因不成立的話，常法有法，應當是非所作，因為不是所作的緣故。

如果說因不成立的話，常法有法，應當不是所作，因為不是無常的緣故。

如果說因不成立的話，常法有法，應當不是無常，因為不是剎那性的緣故。

如果說不遍的話，這應當有周遍，因為剎那性是無常的性相的緣故。

如果承許根本論式的宗，常法有法，應當不是無的非反，因為是

無的是反的緣故。

如果說因不成立的話，常法有法，應當是無的是反，因為不是無的緣故。

如果說因不成立的話，常法有法，應當不是無，因為是成實的緣故。

❀ 6

有人說：「是常法的是反的非反的是反的非反的話，遍是常法的是反的非反。」

那麼無為的虛空[66]有法，應當是常法的是反的非反，因為是常法的是反的非反的是反的非反的緣故。已經承許周遍了。

如果說因不成立的話，無為的虛空有法，應當是常法的是反的非反的是反的非反，因為是常法的是反的非反的是反的緣故。

如果說因不成立的話，彼[67]有法，應當是常法的是反的非反的是反，因為是常法的是反的是反的緣故。

如果說不遍的話，這應當有周遍，因為「常法的是反的是反」與「常法的是反的非反的是反」二者是是等遍的緣故。

66　**無為的虛空**　藏文為「འདུས་མ་བྱས་ཀྱི་ནམ་མཁའ」，指無法造成阻礙，也無法被觸摸，從這個特性而安立出的一種無遮的狀態，稱之為無為的虛空。虛空必定是常法，而且不一定要在天上，相當於空間的概念。

67　**彼**　藏文為「དེ」，攝類學中常用的代名詞。出現在所諍事當中時，一般用以代指之前出現的所諍事。以此處為例，即指上述的「無為的虛空」。

如果承許根本論式的宗，無為的虛空有法，應當不是常法的是反的非反，因為是常法的是反的是反的緣故。

如果說因不成立的話，彼有法，應當是常法的是反的是反，因為不是常法的是反的緣故。

如果說因不成立的話，無為的虛空有法，應當不是常法的是反，因為是常法的緣故。

如果說因不成立的話，無為的虛空有法，應當是常法，因為是法與非剎那性的共同事的緣故。

如果說不遍的話，這應當有周遍，因為法與非剎那性的共同事是常法的性相的緣故。

7

有人說：「是有的話，遍是常法。」

那麼遍智有法，應當是常法，因為是有的緣故。已經承許周遍了。

如果說因不成立的話，遍智有法，應當是有，因為是現證一切法的究竟智慧的緣故。

8

有人說：「是常法的是反的話，常法的是反遍是常法的是反。」

那麼瓶子有法，常法的是反應當是常法的是反，因為是常法的是

反的緣故[68]。已經承許周遍了。

如果說因不成立的話，瓶子有法，應當是常法的是反，因為從是常法而反的緣故。

如果說因不成立的話，瓶子有法，應當從是常法而反，因為不是常法的緣故。

如果承許根本論式的宗，瓶子有法，常法的是反應當不是常法的是反，因為常法的是反是常法的非反的緣故。

如果說因不成立的話，瓶子有法，常法的是反應當是常法的非反，因為常法的是反是常法的緣故。

如果說因不成立的話，瓶子有法，常法的是反應當是常法[69]，因為常法的是反存在的緣故[70]。

---

68 **瓶子有法，常法的是反應當是常法的是反，因為是常法的是反的緣故** 在攝類學當中，這種論式的所諍事稱為「無效有法」。當論式的所顯法已經完整的表述了一個宗，如「某某是什麼」、「某某有什麼」、「某某遍是什麼」，或是「某某存在」，則其論式當中雖然有立出所諍事，但此所諍事並不構成承許與否的條件。這樣的論式，由於在所顯法當中已經表述了完整的宗，因此在判別是否承許的時候，只要考慮所顯法的內容即可，不會將所諍事列入考慮。複述承許時，同樣也只須複述承許所顯法的內容。因此此類論式的所諍事稱為「無效有法」。此處的所諍事在判別所顯法時雖然沒有作用，但在判別因成不成立時，還是有效有法。

69 **常法的是反應當是常法** 「常法的是反」是唯由分別心假立而成，不是透過因緣產生的，因此歸屬於常法。

70 **瓶子有法，常法的是反應當是常法，因為常法是反存在的緣故** 由於論式中的所顯法以及論式中的因各自都已說明一個完整的內容，因此這種論式的所諍事，無論對論式中的所顯法或是對論式中的因而言，都是無效有法。在判別是否回答承許或因不成立時，只須考慮所顯法或因當中的內容，不必將所諍事列入考慮。因此，攝類學當中關於無效有法的論式，共可以歸納為三種：一、僅對於所顯法是無效有法；二、僅對於因是無效有法；三、無論對所顯法或是對因而言都是無效有法。此例即是第三者，而註68則是第一者。

如果說因不成立的話，瓶子有法，常法的是反應當存在，因為非常法存在的緣故。

如果說因不成立的話，瓶子有法，非常法應當存在，因為是補特伽羅無我[71]的緣故。

9

有人說：「是實事的非反的非反的話，實事的非反遍是實事的非反。」

那麼聲音有法，實事的非反應當是實事的非反，因為是實事的非反的非反的緣故。已經承許周遍了。

如果說因不成立的話，聲音有法，應當是實事的非反的非反，因為是實事的緣故。

如果承許根本論式的宗，聲音有法，實事的非反應當不是實事的非反，因為實事的非反是實事的是反的緣故。

---

71 **補特伽羅無我** 藏文為「གང་ཟག་གི་བདག་མེད」，有部、經部、唯識、中觀等四部宗義，對於補特伽羅無我的解釋不盡相同。除了中觀應成派，認為補特伽羅無我一定是補特伽羅之上的空性，自續派以下的宗義多認為，補特伽羅無我並不是指補特伽羅之上的空性，而是意指沒有能獨立的實有我。「沒有能獨立的實有我」，是一切存在的事物共同具有的真相，沒有任何一種事物具有能獨立的實有我的特質，甚至任何不存在的事例也都是如此。這是從經部宗到自續派都共同承許的觀點。而之所以將「沒有能獨立的實有我」命名為「補特伽羅無我」，哲蚌赤巴仁波切認為，是因為研習佛法最主要的目的，是為了斷除俱生我執薩迦耶見，而獲得出離三界的出世間果位。薩迦耶見，是緣著補特伽羅而執持為能獨立的實有我，因此薩迦耶見也稱為補特伽羅我執，其所執取的內容稱為補特伽羅我。而其他我執，也會對一切事物產生執為能獨立的實有的執著。除了所緣對象有所差異，薩迦耶見與其他我執都是執為能獨立的實有的執著。因此將薩迦耶見的立名方式，轉而擴展到所有的我執，所有我執都可稱為補特伽羅我執；一切事物之上的能獨立的實有，都稱為補特伽羅我。

如果說因不成立的話，聲音有法，實事的非反應當是實事的是反，因為實事的非反不是實事的緣故。

如果說因不成立的話，聲音有法，實事的非反應當不是實事，因為實事的非反是常法[72]的緣故。

如果說因不成立的話，實事有法，他的非反應當是常法，因為他的非反存在的緣故。

安立自宗

「有的非反」與有[73]二者是同義是等遍，因為是「有的非反」的話，遍是有；是有的話，遍是「有的非反」的緣故。

「有的是反」與不是有二者是是等遍，因為是「有的是反」的話，遍不是有，不是有的話，遍是「有的是反」的緣故。一切無我[74]同理可推。

---

72 **實事的非反是常法** 「實事的非反」是唯由分別心假立的法，所以是常法。以此類推瓶子的非反、柱子的非反等等也都是常法。

73 **有的非反與有** 藏文原文中，「與」及「有」之間有一「是」字，亦即「有的非反」與「是有」為是等遍，如果是「有的非反」，就一定是「是有」。雖然於義無誤，但是就漢文語法表達而言較為累贅。為求簡潔與義理連貫，故未譯出，特此說明，以供讀者參考。

74 **一切無我** 泛指存在與否的所有事例。此處無我，是指沒有能獨立的實體存在。任何存在的事物，都具備沒有能獨立的實體存在的特性，因此都是無我。所有存在的事物都是如此，則不存在的事例更不會有能獨立的實體存在的可能，因此也都是無我。所以無我的範圍，囊括了存在與否的所有事例。

第四章
辨識反體的單元

導讀

　　〈辨識反體〉一章，源於《釋量論》中：「諸法由自性，住各自體故，從同法餘法，遮回為所依。」意指萬事萬法都是藉著各自的自性特徵，從與各自同類或不同類的其他所有事物返回而安住於自己的體性。這裡闡釋的即是反體的內涵。另外還有「是故某差別，由某法了知，其餘則無能，故別異而住」以及「餘則於一法，一聲覺能通，非是餘境故，應成為異門」、「知所有諸義，謂遮返體性，故似非各異，現從彼餘返」等，從各種角度廣泛探討反體的意涵。

　　所謂「反體」，從詞義觀之，意指「與自己為異這點的相反」，亦即「與自己為一」，換言之，就是自己本身。如瓶子的反體，字面意義為「從與瓶子為異反回來」，意即「與瓶子為一」，以此類推，任何存在的事物都是如此。所以才說一切法皆從與各自同類的或不同類的其他事物，返回到各自的體性。至於為何會有這樣的現象，這是因為各自的自性特徵所造成的。

　　本單元介紹自反體、事反體、義反體等，從各種角度，闡述不同的反體，所以取名為〈辨識反體〉。其中，自反體與反體二者本身的內涵有所不同，後者的範圍大於前者；但是某個事物的自反體與該事物的反體則是同義。「事反體」，譬如瓶子的事反體，理解為「瓶子的非

反」，即「是瓶子」。「義反體」，指一個事物的意思、內涵。譬如「能生」是「所作」的義反體，因為「能生」是「所作」的性相。

　　透過上述的介紹，可以發現攝類學當中認為，無論是常法或者無常，任何存在的事物，必然都有自己的反體；有是這一法的事物，則這一法就有他的事反體；有這一法的性相，就代表這一法一定有他的義反體。

　　本單元也會討論到，凡是存在的事物，自己一定不是與自己相異嗎？是否有一法，會有兩個以上的反體？「量所緣存在」的性相是否存在？與瓶子為一，而且是與瓶子為一的話遍是與瓶子為一嗎？有沒有「無」的性相？上述的問題，學人都可以再再觀察、討論。

解說辨識反體的單元

破除他宗

1

有人說：「是實事的事反體[75]的話，遍是實事的反體。」

那麼聲音有法，應當是實事的反體，因為是實事的事反體的緣故。已經承許周遍了。

如果說因不成立的話，聲音有法，應當是實事的事反體，因為是實事的事相的緣故。

如果承許根本論式的宗，聲音有法，應當不是實事的反體，因為是與實事為異的緣故。

2

有人說：「是實事的義反體[76]的話，遍是實事的反體。」

---

75 **事反體** 藏文為「གཞི་ལྡོག」，實事的事反體，泛指是實事的事物。相同的，瓶子、柱子等等的事反體，分別指是瓶子、柱子等等的事物。

76 **義反體** 藏文為「དོན་ལྡོག」，指彼法的意涵。實事的義反體，指實事的意涵。如能作用是實事的性相，所以是實事的義反體。相同的，量所緣則是「有」的義反體。

　　那麼能作用有法，應當是實事的反體，因為是實事的義反體的緣故。已經承許周遍了。

　　如果說因不成立的話，能作用有法，應當是實事的義反體，因為是實事的性相的緣故。

　　如果承許根本論式的宗，能作用有法，應當不是實事的反體，因為不是與實事為一的緣故。

　　如果說因不成立的話，能作用有法，應當不是與實事為一，因為是與實事為異的緣故。

　　如果說因不成立的話，能作用有法，應當是與實事為異，因為是性相的緣故。

　　如果說不遍的話，這應當有周遍，因為是與實事為一的話，必須是名相[77]的緣故。

　　如果說因不成立的話，實事有法，是與他為一的話，應當必須是名相，因為他是名相的緣故。

🌸 **3**

　　有人說：「與瓶子為一所屬的瓶子是瓶子的反體。」

　　與瓶子為一所屬的瓶子有法，應當不是瓶子的反體，因為不是與瓶子為一的緣故。

77　**名相**　藏文為「མཚན་གཞི」，即是性相所要表徵的事物。例如初次見到黃金打造的「能作盛水用途的大腹縮足器」時，先了解所見的事物是大腹縮足器，而且具有盛水的作用，但是還不了解其名相，需透過解釋才了解那是瓶子，以及凡是能作盛水用途的大腹縮足器都是瓶子。因此瓶子會成為能作盛水用途的大腹縮足器的名相。其他性相名相的關聯以此類推。

如果說因不成立的話，與瓶子為一所屬的瓶子有法，應當不是與瓶子為一，因為不是與瓶子為是等遍的緣故。

如果說不遍的話，瓶子有法，是與他為一的話，應當遍是與他為是等遍，因為他是補特伽羅無我的緣故。

前面不遍處如果說因不成立的話，與瓶子為一所屬的瓶子有法，應當不是與瓶子為是等遍，因為「是他的話遍是瓶子」與「是瓶子的話遍是他」，這二者不是都存在的緣故。

如果說因不成立的話，與瓶子為一所屬的瓶子有法，「是他的話遍是瓶子」與「是瓶子的話遍是他」，這二者應當不是都存在，因為「是瓶子的話遍是他」不存在的緣故。

如果說因不成立的話，那麼金瓶有法，應當是與瓶子為一所屬的瓶子，因為是瓶子的緣故。已經承許周遍了。

如果說因不成立的話，金瓶有法，應當是瓶子，因為是能作盛水用途的大腹縮足器的緣故。

如果說不遍的話，這應當有周遍，因為能作盛水用途的大腹縮足器是瓶子的性相的緣故。

如果承許前面的宗，金瓶有法，應當不是與瓶子為一所屬的瓶子，因為不是與瓶子為一的緣故。

如果說因不成立的話，金瓶有法，應當不是與瓶子為一，因為是與瓶子為異的緣故。

如果說因不成立的話，金瓶有法，應當是與瓶子為異，因為是金瓶的緣故。

4

又有人說：「與瓶子為一是瓶子的反體。」

與瓶子為一有法，應當不是瓶子的反體，因為不是與瓶子為一的緣故。

如果說因不成立的話，與瓶子為一有法，應當不是與瓶子為一，因為是與瓶子為異的緣故。

如果說因不成立的話，與瓶子為一有法，應當是與瓶子為異，因為是常法的緣故。

如果說因不成立的話，瓶子有法，與他為一應當是常法，因為他是成實的緣故。

5

有人說：「瓶子的反體是瓶子的反體。」

瓶子的反體有法，應當不是瓶子的反體，因為不是瓶子的緣故。

如果說因不成立的話，瓶子的反體有法，應當不是瓶子，因為不是實事的緣故。

如果說因不成立的話，瓶子的反體有法，應當不是實事，因為是常法的緣故。

如果說因不成立的話，瓶子有法，他的反體應當是常法，因為他的反體存在的緣故。

如果說因不成立的話，瓶子有法，他的反體應當存在，因為他是成實的緣故。

❀ 6

有人說：「從非瓶而返[78]的話，遍是瓶子的反體。」

那麼金瓶銅瓶二者有法，應當是瓶子的反體，因為從非瓶而返的緣故。已經承許周遍了。

如果說因不成立的話，金瓶銅瓶二者有法，應當從非瓶而返，因為是瓶子的非反的緣故。

如果說因不成立的話，金瓶銅瓶二者有法，應當是瓶子的非反，因為是瓶子的緣故。

如果承許根本論式的宗，金瓶銅瓶二者有法，應當不是瓶子的反體，因為不是從與瓶子為異而返[79]的緣故。

如果說不遍的話，瓶子有法，不是從與他為異而返的話，應當遍不是他的反體，因為他從與他為異而返的緣故。

如果說因不成立的話，瓶子有法，他應當從與他為異而返，因為他是無我的緣故。

前面不遍處如果說因不成立的話，金瓶銅瓶二者有法，應當不是從與瓶子為異而返，因為是與瓶子為異的緣故。

❀ 7

有人說：「從與瓶子為異而返的話，遍是瓶子的反體。」

---

78 **從非瓶而返** 指不是瓶子的相反，義即「是瓶子」。「返」即相反、不是之義。

79 **從與瓶子為異而返** 指與瓶子為異的相反，義即「不是與瓶子為異」。

那麼兔子角有法，應當是瓶子的反體，因為從與瓶子為異而返的緣故。已經承許周遍了。

如果說因不成立的話，兔子角有法，應當從與瓶子為異而返，因為不是與瓶子為異的緣故。

如果說因不成立的話，兔子角有法，應當不是與瓶子為異，因為是與瓶子為不異的緣故。

如果說因不成立的話，兔子角有法，應當是與瓶子為不異，因為是決定無[80]的緣故。

如果承許根本論式的宗，兔子角有法，應當不是瓶子的反體，因為不是從非與瓶子為一而返[81]的緣故。

如果說不遍的話，瓶子有法，是他的反體的話，應當遍從非與他為一而返，因為他從非與他為一而返的緣故。

如果說因不成立的話，瓶子有法，他應當從非與他為一而返，因為他是與他為一的非反的緣故。

如果說因不成立的話，瓶子有法，他應當是與他為一的非反，因為他是與他為一的緣故。

80　**決定無**　藏文為「 མེད་དགས་」，與「無」所指相同。

81　**從非與瓶子為一而返**　指不是與瓶子為一的相反，義即「是與瓶子為一」。

◎ 8

有人說：「兔子角從非與瓶子為一而返。」

兔子角有法，應當不是從非與瓶子為一而返，因為不是與瓶子為一的非反的緣故。

如果說因不成立的話，兔子角有法，應當不是與瓶子為一的非反，因為不是與瓶子為一的緣故。

如果說因不成立的話，兔子角有法，應當不是與瓶子為一，因為是無的緣故。

安立自宗

瓶子的反體可得安立，因為瓶子即是彼的緣故。

瓶子的反體與「與瓶子為一」二者是是等遍[82]，因為是成實的話，他遍是他的反體，而是成實的話，他遍是與他為一的緣故。

如果說因不成立的話，是成實的話，他應當遍是與他為一，因為是成實的話，他遍不是與他為異的緣故。

82　**是等遍**　藏文為「ཡིན་ཁྱབ་མཉམ」，意指所列舉的兩個事例之間，具有雙向的周遍關係，是其中一者的話遍是另外一者。由於描述的是關於「是」的周遍關係，而這種「是…的話遍是…」的周遍關係是雙向對等的，因此稱為「是等遍」。

第五章
一與異的單元

導讀

　　〈一與異〉一章，源自於《釋量論》中：「諸法由自性，住各自體故，從同法餘法，遮回為所依」以及「事唯一體故，覺何見體異」，分別提到同一類別與類別異、體性異與體性一的內涵。另外提到：「是故某差別，由某法了知，其餘則無能，故別異而住。」這一偈闡述某一差別法，是透過詮說「某一差別法」的聲音而了解，其他的聲音則沒有這樣的能力與作用，去表達那一種差別法，因此這一種差別法就是與其他法為異。

　　例如，透過詮說「瓶子」的聲音，而得以了解瓶子，這是詮說「無常」、「柱子」、「東邊的人」等等的聲音所無法表達的，由此可見瓶子是與無常等等為異。反過來說，無常與無常之間，則沒有這樣的差別，不會有兩個不同的聲音去分別稱呼無常與無常，由此可見，無常與無常是完全相同的一個事物，所以是一，而不是異。

　　本單元主要討論一與異，還有與此相關的自反體一、體性一、類別一等等，因此取名為〈一與異〉。所謂的一，定義為非別別的法；相對於一，異則是別別的法。所謂「別別」，有兩種解釋方式：一、在義共相中顯現為相異，如：我們想到一群人時，心中現出來的就是很多人的景象，因此這一群人即是別別；二、在理解兩者以上的事例時，必須依

靠二個以上的名詞，如我們聽到瓶子、柱子兩個名詞時，會因為這兩個名詞分別理解瓶子、柱子，因此瓶子、柱子兩者即是別別。不符合上述任何一種狀態，而又是法，則是上述「非別別的法」，也就是一。

「一」可以分為自反體一、體性一、同一類別；「異」也分為自反體異、體性異、類別異。自反體一和一同義。同一類別分為反體同一類別及實質同一類別，反體同一類別又分為成立法所屬的反體同一類別及遮破法所屬的反體同一類別。

所謂的成立法所屬的反體同一類別，意指任何一位補特伽羅注意到這兩個事物時，都會生起這兩者很相似、相近的感覺，此時這兩者，即是成立法所屬的反體同一類別；遮破法所屬的反體同一類別，是指這兩者是遮除同一類別所遮的無遮法，如比丘不喝酒、比丘尼不喝酒這兩件事，都是否定能喝酒這點的無遮。實質同一類別，意指這兩者是由同一個直接近取因產生的有為法，例如從同一團陶土塑成的白色陶瓶及藍色陶瓶。而類別異，也同樣分為反體類別異及實質類別異；反體類別異同樣也分為成立法所屬的反體類別異及遮破法所屬的反體類別異。

針對〈一與異〉的這些內涵，歷代學者都會廣泛地討論別別的內涵、界限。還有屬於成立法的反體同一類別標準如何界定？看見兩個事物覺得相似與否，到底以誰的感覺為準？因為每個人的感覺與看法都不相同。至於遮破法所屬的反體同一類別，為何只限定在無遮，而沒有非遮等等議題，這些都是學人可以細細推敲的。

解說一與異的單元

破除他宗

1

有人說：「是體性一[83]的話，遍是一。」

那麼實事與無常二者有法，應當是一，因為是體性一的緣故。已經承許周遍了。

如果說因不成立的話，實事與無常二者有法，應當是體性一，因為是本性一的緣故。

如果說不遍的話，這應當有周遍，因為體性一、本性一與自性一等是同義是等遍的緣故。

如果承許根本論式的宗，實事與無常二者有法，應當不是一，因為是多的緣故。

如果說因不成立的話，實事與無常二者有法，應當是多，因為是相互為異的緣故。

---

83 **體性一** 藏文為「ངོ་བོ་གཅིག」，指非別別體性的法。在正確的心識中，會顯現這兩個法之中一者是另一者的體性，這樣的法，即是體性一。如瓶子與無常二者，在正確的心識中會顯現出瓶子具有無常的體性，因此瓶子與無常是體性一。

如果說因不成立的話，實事與無常二者應當是相互為異，因為實事是與無常為異，而且無常也是與實事為異的緣故。

每個因都成立，因為是無我的緣故。

2

有人說：「是體性一的話，遍是實質一[84]。」

那麼所知與常法二者有法，應當是實質一，因為是體性一的緣故。已經承許周遍了。

如果說因不成立的話，所知與常法二者有法，應當是體性一，因為是本性一的緣故。

如果說因不成立的話，所知與常法二者應當是本性一，因為所知是與常法為本性一，而且常法也是與所知為本性一的緣故。

如果說第一個因不成立的話，所知有法，應當是與常法為本性一，因為是常法的緣故。

如果說第二個因不成立的話，常法有法，應當是與所知為本性一，因為是所知的緣故。

如果承許根本論式的宗，所知與常法二者有法，應當不是實質一，因為不是實質的緣故。

如果說因不成立的話，所知與常法二者有法，應當不是實質，因

---

84 **實質一** 藏文為「ངས་གཅིག」，指是無常的前提下，又是體性一，如瓶子與無常二者、柱子與實事二者。相反的，所知與有、常法與法，這些雖然都是體性一，但是由於不是無常，所以不是實質一。因為兩者既然不是無常，則並非都具有實質，無法從實質的層面為體性一。

為不是實事的緣故。

如果說不遍的話，這應當有周遍，因為實事與實質二者是同義的
緣故。

◉ 3

有人說：「是與實事為實質一的話，遍是實質一。」

那麼瓶子與柱子二者有法，應當是實質一[85]，因為是與實事為實
質一的緣故。已經承許周遍了。

如果說因不成立的話，瓶子與柱子二者有法，應當是與實事為實
質一，因為是實事的別的緣故。

如果承許根本論式的宗，瓶子與柱子二者有法，應當不是實質
一，因為是實質異的緣故。

如果說因不成立的話，瓶子與柱子二者有法，應當是實質異，因
為是實事，而且是實質相互無關的不同事物的緣故。

◉ 4

有人說：「是與所知為本性一的話，遍是本性一。」

那麼瓶子與柱子二者有法，應當是本性一，因為是與所知為本性
一的緣故。已經承許周遍了。

如果說因不成立的話，瓶子與柱子二者有法，應當是與所知為本

85　**應當是實質一**　各莫本作「應當不是實質一」，上下文義無法連貫，又拉寺本、民族本、果芒
本皆作「應當是實質一」，故依拉寺等本改之。

性一，因為是所知的緣故。

如果承許根本論式的宗，瓶子與柱子二者有法，應當不是本性一，因為是沒有關聯的不同事物的緣故。

❀ 5

有人說：「是同一類別[86]的話，遍是本性一。」

那麼花牛與黑牛二者有法，應當是本性一，因為是同一類別的緣故。已經承許周遍了。

如果說因不成立的話，花牛與黑牛二者有法，應當是同一類別，因為是反體同一類別[87]的緣故。

如果說因不成立的話，花牛與黑牛二者有法，應當是反體同一類別，因為是任何補特伽羅只要專注地一看，自然就能生起這兩者很相似的念頭的法的緣故。

如果承許根本論式的宗，花牛與黑牛二者有法，應當不是本性一，因為是本性異的緣故。

如果說因不成立的話，花牛與黑牛二者有法，應當是本性異，因為是相互無關的不同事物的緣故。

---

86 **同一類別**　藏文為「རིགས་གཅིག」，指非別別類別的法。凡是在正確的心識中會顯現出這兩者類別相同，這樣的法即是同一類別。例如在異國他鄉，看見與自己同一族的人，當下就會覺得自己與那人是同一種族，因此自己與那人即是同一類別。

87 **反體同一類別**　凡是在正確的心識中，能夠顯現出兩個法的反體是相近的，這兩個法即是反體同一類別。例如瓶子的無常與柱子的無常兩者，同樣都是指一種無常，所以在正確的心識中會顯現這兩者的反體是相似的，因此瓶子的無常與柱子的無常是反體同一類別。

◎ **6**

有人說：「於所知是同一類別[88]的話，遍是同一類別。」

那麼馬與牛二者有法，應當是同一類別，因為於所知是同一類別的緣故。已經承許周遍了。

如果說因不成立的話，馬與牛二者有法，應當於所知是同一類別，因為是體性異的緣故。

如果承許根本論式的宗，馬與牛二者有法，應當不是同一類別，因為是類別異的緣故。

如果說因不成立的話，馬與牛二者有法，應當是類別異，因為是類別不相順的緣故。

如果說因不成立的話，馬與牛二者有法，應當是類別不相順，因為是類別不相同的緣故。

如果說因不成立的話，馬與牛二者應當是類別不相同，因為類別不相同可得舉例的緣故。

◎ **7**

有人說：「是同一類別的話，遍是成立法所屬的反體同一類別。」

---

88 **於所知是同一類別** 藏文為「ཤེས་བྱར་རིགས་གཅིག」，意指兩者都是所知，因此這兩者在是所知這點上是同類。如馬與牛兩者、瓶子與柱子兩者等，這些都是所知，所以在是所知這點上是同類的。以馬與牛兩者而言，雖然這兩者在是所知這點上為同一類別，但是並不代表這兩者就是同一類別，因為在正確的心識上，無法顯現出這兩者的類別一樣，只會感覺這兩者是不同的種類。

那麼瓶子的虛空[89]與房子的虛空二者有法，應當是成立法所屬的反體同一類別，因為是同一類別的緣故。已經承許周遍了。

如果說因不成立的話，瓶子的虛空與房子的虛空二者有法，應當是同一類別，因為是所遮同一類別[90]的緣故。

如果說因不成立的話，瓶子的虛空與房子的虛空二者有法，應當是所遮同一類別，因為是異，而且是唯遮同一類別所遮的無遮[91]的緣故。第一個因容易理解。

如果說第二個因不成立的話，瓶子的虛空與房子的虛空二者有法，應當是唯遮同一類別所遮的無遮，因為是唯遮礙觸[92]這一種所遮的無遮的緣故。

如果說因不成立的話，瓶子的虛空與房子的虛空二者有法，應當是唯遮礙觸這一種所遮的無遮，因為是唯獨遮除礙觸的無遮的緣故。

如果說因不成立的話，瓶子的虛空與房子的虛空二者有法，應當是唯獨遮除礙觸的無遮，因為是唯遮礙觸的無遮的緣故。

如果說因不成立的話，瓶子的虛空與房子的虛空二者有法，應當

---

89 **瓶子的虛空** 藏文為「 བུམ་པའི་ནམ་མཁའ」，指在瓶子之上，僅排除了能夠阻礙、能夠被觸摸的特徵的那一分所安立的無遮，相當於瓶子所佔據的空間。虛空的解釋詳見前註66。

90 **所遮同一類別** 藏文為「དགག་བྱ་རིགས་གཅིག」，指所遮除的法是同樣一個類別。如聲音不是常法及瓶子不是常法，兩個事物所否定、遮除的都是常法，因為被否定的部分都是同樣的種類，所以是所遮同一類別。而在此處文中，所遮的都是指能夠阻礙、能夠被觸摸的特徵。

91 **無遮** 藏文為「མེད་དགག」，詮說某個事物的聲音在遮除該事物的所遮後，沒有引申出其他非遮或者成立法，這樣的事物即是無遮。相關內容詳見第二十二單元「遮破法成立法的單元」。

92 **唯遮礙觸** 藏文為「ཐོགས་རེག་བཀག་ཙམ」，義即僅排除了能夠阻礙、能夠被觸摸的特徵。

是唯遮礙觸的無遮，因為是無為的虛空的緣故。

如果說不遍的話，這應當有周遍，因為唯遮礙觸的無遮是無為的虛空的性相的緣故。

如果承許根本論式的宗，瓶子的虛空與房子的虛空二者有法，應當不是成立法所屬的反體同一類別，因為不是成立法[93]的緣故。

如果說因不成立的話，瓶子的虛空與房子的虛空二者有法，應當不是成立法，因為是遮破法[94]的緣故。

如果說因不成立的話，瓶子的虛空與房子的虛空二者有法，應當是遮破法，因為是無為的虛空的緣故。

❀ 8

有人說：「是同一成住[95]的話，遍是成住同一實質[96]。」

93　**成立法**　藏文為「སྒྲུབ་པ།」，相對於遮破法而言。指直接證達某個事物的心識，不需透過直接否定那個事物的所遮，就能直接證達那個事物，這樣的事物即是成立法。例如瓶子，心識在證達瓶子時，不須觀待於否定他的所遮，就能直接證達瓶子，所以瓶子即是成立法。

94　**遮破法**　藏文為「དགག་པ།」，指直接證達自己的心識，必須透過直接否定自己的所遮，才能證達的法。例如「不是瓶子」這件事，當尚未了解瓶子的特徵時，聽到他人提及柱子不是瓶子，會產生不知道「不是瓶子」是指什麼的疑惑。只有先了解瓶子的特徵，才有可能了解遮除了瓶子的「不是瓶子」。因此「不是瓶子」這件事，就是遮破法。

95　**同一成住**　藏文為「གྲུབ་བདེ་གཅིག」，指這兩者同一個時間出現、安住、壞滅，而這也是下文「同時成住壞」的意涵。例如一個物質的顏色、形狀、氣味、觸感等等。

96　**成住同一實質**　藏文為「གྲུབ་བདེ་རྫས་གཅིག」，指這兩者不但同時形成、安住、壞滅，又是實質一。如無常與實事兩種，即是同時形成、安住、壞滅，又是實質一，所以是成住同一實質。是成住同一實質，一定是同一成住及實質一兩者，但僅僅是同一成住或者實質一，不一定都是成住同一實質。例如糖的形狀與氣味，兩者是同時形成、安住、壞滅，所以是同一成住；但是由

那麼甘蔗的顏色與甘蔗的氣味二者有法，應當是成住同一實質，因為是同一成住的緣故。已經承許周遍了。

如果說因不成立的話，甘蔗的顏色與甘蔗的氣味二者有法，應當是同一成住，因為是同時成住壞的緣故。

如果說因不成立的話，甘蔗有法，他的顏色與他的氣味二者應當是同時成住壞，因為他是聚八塵質的結合體的緣故。

如果承許根本論式的宗，甘蔗的顏色與甘蔗的氣味二者有法，應當不是成住同一實質，因為不是實質一的緣故。

如果說因不成立的話，甘蔗的顏色與甘蔗的氣味二者有法，應當不是實質一，因為是實質異的緣故。

如果說因不成立的話，甘蔗有法，他的顏色與他的氣味二者應當是實質異，因為他是聚八塵質的結合體的緣故。

❀ 9

有人說：「是實質同一類別的話，遍是實質一。」

那麼從其近取因[97]的同一粒青稞所生的兩個大小不同的青稞有

於糖的形狀與氣味的體性不同，因而不是實質一，所以不能是成住同一實質。例如聲音與無常兩者是實質一，但因為不是同時形成、安住、壞滅，因而不是同一成住，所以也不是成住同一實質。

97 **近取因** 藏文為「ཉེར་ལེན」，指自己的實質續流而能生其實質，可理解為眾多因緣中最核心的因緣。例如種稻時要播下稻種、製造金瓶最主要的原料是黃金。而心識最主要的因緣，是同一續流的前一個心識或是種子。下文「同一個自己的近取因」，是指這些事物都擁有同一個近取因。如同一顆蘋果種子，會生出眾多不同大小的蘋果，最初種下去的那顆蘋果種子，即是這些

法，應當是實質一，因為是實質同一類別的緣故。已經承許周遍了。

如果說因不成立的話，從其近取因的同一粒青稞所生的兩個大小不同的青稞有法，應當是實質同一類別，因為是異，而且是從同一個自己的近取因所生的緣故。

如果說不遍的話，這應當有周遍，因為是否為實質同一類別，必須看是否為同一近取因的緣故。

如果承許根本論式的宗，從其近取因的同一粒青稞所生的兩個大小不同的青稞有法，應當不是實質一，因為不是本性一的緣故。

如果說因不成立的話，從其近取因的同一粒青稞所生的兩個大小不同的青稞有法，應當不是本性一，因為是體性異的緣故。

如果說因不成立的話，從其近取因的同一粒青稞所生的兩個大小不同的青稞有法，應當是體性異，因為是相互無關的不同事物的緣故。

安立自宗

有一的性相，因為非別別的法即是彼的緣故。一分為三種，因為有自反體一、體性一、同一類別這三者的緣故。

有自反體一的性相，因為非別別自反體的法即是彼的緣故。有其

不同大小的蘋果的共同近取因。

事相，因為所作與所作二者即是彼的緣故。有「與『有』為自反體一」的性相，因為「與『有』為非別別自反體的法」即是彼的緣故。有其事相，因為「有」即是彼的緣故，一切諸法同理可推。

有體性一的性相，因為非別別體性的法即是彼的緣故。體性一、自性一與本性一等同義。有「與所知為體性一」的性相，因為「與所知為非別別體性的法」即是彼的緣故。有其事相，因為「有」即是彼的緣故。

有實質一的性相，因為在實質的層面上非別別而生的法即是彼的緣故。有其事相，因為所作與無常二者即是彼的緣故。

有同一類別的性相，因為非別別類別的法即是彼的緣故。同一類別分為兩種，因為有反體同一類別與實質同一類別二者的緣故。反體同一類別分為兩種，因為有成立法所屬的反體同一類別與遮破法所屬的反體同一類別二者的緣故。

有成立法所屬的反體同一類別的性相，因為任何補特伽羅只要專注地一看，自然就能生起這兩者很相似的念頭的法即是彼的緣故。有其事相，因為金瓶銅瓶二者即是彼的緣故。成立法所屬的反體同一類別分為三種，因為有心識所屬的反體同一類別、色法所屬的反體同一類別、心不相應行法所屬的反體同一類別這三者的緣故。

心識所屬的反體同一類別可得舉例，因為天授的眼識與祠授的眼識二者即是彼的緣故。色法所屬的反體同一類別可得舉例，因為栴檀的柱子與柏木的柱子二者即是彼的緣故。心不相應行法所屬的反體同一類別可得舉例，因為聲音的所作與瓶子的所作二者即是彼的緣故。

　　有遮破法所屬的反體同一類別的性相，因為唯遮同一類別所遮的相異無遮即是彼的緣故。有其事相，因為瓶子補特伽羅無我與柱子補特伽羅無我二者即是彼的緣故。

　　有實質同一類別的性相，因為從同一個自己的直接近取因所生的相異有為法即是彼的緣故。實質同一類別分為三種，因為有色法所屬的實質同一類別、心識所屬的實質同一類別、心不相應行法所屬的實質同一類別這三者的緣故。

　　色法所屬的實質同一類別可得舉例，因為從自己的近取因的同一塊陶土所生的白陶瓶與青陶瓶二者即是彼的緣故。心識所屬的實質同一類別可得舉例，因為從同一個自己的直接近取因所生的相異的兩個識即是彼的緣故。心不相應行法所屬的實質同一類別可得舉例，因為從同一個自己的近取因所生的聲音的所作與聲音的無常二者即是彼的緣故。

　　有異的性相，因為別別的法即是彼的緣故。異分為三種，因為有自反體異、體性異、類別異這三者的緣故。

　　有自反體異的性相，因為別別自反體的法即是彼的緣故。有其事相，因為瓶子與柱子二者即是彼的緣故。有「與所知為自反體異」的性相，因為「與所知為別別自反體的法」即是彼的緣故。有其事相，因為柱子即是彼的緣故。一切諸法同理可推。

　　有體性異的性相，因為別別體性的法即是彼的緣故。體性異、本性異與自性異三者同義。有其事相，因為常無常二者即是彼的緣故。

　　有類別異的性相，因為別別類別的法即是彼的緣故。類別異、類

別不相順的法、類別不相同的法與類別不一樣的法等同義。類別不相同分為兩種，因為有反體類別不相同與實質類別不相同二者的緣故。反體類別不相同可得舉例，因為馬與牛二者即是彼的緣故。實質類別不相同可得舉例，因為心識與物質二者即是彼的緣故。

斷除諍論

1

有人說：「金瓶銅瓶二者有法，應當是同一類別，因為是反體同一類別的緣故。

如果承許的話，金瓶銅瓶二者有法，應當不是同一類別，因為是類別異的緣故。

如果說因不成立的話，金瓶銅瓶二者有法，應當是類別異，因為是實質類別異的緣故。」回答不遍。

如果說因不成立的話，金瓶銅瓶二者有法，應當是實質類別異，因為是從自己的別別直接近取因所生的相異有為法的緣故。

如果說因不成立的話，金瓶銅瓶二者有法，應當是從自己的別別直接近取因所生的相異有為法，因為是從自己的別別直接近取因所生，而且是相異有為法的緣故。

如果說第一個因不成立的話，金瓶銅瓶二者有法，應當是從自己的別別直接近取因所生，因為金瓶是從金所生，而不是從銅所生；銅

瓶是從銅所生，而不是從金所生的緣故。

❀ 2

有人說：「所知與常法二者有法，應當是實質一，因為是非別別實質的法的緣故。」回答不遍。

如果說因不成立的話，所知與常法二者有法，應當是非別別實質的法，因為不是別別實質，而且是法的緣故。

如果說第一個因不成立的話，所知與常法二者有法，應當不是別別實質，因為不是實質異的緣故。

如果說因不成立的話，所知與常法二者有法，應當不是實質異，因為不是實質的緣故。

如果說因不成立的話，所知與常法二者有法，應當不是實質，因為是常法的緣故。

❀ 3

有人說：「有與無二者有法，應當是自反體異，因為是別別自反體的法的緣故。

如果說因不成立的話，有與無二者有法，應當是別別自反體的法，因為是別別自反體的緣故。

如果說因不成立的話，有與無二者有法，應當是別別自反體，因為不是自反體一的緣故。」回答不遍。

如果說因不成立的話，有與無二者有法，應當不是自反體一，因

為他的自反體不存在的緣故。

如果說因不成立的話，有與無二者有法，他的自反體應當不存在，因為他不存在的緣故。

4

有人說：「實事與唯實事二者有法，應當是實質異，因為不是實質一的緣故。」回答不遍。

如果說因不成立的話，實事與唯實事二者有法，應當不是實質一，因為不是實質的緣故。

如果說因不成立的話，實事與唯實事二者有法，應當不是實質，因為不是實事的緣故[98]。

98　**實事與唯實事二者有法，應當不是實質，因為不是實事的緣故**　實事與唯實事二者之所以不存在，是因為唯實事不存在；唯實事之所以不存在，是因為如果唯實事存在，那麼除了實事以外就沒有存在的事物，因此常法應當不存在。「實事與唯實事二者」，藏文原文作「唯實事與實事二者」。由於漢藏語法的結構不同，在漢文中「唯實事與實事二者」剛好會成為實事，因為其中的「唯」字，會對整個「實事與實事二者」起作用。「唯」字會排除實事與實事二者以外的所有事物，強調唯有實事與實事二者才會是實事。而事實上，凡是實事，必然都是實事與實事二者，所以除了實事與實事二者以外，確實找不到其他是實事的事物，因此在漢文中，「唯實事與實事二者」是實事，而這樣便與上下文義明顯相違。如果將「唯」字向後移，就不會產生上述的理解，「唯」字的作用只會局限在「唯實事」一詞當中。為呈現此段藏文原意，因此權調整譯文語序如上。

第六章

小因果的單元

導讀

　　〈小因果〉一章，源於《釋量論》云：「因法所有性，若無則不生，此果是正因。」「所有從因聚，比知能生果。」前三句顯示由果推因的正因，如「有煙的山上有法，有火，因為有煙的緣故」這個論式來說，一般而言火會產生煙，哪裡有煙，代表該處有火，因此看到山上有煙，就能推斷那座有煙的山上有火。後二句則闡述由因生果的道理，凡是無常，都是所有的因緣和合才會出生自果，從此延伸出小因果的內容。另外還有「若比知餘因，諸常非有彼，由是暫時性，成苦性有因」以及「無因不待餘，應常有或無，諸法暫時生，是由觀待故」分別說明常法不會生果與無常會生果的內涵。

　　從篇名看來，本單元很明顯是主要介紹「因」及「果」兩方面的內涵。為何取名為「小」，是相對於高級理路中〈大因果〉而安立，〈小因果〉所闡述的是因果的基礎概念，內容較為容易，所以取名為「小」。因須生果，而果必有因。所謂「因」，意指能生，也就是有能力生出自己的果，所有的無常都具備這樣的能力，所以因與無常、實事等等是同義。

　　本單元從時間與體性兩個角度，來分析「因」。一、從時間上可分為直接因及間接因二者。直接因，意指此因在生出其果時，期間沒有任

何其他因緣作為間隔，而任何一個無常，他的前一剎那中的諸多因緣，即是他的直接因。因為那一剎那，能直接導致當下這一剎那，而從前一剎那產生當下這一剎那之間，沒有其他因緣的間隔。提到間接因，任何一個無常，他與他的間接因之間，則必然有其他因緣作為間隔，時間上並非緊密相連。他的前兩剎那以上的那些因緣，皆是他的間接因，因為前兩剎那以上的那些因緣，都是在中間有其他因緣所間隔的狀態下，間接性的產生當下這一剎那的這個果。二、從體性上，分為近取因及俱有緣二者，這二者同樣主要是能生出其果的實質，所謂能生出其果的實質，以陶瓶為例，陶土和做陶瓶的人能生出陶瓶，陶瓶就是製作瓶子的陶土和做陶瓶的人所產生的實質。這點是任何一個無常的近取因及俱有緣二者所共通的。這二者的差異，在於是否是其果的實質續流。所謂實質續流，可以理解為這個因能否轉變成這個果，例如陶瓶的因，有陶土、製造者、製造的工具、資金……這些都是產生陶瓶的因，但是能夠轉變成陶瓶的只有陶土，其他因都不會變成陶瓶，所以陶土才是陶瓶的近取因，其餘的是陶瓶的俱有緣。

　　所謂「果」，意指所生，亦即以某個無常作為自己的因，從它所生。所以一切的無常皆是自己的前一剎那所產生的「果」，也是生出自己後一剎那的「因」。果，同樣分出直接果及間接果，理解方式與直接因、間接因相同。本單元提到，在不加任何簡別的情況下，因果是同義的，在加了簡別的狀況下，如：瓶子的因、瓶子的果，乃至瓶子三者，則是相違而沒有交集的，這三者出現的時間一定各各不同，不會同時存在。

　　文中還提及前時所生、前時所生的前時所生；後時所生、後時所生的後時所生的概念。以瓶子的前時所生、後時所生為例，雖然這二者本身，分別只是瓶子的直接因及直接果，也就是瓶子的上一剎那及下一剎那，但是其範圍卻分別包含了瓶子前二剎那以上所有的因，及瓶子後二剎那以下所有的果。換言之，瓶子的所有直接因與間接因，都是瓶子的前時所生；瓶子所有的果，都是瓶子的後時所生。同樣地，瓶子的前時所生的前時所生，本身是指瓶子的前時所生的上一剎那，亦即瓶子的直接因的直接因，這是瓶子的間接因；但是其範圍，卻包含了瓶子的前時所生的所有直接因與間接因。換言之，「瓶子的前時所生的前時所生的前時所生」以上都是瓶子的前時所生的前時所生，也是瓶子的前時所生。其他的疊加過程，以及瓶子的後時所生的後時所生等疊加過程的理解方式，都依此類推。

　　文中還會提及「定轉成」的概念，所謂「定轉成」，意指注定會轉變，如果種子定轉成幼苗，就意味著種子一定會轉變成幼苗。任何一顆存活的種子，都有機會是定轉成幼苗，但是任何一顆個別的種子，不會成為幼苗的因，因為某一顆種子不存在，不代表幼苗本身不存在，可以有許多其他的幼苗。而因果法則當中，包含了一個重點：無因則無果。所以如果某一顆個別的種子可以是幼苗本身的因，那麼只要沒有那顆種子，幼苗本身就不能存在。因此，定轉成幼苗，不代表就是幼苗的因。

　　本章還指出，識的種子是識的近取因，本身是心不相應行法；陶瓶不存在的話，陶瓶的近取因所屬的陶土也會消失等等概念。依循上述的觀點，經常會討論到因果不能同時存在的話，母子兩者等有沒有同時存

在？還有承許沒有任何事物是瓶柱二者的近取因的話，那從同一團泥土塑造出的瓶柱二者的泥土，難道不會是他們的近取因嗎？瓶柱二者的因，是不是瓶子的因等等問題，都幫助學子對於因果的概念上，有釐清、加深加廣的作用。

解說小因果的單元

破除他宗

◎ 1

有人說：「是成實的話，遍是因果其中一者。」

那麼所知有法，應當是因果其中一者，因為是成實的緣故。已經承許周遍了。

如果承許的話，所知有法，應當不是因果其中一者，因為不是因，而且不是果的緣故。

如果說第一個因不成立的話，所知有法，應當不是因，因為他的果不存在的緣故。

如果說因不成立的話，所知有法，他的果應當不存在，因為他是常法的緣故。

如果說第二個因不成立的話，所知有法，應當不是果，因為他的因不存在的緣故。

如果說因不成立的話，所知有法，他的因應當不存在，因為他的

能生[99]不存在的緣故。

如果說因不成立的話，所知有法，他的能生應當不存在，因為他是不生的緣故。

如果說因不成立的話，所知有法，他應當是不生，因為他是常法的緣故。

2

有人說：「是因的話，遍不是果。」

那麼色法有法，應當不是果，因為是因的緣故。已經承許周遍了。

如果說因不成立的話，色法有法，應當是因，因為是色法的後時所生的因的緣故。

如果說因不成立的話，色法有法，他應當是他的後時所生的因，因為他是實事的緣故。

如果承許根本論式的宗，色法有法，應當是果，因為他的因存在的緣故。

如果說因不成立的話，色法有法，他的因應當存在，因為他是已經出生[100]的緣故。

---

99 **能生** 藏文為「སྐྱེད་བྱེད་」，指能夠出生自果的法。如種子能生出苗芽，所以種子是苗芽的能生。

100 **已經出生** 藏文為「སྐྱེས་ཟིན་」，指已經出生的事物。凡是無常，皆是已經出生的事物，因為還未出生的，代表還未出現於世間；已壞滅，則代表這事物已經不存在，已經不是實事，所以無常皆是已經出生。

如果說因不成立的話，色法有法，他應當是已經出生，因為他是實事的緣故。

❀ 3

有人說：「是因的話，遍是近取因。」

那麼最後一剎那的閃電有法，應當是近取因，因為是因的緣故。已經承許周遍了。

如果說因不成立的話，最後一剎那的閃電有法，應當是因，因為他的果存在的緣故。

如果說因不成立的話，最後一剎那的閃電有法，他的果應當存在，因為他是實事的緣故。

如果說因不成立的話，閃電有法，最後一剎那的他應當是實事，因為他是色法的緣故。

如果承許根本論式的宗，最後一剎那的閃電有法，應當不是近取因，因為不是主要能生自己的後實質續流的緣故。

如果說因不成立的話，最後一剎那的閃電有法，應當不是主要能生自己的後實質續流，因為他的後實質續流不存在的緣故。

如果說因不成立的話，最後一剎那的閃電有法，他的後實質續流應當不存在，因為他是將斷實質續流的事物的緣故。

如果說因不成立的話，閃電有法，最後一剎那的他應當是將斷實質續流的事物，因為他是僅剎那頃就定將斷續流的實事的緣故。

4

有人說：「是瓶子的因的話，遍是瓶子的近取因。」

那麼瓶子的因所屬的士夫[101]有法，應當是瓶子的近取因，因為是瓶子的因的緣故。已經承許周遍了。

如果說因不成立的話，瓶子的因所屬的士夫應當是瓶子的因，因為瓶子的因所屬的士夫存在的緣故。

如果說因不成立的話，瓶子有法，他的因所屬的士夫應當存在，因為他是士夫勤作所成的法[102]的緣故。

如果承許根本論式的宗，瓶子的因所屬的士夫有法，應當不是瓶子的近取因，因為不是「為瓶子自己的實質續流而主要能生其實質」的緣故。

如果說因不成立的話，瓶子的因所屬的士夫有法，應當不是「為瓶子自己的實質續流而主要能生其實質」，因為瓶子不是他的後實質續流的緣故。

如果說因不成立的話，瓶子的因所屬的士夫有法，瓶子應當不是他的後實質續流，因為瓶子不是他的後續流的緣故。

如果說因不成立的話，瓶子的因所屬的士夫有法，瓶子應當不是他的後續流[103]，因為他是補特伽羅，然而瓶子是物質的緣故。

---

101 **瓶子的因所屬的士夫** 指既是瓶子的因，又是士夫，例如製造瓶子的補特伽羅。

102 **士夫勤作所成的法** 藏文為「སྐྱེས་བུའི་རྩོལ་བ་ལས་བྱུང་བའི་ཆོས」，指經由士夫努力而完成的事物，如柱子、房子等等。

103 **瓶子應當不是他的後續流** 各莫本原作「瓶子應當是他的後續流」，上下文義無法連貫，又拉

◎ 5

有人說：「實事的因所屬的瓶子應當存在，因為實事的前時所生的瓶子存在的緣故。」回答不遍。

如果承許的話，那麼實事的因所屬的瓶子應當是實事的因，因為實事的因所屬的瓶子存在的緣故。已經承許因了。

如果承許的話，那麼實事的因所屬的瓶子有法，實事應當是他的果，因為他是實事的因的緣故。已經承許因了。

如果承許的話，那麼實事的因所屬的瓶子有法，實事應當是與他為依之而生的係屬，因為實事是他的果的緣故。已經承許因了。

如果承許的話，那麼實事的因所屬的瓶子有法，沒有他的話應當必須沒有實事，因為實事是與他為依之而生的係屬的緣故。已經承許因了。

如果承許的話，那麼瓶子的遮遣處[104]有法，應當沒有實事，因為沒有實事的因所屬的瓶子的緣故。已經承許周遍了。

如果說因不成立的話，瓶子的遮遣處有法，應當沒有實事的因所屬的瓶子，因為沒有瓶子的緣故。

如果說因不成立的話，瓶子的遮遣處有法，應當沒有瓶子，因為是瓶子的遮遣處的緣故。

如果承許前面的宗，瓶子的遮遣處有法，應當有實事，因為是補

寺本、果芒本、民族本皆作「瓶子應當不是他的後續流」，故依拉寺等本改之。

104 **瓶子的遮遣處** 藏文為「བུམ་པའི་དགག་གཞི」，泛指沒有瓶子之處。某一法的遮遣處，是指沒有某一個法的地方，或者該處沒有那一法之義。

特伽羅無我的緣故。

6

有人說：「栴檀的火是煙的因。」

栴檀的火有法，應當不是煙的因，因為煙不是他的果的緣故。

如果說因不成立的話，栴檀的火有法，煙應當不是他的果，因為煙不是與他為依之而生的係屬的緣故。

如果說因不成立的話，栴檀的火有法，煙應當不是與他為依之而生的係屬，因為沒有他的話，未必沒有煙的緣故。

如果說因不成立的話，那麼沒有栴檀的地方有法，應當沒有煙，因為沒有栴檀的火的緣故。已經承許周遍了。

如果說因不成立的話，沒有栴檀的地方有法，應當沒有栴檀的火，因為沒有栴檀的緣故。

如果說因不成立的話，沒有栴檀的地方有法，應當沒有栴檀，因為是栴檀的遮遣處的緣故。

如果承許前面的宗，沒有栴檀的地方有法，應當有煙，因為有柏木火的煙的緣故。

如果說因不成立的話，沒有栴檀的地方應當有柏木火的煙，因為沒有栴檀的地方有柏木的火的緣故。

7

有人說：「是定轉成瓶子[105]的話，遍是瓶子的因。」

那麼陶瓶的近取因所屬的陶土有法，應當是瓶子的因，因為是定轉成瓶子的緣故。已經承許周遍了。

如果說因不成立的話，陶瓶的近取因所屬的陶土有法，應當是定轉成瓶子，因為是定轉成陶瓶的緣故。

如果說因不成立的話，陶瓶有法，他的近取因所屬的陶土應當是定轉成他，因為他的近取因所屬的陶土存在的緣故。

如果說因不成立的話，陶瓶有法，他的近取因所屬的陶土應當存在，因為他是陶瓶的緣故。

如果承許根本論式的宗，陶瓶的近取因所屬的陶土有法，應當不是瓶子的因，因為瓶子不是他的果的緣故。

如果說因不成立的話，陶瓶的近取因所屬的陶土有法，瓶子應當不是他的果，因為沒有他的話，不遍沒有瓶子的緣故。

如果說因不成立的話，那麼沒有陶瓶的地方有法，應當沒有瓶子，因為沒有陶瓶的近取因所屬的陶土的緣故。已經承許周遍了。

如果說因不成立的話，沒有陶瓶的地方有法，應當沒有陶瓶的近取因所屬的陶土，因為是陶瓶的遮遣處的緣故。

如果承許前面的宗，沒有陶瓶的地方有法，應當有瓶子，因為有金瓶的緣故。

---

105 **定轉成瓶子**　藏文為「ནུམ་པར་འགྱུར་ངེས」，指注定會轉變成瓶。在此指製造陶瓶的陶土，已經確定一定會變成瓶子。

如果說因不成立的話，沒有陶瓶的地方有法，應當有金瓶，因為不是金瓶的遮遣處的緣故。

8

有人說：「是識[106]的近取因的話，遍是識。」

那麼識的種子[107]有法，應當是識，因為是識的近取因的緣故。已經承許周遍了。

如果說因不成立的話，識的種子有法，應當是識的近取因，因為是為識自己的實質續流而主要能生其實質的緣故。

如果說因不成立的話，識有法，他的種子應當是他自己的實質續流而主要能生其實質，因為他是心識的緣故。

如果承許根本論式的宗，識的種子有法，應當不是識，因為不是心識的緣故。

如果說因不成立的話，識的種子有法，應當不是心識，因為是心不相應行法的緣故。

如果說因不成立的話，識有法，他的種子應當是心不相應行法，因為他的種子存在的緣故。

---

106 **識** 藏文為「 རྣམ་ཤེས 」，指伴隨著自己的心所而存在的心識。識、心王、識蘊以及意同義。與心識不同，識只包含心王的部分，沒有涵蓋心所，而心識則包含心王與心所。

107 **識的種子** 藏文為「 རྣམ་ཤེས་ཀྱི་ས་བོན 」，指識的所緣行相消失後，續流還存在的狀態。如睡覺的時候眼識雖已消失，但仍有眼識的續流作為眼識的種子。等到醒來張開眼睛之後，此眼識的種子又能轉為眼識。又如一位欲界的眾生，投生至無色界時，五根識都會消失，其續流轉成根識的種子。其後又從無色界投生至欲界時，諸根識的種子又會轉成根識。

如果說因不成立的話，識有法，他的種子應當存在，因為他是實事的緣故。

◈ **9**

有人說：「他是實事的直接果的話，是他的話遍是實事的直接果。」

那麼實事的後時所生有法，是他的話應當遍是實事的直接果，因為他是實事的直接果的緣故[108]。已經承許周遍了。

如果說因不成立的話，實事的後時所生有法，他應當是實事的直接果，因為實事是他的直接因的緣故。

如果說因不成立的話，實事有法，他應當是他的後時所生的直接因，因為他是實事的緣故。

如果承許根本論式的宗，那麼是實事的後時所生的後時所生的前時所生的話，也應當遍是實事的果，因為你的立宗合理的緣故。

如果承許的話，那麼實事有法，應當是實事的果，因為是實事的後時所生的後時所生的前時所生的緣故。已經承許周遍了。

如果說因不成立的話，實事有法，應當是實事的後時所生的後時所生的前時所生，因為是實事的後時所生的後時所生的因的緣故。

如果說因不成立的話，實事有法，應當是實事的後時所生的後時所生的因，因為實事的後時所生的後時所生是他的果的緣故。

---

108 **因為他是實事的直接果的緣故** 各莫本作「因為他是直接果的緣故」，上下文義無法連貫，又拉寺本、果芒本、民族本皆作「因為他是實事的直接果的緣故」，故依拉寺等本改之。

如果說因不成立的話，實事有法，他的後時所生的後時所生應當是他的果，因為他是實事的緣故。

❀ 10

有人說：「是色法的果的話，遍是色法的直接果與色法的間接果其中一者。」

那麼「色法的後時所生」與「色法的後時所生的後時所生」二者有法，應當是色法的直接果與色法的間接果其中一者，因為是色法的果的緣故。已經承許周遍了。

如果說因不成立的話，「色法的後時所生」與「色法的後時所生的後時所生」二者有法，應當是色法的果，因為色法是他的因的緣故。

如果說因不成立的話，色法有法，他應當是「他的後時所生」與「他的後時所生的後時所生」二者的因，因為他是實事的緣故。

如果承許根本論式的宗，「色法的後時所生」與「色法的後時所生的後時所生」二者有法，應當不是色法的直接果與色法的間接果其中一者，因為不是色法的直接果，而且也不是色法的間接果的緣故。

如果說第一個因不成立的話，那麼色法的後時所生的後時所生應當是色法的直接果，因為「色法的後時所生」與「色法的後時所生的後時所生」二者是色法的直接果的緣故。已經承許因了。

如果承許的話，色法的後時所生的後時所生有法，應當不是色法的直接果，因為是色法的間接果的緣故。

　　如果說因不成立的話，色法的後時所生的後時所生有法，應當是色法的間接果，因為色法是他的間接因的緣故。

　　如果說因不成立的話，色法有法，他應當是他的後時所生的後時所生的間接因，因為他是實事的緣故。

　　如果說第二個因不成立的話，那麼色法的後時所生應當是色法的間接果，因為「色法的後時所生」與「色法的後時所生的後時所生」二者是色法的間接果的緣故。已經承許因了。

　　如果承許的話，色法的後時所生有法，應當不是色法的間接果，因為色法不是他的間接因的緣故。

　　如果說因不成立的話，色法有法，他應當不是他的後時所生的間接因，因為他是實事的緣故。

❀ 11

　　有人說：「色法的後時所生的前時所生的前時所生不是色法的直接因[109]。」

　　應當是如此，因為色法的前時所生是色法的直接因的緣故。

　　如果說不遍的話，這應當有周遍，因為「色法的後時所生的前時所生的前時所生」[110]與「色法的前時所生」二者是同時出生的緣故。

109　**不是色法的直接因**　果芒本作「是色法的直接因」。按，此與自宗承許無異，應誤。

110　**因為「色法的後時所生的前時所生的前時所生」**　民族本作「因為色法的後時所生的前時所生」，上下文義無法連貫，應誤。

安立自宗

有因的性相，因為能生即是彼的緣故。

因、果與實事三者同義。

有實事的因的性相，因為實事的能生即是彼的緣故。應當如此，因為是實事的話，他的能生遍是他的因的性相的緣故。

實事的因分為兩種，因為有實事的直接因與實事的間接因二者的緣故。

有實事的直接因的性相，因為實事的直接能生即是彼的緣故。有其事相，因為實事的前時所生即是彼的緣故。

有實事的間接因的性相，因為實事的間接能生即是彼的緣故。有其事相，因為實事的前時所生的前時所生即是彼的緣故。

一切實事的直接因與間接因同理可推。

又實事的因分為兩種，因為有實事的近取因與實事的俱有緣二者的緣故。

有實事的近取因的性相，因為為實事自己的實質續流而主要能生其實質即是彼的緣故。有其事相，因為實事的因所屬的所作即是彼的緣故。

有實事的俱有緣的性相，因為為非實事自己的實質續流而主要能生其實質即是彼的緣故。有其事相，因為實事的因所屬的補特伽羅即是彼的緣故。

陶瓶的因分為兩種，因為有陶瓶的近取因與陶瓶的俱有緣二者的

緣故。

有陶瓶的近取因的性相，因為為陶瓶自己的實質續流而主要能生其實質即是彼的緣故。有其事相，因為陶瓶的因所屬的陶土即是彼的緣故。

有陶瓶的俱有緣的性相，因為為非陶瓶自己的實質續流而主要能生其實質即是彼的緣故。有其事相，因為陶瓶的因所屬的補特伽羅即是彼的緣故。

有果的性相，因為所生即是彼的緣故。

有實事的果的性相，因為實事的所生即是彼的緣故。有其事相，因為實事的後時所生即是彼的緣故。

實事的果分為兩種，因為有實事的直接果與實事的間接果二者的緣故。

有實事的直接果的性相，因為實事所直接出生即是彼的緣故。有其事相，因為實事的後時所生即是彼的緣故。

有實事的間接果的性相，因為實事所間接出生即是彼的緣故。有其事相，因為實事的後時所生的後時所生即是彼的緣故。

一切實事的直接果與間接果同理可推。

斷除諍論

1

有人說：「所知有法，應當是實事的因，因為是實事的能生的緣故。

如果說因不成立的話，所知有法，應當是實事的能生，因為實事是能生的緣故[111]。」回答不遍。

如果說因不成立的話，所知有法，實事應當是能生，因為實事是因的緣故。

如果說因不成立的話，所知有法，實事應當是因，因為實事是實事的後時所生的因的緣故。

如果說因不成立的話，所知有法，實事應當是實事的後時所生的因，因為實事存在的緣故。

如果說因不成立的話，所知有法，實事應當存在，因為是補特伽羅無我的緣故。

---

111 **應當是實事的能生，因為實事是能生的緣故** 此句在藏文中又可理解為「應當是實事的能生，因為是能生實事的緣故」。在藏文中由於文法的關係，「實事是能生」也可以理解為「是能生實事」。當問說「所知有法，應當是實事的能生」時，很明顯地必須否認。但是當提出「所知有法，應當是實事的能生，因為實事是能生的緣故」這個應成論式，該諍事對於這個應成論式的因而言，則成為無效有法，因應不應當承許，只須觀待實事是不是能生即可。實事與能生同義，因此實事當然是能生，所以這個論式的因是可以承許的。在藏文中「實事是能生」與「是能生實事」的文字並沒有差別，因此他宗用了轉換概念的方式，想讓自宗先承許「實事是能生」，接著轉換概念成「所知是能生實事」。如果所知是能生實事，所知自然就成為實事的能生，也就成為某一種實事，而不能是常法，如此就會與自宗承許所知是常法的主張自相矛盾。自宗認為此處只能理解為「實事是能生」，所以回答不遍。

◈ 2

有人說：「實事有法，應當不是實事的後時所生的因，因為是與實事同時出生的因的緣故。

如果說因不成立的話，實事有法，應當是與實事同時出生的因，因為是與實事同時出生的實事的緣故。」回答不遍。

如果說因不成立的話，實事有法，他應當是與他同時出生的實事，因為他是實事的緣故。

◈ 3

有人說：「實事有法，應當不是實事的後時所生的因，因為不是實事的後時所生的實事的緣故。」回答不遍。

如果說因不成立的話，實事有法，他應當不是他的後時所生的實事，因為他是補特伽羅無我的緣故。

◈ 4

有人說：「實事有法，應當不是實事的後時所生的因，因為不是實事的後時所生的實事的緣故。」回答不遍。

如果說因不成立的話，實事有法，應當不是實事的後時所生的實事，因為是與實事同時出生的實事的緣故。

如果說因不成立的話，實事有法，他應當是與他同時出生的實事，因為他是實事的緣故。

❀ 5

有人說：「實事的後時所生有法，應當是實事的後時所生的果，因為是實事的後時所生，而且是果的緣故。」回答不遍。

如果說第一個因不成立的話，實事的後時所生有法，應當是實事的後時所生，因為是實事的果的緣故。

如果說第二個因不成立的話，實事的後時所生有法，應當是果，因為是實事的緣故。

如果承許前面的宗，實事的後時所生有法，他應當不是他的果，因為他是補特伽羅無我的緣故。

❀ 6

有人說：「非常法應當是果，因為非常法的因存在的緣故。

如果說因不成立的話，非常法的因應當存在，因為非常法所屬的因存在的緣故。」回答不遍。

如果說因不成立的話，非常法所屬的因應當存在，因為色法即是彼的緣故。

如果說因不成立的話，色法有法，應當是非常法所屬的因，因為是非常法與因二者的緣故。

如果說因不成立的話，色法有法，應當是非常法與因二者，因為是因的緣故。

◉ 7

有人說：「色法有法，非常法所屬應當是他的果，因為他是非常法所屬的因的緣故。」落入相違周遍。

◉ 8

有人說：「非常法所屬有法，色法應當不是他的因，因為他的因不存在的緣故。」

可以回答承許，因為推算時，理應推算為「承許色法不是這個『非常法所屬』的因」的緣故。

◉ 9

有人說：「瓶柱二者有法，他的前時所生應當是他的因，因為他是實事的緣故。」

回答承許之後，如果說：「瓶柱二者的前時所生有法，應當是柱子的因，因為是瓶柱二者的因的緣故。」則落入相違周遍。

如果承許的話，瓶柱二者的前時所生有法，應當不是柱子的因，因為柱子不是他的果的緣故。

如果說因不成立的話，瓶柱二者的前時所生有法，柱子應當不是他的果[112]，因為沒有他的話，不遍沒有柱子的緣故。

如果說因不成立的話，那麼瓶子的遮遣處有法，應當沒有柱子，

---

112 **柱子應當不是他的果** 民族本作「柱子應當是他的果」，上下文義無法連貫，應誤。

因為沒有瓶柱二者的前時所生的緣故。已經承許周遍了。

如果說因不成立的話，瓶子的遮遣處有法，應當沒有瓶柱二者的前時所生，因為沒有瓶柱二者的緣故。

如果說因不成立的話，瓶子的遮遣處有法，應當沒有瓶柱二者，因為沒有瓶子的緣故。

如果說因不成立的話，瓶子的遮遣處有法，應當沒有瓶子，因為是瓶子的遮遣處的緣故。

如果承許前面的宗，瓶子的遮遣處有法，應當有柱子，因為不是柱子的遮遣處的緣故。

10

有人說：「瓶柱二者有法，應當不是瓶柱二者的前時所生的果，因為不是柱子的前時所生的果的緣故。」回答不遍。

如果說因不成立的話，瓶柱二者有法，應當不是柱子的前時所生的果，因為柱子的前時所生不是他的因的緣故。

如果說因不成立的話，柱子的前時所生有法，應當不是瓶柱二者的因，因為是柱子的因的緣故。

11

有人說：「實事的前時所生有法，在他的時段應當沒有實事，因為實事是他的果的緣故。

如果承許的話，實事的前時所生有法，在他的時段應當有實事，

因為實事的前時所生是實事，而且這也存在的緣故。」回答不遍。

如果說第一個因不成立的話，實事的前時所生有法，應當是實事，因為是實事的因的緣故。

如果說第二個因不成立的話，實事的前時所生有法，他在他的時段應當存在，因為他是實事的緣故。

12

有人說：「實事的近取因應當不存在，因為實事的前時所生不是彼的緣故。

如果說因不成立的話，實事的前時所生有法，應當不是實事的近取因，因為不是定轉成實事的緣故。

如果說因不成立的話，實事的前時所生有法，應當不是定轉成實事，因為是已成實事的緣故。」回答不遍。

如果說因不成立的話，實事的前時所生有法，應當是已成實事，因為是實事的緣故。

13

有人說：「瓶柱二者有法，他的近取因應當存在，因為他是實事的緣故。已經承許周遍了。

如果承許的話，瓶柱二者有法，定轉成他應當存在，因為他的近取因存在的緣故。已經承許因了。

　　如果承許的話，瓶柱二者有法，是他的事物[113]應當存在，因為
定轉成他存在的緣故。」回答不遍。

113　**是他的事物**　藏文為「འདི་བྱི་ཡིན་པ」，指「他」字中放入任何一個法類之後，凡是這個法類的事
　　　物，就是「是他的事物」。一般而言，諸法大多有是他的事物。但如果是相違的法，如黑色與
　　　白色、常無常二者，則不會有是他的事物。

第七章

境與有境的單元

導讀

〈境與有境〉，源於《釋量論》提到：「故依眼及色，而生於眼識。」義為眼識是依靠眼根及色法而產生。由此引申出境與有境彼此之間的關係、有境趣入境的方式等等，所以取名為〈境與有境〉。

境與所知、存在等同義，包含一切常與無常。在〈紅白顏色〉一章，從色法、心識、心不相應行法三方面介紹無常的種類；在本單元，則以五蘊作為無常的支分，所有無常都可包含在五蘊當中。

有境可以粗分為三大類，即屬於色法的有境，例如能詮聲與眼根等；屬於心識的有境，任何心識皆屬之；屬於心不相應行法的有境，包含所有補特伽羅。本單元集中討論第二者。

心識分為自證與證他兩種，後者包含了所有的心王與心所。

一個心識所面對的境為數眾多，有直接境、間接境，以及所緣境、執取相境、趣入境、耽著境、顯現境與所取境等眾多對境。不同的心識，各自都有不同的對境。

若以執取瓶子無常的分別心為例，「瓶子」是這個分別心的所緣境，「瓶子無常」的義共相是其顯現境與所取境，這兩種境內涵相同；「瓶子無常」則是其執取相境、趣入境、耽著境。耽著境是分別心所獨有的，對於分別心而言，執取相境與耽著境二者同義。「瓶子無常」與

「瓶子」二者都是這個分別心的直接境,「瓶子不是常法」為其間接境。亦即,這個分別心是緣取瓶子,顯現起瓶子無常的義共相,進而直接證達瓶子無常,間接證達瓶子不是常法。至於執取瓶子的分別心,「瓶子」不但是其執取相境、趣入境與耽著境,也是其所緣境。

　　現前識不是分別心,又稱為「無分別識」。無分別的現前識不具有耽著境,以執取瓶子無常的現前識而言,「瓶子」是其所緣境,此外,「瓶子」與「瓶子無常」二者都是其顯現境與所取境,也是執取相境、趣入境與直接境。而以看見瓶子的眼識為例,「瓶子」是其直接境及所緣境,同時也是其執取相境、趣入境、顯現境與所取境。

　　透過上述內容,本單元詳盡解釋心識在對境時,不同層面的心理反應。在《心類學》中,對於這種種對境有更深入的闡發與剖析。

解說境與有境的單元

破除他宗

◎ 1

有人說：「是某一個覺知的境的話，遍是境。」

那麼兔子角有法，應當是境，因為是某一個覺知的境的緣故。已經承許周遍了。

如果說因不成立的話，兔子角有法，應當是某一個覺知的境，因為是執取兔子角的分別心的境的緣故。

如果說因不成立的話，兔子角有法，應當是執取兔子角的分別心的境，因為是執取兔子角的分別心的耽著境[114]的緣故。

如果說因不成立的話，兔子角有法，他應當是執取他的分別心的耽著境，因為他是補特伽羅無我的緣故。

如果承許根本論式的宗，兔子角有法，應當不是境，因為不是所

---

114 **耽著境** 藏文為「ཞེན་ཡུལ」，指分別心所執取的境。此處之耽著與貪煩惱不同，特指心識對境時，並非以客觀映現接收的方式，而是以主動探尋的方式刻意緣取外境。耽著境與分別心的執取相境同義。如證達聲音無常的比量，刻意執取聲是無常，因此「聲音無常」即是證達聲音無常的比量的耽著境。

量[115]的緣故。

如果說不遍的話，這應當有周遍，因為境與所量二者是同義的緣故。

如果說因不成立的話，境與所量二者應當是同義，因為境與量所緣二者是同義的緣故。

2.1

有人說：「是有境的話，遍是心識。」

那麼詮說「瓶子」的聲音有法，應當是心識，因為是有境的緣故。已經承許周遍了。

如果說因不成立的話，詮說「瓶子」的聲音有法，應當是有境，因為他的境存在的緣故。

如果說因不成立的話，詮說「瓶子」的聲音有法，他的境應當存在，因為他的所詮存在的緣故。

如果說因不成立的話，詮說「瓶子」的聲音有法，他的所詮應當存在，因為瓶子即是彼的緣故。

如果說因不成立的話，瓶子有法，他應當是詮說他的聲音的所詮，因為他是補特伽羅無我的緣故。

如果承許根本論式的宗，詮說「瓶子」的聲音有法，應當不是心識，因為不是清晰且明了的緣故。

---

115 **所量** 藏文為「གཞལ་བྱ」，即心識所證達的法。

如果說因不成立的話，詮說「瓶子」的聲音有法，應當不是清晰且明了，因為是物質的緣故。

如果說因不成立的話，詮說「瓶子」的聲音有法，應當是物質，因為是聲音的緣故。

如果說因不成立的話，瓶子有法，詮說他的聲音應當是聲音，因為他是補特伽羅無我的緣故。

❀ 2.2

另外，眼根有法，應當是心識，因為是有境的緣故。已經承許周遍了。

如果說因不成立的話，眼根有法，應當是有境，因為他的境存在的緣故。

如果說因不成立的話，眼根有法，他的境應當存在，因為藍色即是彼的緣故。

如果說因不成立的話，藍色有法，他應當是眼根的境，因為是眼識所取的緣故。

如果說因不成立的話，藍色有法，應當是眼識所取，因為是色處的緣故。

如果承許根本論式的宗，眼根有法，應當不是心識，因為是物質的緣故。

如果說因不成立的話，眼根有法，應當是物質，因為是色法的緣故。

如果說因不成立的話，眼根有法，應當是色法，因為是眼處的緣故。

如果說因不成立的話，眼根有法，應當是眼處，因為是眼的緣故。

2.3

另外，佛聖者有法，應當是心識，因為是有境的緣故。已經承許周遍了。

如果說因不成立的話，佛聖者有法，應當是有境，因為他的境存在的緣故。

如果說因不成立的話，佛聖者有法，他的境應當存在，因為他的所量存在的緣故。

如果說因不成立的話，佛聖者有法，他的所量應當存在，因為是成實的話遍是他的所量的緣故。

如果承許根本論式的宗，佛聖者有法，應當不是心識，因為是心不相應行法的緣故。

如果說因不成立的話，佛聖者有法，應當是心不相應行法，因為是補特伽羅的緣故。

如果說因不成立的話，佛聖者有法，應當是補特伽羅，因為是佛聖者的緣故。

❀ 3

有人說：「是境的話，遍是現量的直接境[116]。」

那麼無為的虛空有法，應當是現量的直接境，因為是境的緣故。已經承許周遍了。

如果說因不成立的話，無為的虛空有法，應當是境，因為是覺知的境的緣故。

如果說因不成立的話，無為的虛空有法，應當是覺知的境，因為是堪為覺知的境的緣故。

如果說因不成立的話，無為的虛空有法，應當是堪為覺知的境，因為是所知的緣故。

如果說不遍的話，這應當有周遍，因為堪為覺知的境是所知的性相的緣故。

如果承許根本論式的宗，無為的虛空有法，應當不是現前識的直接境，因為不是遍智的直接境的緣故。

如果說因不成立的話，無為的虛空有法，應當不是遍智的直接境，因為不是遍智的直接所量的緣故。

如果說因不成立的話，無為的虛空有法，應當不是遍智的直接所量，因為不是實事的緣故。

如果說不遍的話，這應當有周遍，因為遍智的直接所量與實事二

---

116 **直接境** 藏文為「དངོས་ཡུལ」，指心對境時，凡是能顯現此境的行相，即可稱此境為這顆心的直接境。如看見藍色的眼識，直接看見藍色的樣子，所以藍色即是其直接境。又執取瓶子的分別心，透過顯現瓶子的義共相，執取瓶子，所以瓶子是其直接境。

者是同義的緣故。

4

有人說：「是執取瓶子的分別心的所取境[117]的話，遍是執取瓶子的分別心的耽著境。」

那麼在執取瓶子的分別心中顯現為瓶子的非反有法，應當是執取瓶子的分別心的耽著境，因為是執取瓶子的分別心的所取境的緣故。已經承許周遍了。

如果說因不成立的話，在執取瓶子的分別心中顯現為瓶子的非反有法，應當是執取瓶子的分別心的所取境，因為是執取瓶子的分別心的顯現境[118]的緣故。

如果說不遍的話，這應當有周遍，因為執取瓶子的分別心的顯現境與執取瓶子的分別心的所取境二者是同義的緣故。

前面不遍處如果說因不成立的話，瓶子有法，在執取他的分別心中顯現為他的非反應當是執取他的分別心的顯現境，因為他是補特伽羅無我的緣故。

如果承許根本論式的宗，在執取瓶子的分別心中顯現為瓶子的非反有法，應當不是執取瓶子的分別心的耽著境，因為不是執取瓶子的

117　**所取境**　藏文為「གཟུང་ཡུལ།」，指心識對境時，所顯現的這一分，與顯現境同義。分別心的所取境，指顯現自境的義共相的這一分，如瓶子的義共相為執取瓶子的分別心的所取境；無分別心的所取境，指心識對境所顯現的這一分，如瓶子為執瓶眼識的所取境。

118　**顯現境**　藏文為「སྣང་ཡུལ།」，如同所取境的理解。見前註117。

分別心的執取相境[119]的緣故。

如果說因不成立的話，在執取瓶子的分別心中顯現為瓶子的非反有法，應當不是執取瓶子的分別心的執取相境，因為是執取瓶子的分別心的顯現境的緣故。

如果說不遍的話，這應當有周遍，因為執取瓶子的分別心的執取相境與執取瓶子的分別心的顯現境二者是相違的緣故。

如果說因不成立的話，瓶子有法，執取他的分別心的執取相境與執取他的分別心的顯現境二者應當是相違，因為他是補特伽羅無我的緣故。

◈ 5

有人說：「在執取瓶子的分別心中顯現為瓶子的非反有法，應當不是執取瓶子的分別心的所取境，因為不被執取瓶子的分別心所取的緣故。」回答不遍。

如果說因不成立的話，在執取瓶子的分別心中顯現為瓶子的非反有法，應當不被執取瓶子的分別心所取，因為是執取瓶子的分別心的顯現境的緣故。

◈ 6

有人說：「是分別心的話，他的耽著境遍存在。」

---

119 **執取相境** 藏文為「འཛིན་སྟངས་ཀྱི་ཡུལ」，指心識所直接認知的境。

那麼執取聲音為常的分別心有法，他的耽著境應當存在，因為他是分別心的緣故。已經承許周遍了。

如果說因不成立的話，聲音有法，執取他為常的分別心應當是分別心，因為執取他為常的分別心存在的緣故。

如果說因不成立的話，聲音有法，執取他為常的分別心應當存在，因為他是補特伽羅無我的緣故。

如果承許根本論式的宗，執取聲音為常的分別心有法，他的耽著境應當不存在，因為他的執取相境不存在的緣故。

如果說因不成立的話，執取聲音為常的分別心有法，他的執取相境應當不存在，因為他是顛倒識[120]的緣故。

如果說因不成立的話，聲音有法，執取他為常的分別心應當是顛倒識，因為他不是常法的緣故。

7

有人說：「執取聲音為常的分別心有法，他的執取相境應當存在，因為他的所緣境[121]存在的緣故。」回答不遍。

---

120 **顛倒識** 藏文為「ལོག་ཤེས」，指對於自己的執取相境錯誤執取的心識。顛倒識可分為「分別心所屬的顛倒識」與「無分別的顛倒識」。後者例如將手指壓在眼睛上面，導致將一個月亮看成兩個月亮的眼識。無分別的顛倒識，與無分別的錯亂識兩者同義。

121 **所緣境** 藏文為「དམིགས་ཡུལ」，泛指任何一個心識所緣著的對境。對於緣著兔子角而執取其為不存在的心識而言，兔子角即它的所緣境。一個心識的所緣與行相，有時一樣，有時不同。如執取瓶子的分別心、看見瓶子的眼識，瓶子是這二者的所緣，同時也是這二者的行相，這時所緣與行相相同。至於執取聲音是無常的分別心、現量，則「聲音」是二者的所緣，而「聲音是

　　如果說因不成立的話，執取聲音為常的分別心有法，他的所緣境應當存在，因為聲音即是彼的緣故。

　　如果說因不成立的話，聲音有法，他應當是執取聲音為常的分別心的所緣境，因為他是證達聲音為無常的比量的所緣境的緣故。

　　如果說不遍的話，這應當有周遍，因為執取聲音為常的分別心與證達聲音為無常的比量二者，是緣著同一所緣而執取相直接相違的覺知的緣故。

❀ 8

　　有人說：「是執取瓶子的分別心的話，瓶子遍是他的耽著境。」

　　那麼只從聲共相[122]的角度執取瓶子的分別心[123]有法，瓶子應當

無常」、「無常」是二者的行相，因為這兩個心識是緣著「聲音」而證達「聲音是無常」與「無常」的心識。

122 **聲共相**　藏文為「སྒྲ་སྤྱི།」，指執取某個事物的分別心中顯現出那個事物的名稱的行相，或者顯現出描述那個事物的聲音的行相。歷代祖師對聲共相有不同的描述方式：宗喀巴大師所著《七部量論釋・除希求者之意闇》認為在分別心中顯現出某一法的內涵，又非實事，即是那一法的義共相；在分別心中顯現出某一法的名字，又非實事，即是那一法的聲共相。賈曹傑大師所著《定量論大疏》提出透過能詮聲，顯現共許的行相，即是聲共相；顯現某一法內涵的行相這一分，即是義共相。僧成大師著的《正理莊嚴》認為聲共相指分別心顯現某法類的名相，義共相則是分別心顯現某法類的性相。二世妙音笑大師認為如顯現「詮說瓶子的聲音的非反」這點，是瓶子的聲共相。三世貢唐大師認為透過他人的言詞，在心中顯現的這一分，即是聲共相。惹索南旺傑所著《惹攝類學》中也如二世妙音笑大師一樣，認為執取某一法的分別心，透過詮說該法的聲音而顯現該法的行相這一分，即是聲共相。

123 **只從聲共相的角度執取瓶子的分別心**　在還未了解瓶子時，聽到對瓶子的描述，分別心會透過這句話，探索瓶子是怎樣的東西。這時的分別心即是只從聲共相的角度執取瓶子的分別心。

是他的耽著境，因為他是執取瓶子的分別心的緣故[124]。已經承許周遍了。

如果說因不成立的話，瓶子有法，只從聲共相的角度執取他的分別心應當是執取他的分別心，因為只從聲共相的角度執取他的分別心存在的緣故。

如果說因不成立的話，瓶子有法，只從聲共相的角度執取他的分別心應當存在，因為他是補特伽羅無我的緣故。

如果承許根本論式的宗，瓶子有法，應當不是只從聲共相的角度執取瓶子的分別心的耽著境，因為是只從聲共相的角度執取瓶子的分別心的間接境[125]的緣故。

如果說因不成立的話，瓶子有法，他應當是只從聲共相的角度執取他的分別心的間接境，因為他是瓶子的緣故。

◈ 9.1

有人說：「是意識的話，遍是意[126]。」

---

124 **因為他是執取瓶子的分別心的緣故** 果芒本作「因為他不是執取瓶子的分別心的緣故」，上下文義無法連貫，應誤。

125 **間接境** 藏文為「དགས་ཡུལ」，指此法既是某個心識的境，而該心識又沒有顯現此境的行相，這樣的法即是該心識的間接境。

126 **是意識的話，遍是意** 他宗認為意識與意沒有差別，所以會有這樣的承許。在《攝類學》中「意識」、「意」與「意的識」三者的內涵不同。意，與識蘊、識、心、心王同義。意識，泛指依著自己的不共增上緣的意根而生，以自力覺了自境所屬的法處的覺知，包含自證、意的識以及與意的識相應的所有心所。換言之，除了根識以外的心識都是意識。意的識，是六種心王

那麼領受執藍眼識的自證[127]有法，應當是意，因為是意識的緣故。已經承許周遍了。

如果說因不成立的話，領受執藍眼識的自證有法，應當是意識，因為是自證的緣故。

如果說因不成立的話，執藍眼識有法，領受他的自證應當是自證，因為領受他的自證存在的緣故。

如果說因不成立的話，執藍眼識有法，領受他的自證應當存在，因為他是證他[128]心識的緣故。

如果承許根本論式的宗，領受執藍眼識的自證有法，應當不是意，因為不是識的緣故。

之一，凡是意識又是心王，即是意的識。所以意的識一定是意，也一定是意識；意不一定是意識，也不一定是意的識，如眼的識；意識不一定是意，也不一定是意的識，如自證。

127 **自證** 藏文為「རང་རིག」，其性相為「能取相」。「能取」義為執取自境的有境，在此特指心識。「能取相」，義為只能顯現自己及自境心識的行相，又不是分別心的心識，此即自證。如我們看見藍色時，同時間也會生起一個觀見執藍眼識的心識，這時內觀自己的眼識這個心識，即是自證。古來雖譯作「自證」，但是自證未必證達某種心識，有些自證是處於顯現其境，卻未證達的狀態。經部宗認為，自證這種心識，不會現出外境的行相，他所顯現的自境心識與自己為體性一，並非因果關係。如執藍眼識的自證與執藍眼識二者同時存在，為體性一，這點與其他證他心識完全不同。如證達執藍眼識的比量，雖然也是證達某種心識，具足某種「能取」的行相，但他與他所證達的心識體性相異，為因果關係。因此，所謂的「能取相」，並非具足「能取」的行相即可，必須與自己所顯現的心識為體性一、同時存在，才可能是「能取相」。

128 **證他** 藏文為「གཞན་རིག」，與自證相對，其性相為「所取相」。「所取」義為境與有境中，除了心識以外，所有屬於境的部分，也就是「證他」中的「他」。「所取相」，義為顯現自己以外其他事物的心識。如看見藍色的眼識，無法看見自己以及與己體性一的心識，只能看見藍色，所以是屬於證他心識。如同「自證」的「證」沒有證達之義，「證他」的「證」也沒有證達之義，如各種顛倒識、疑惑。

如果說不遍的話，這應當有周遍，因為心、意與識等是同義的緣故。

前面不遍處如果說因不成立的話，領受執藍眼識的自證有法，應當不是識，因為不是心的緣故。

如果說因不成立的話，領受執藍眼識的自證有法，應當不是心，因為不是心與心所其中一者的緣故。

如果說因不成立的話，領受執藍眼識的自證有法，應當不是心與心所其中一者，因為是自證的緣故。

❀ 9.2

另外，意的識的從屬所屬的受有法，應當是意，因為是意識的緣故。已經承許周遍了。

如果說因不成立的話，意的識的從屬所屬的受有法，應當是意識，因為是意的識的從屬所屬的心所的緣故。

如果說不遍的話，意的識有法，是他的從屬所屬的心所的話，應當遍是意識，因為他是意的識的緣故。

❀ 10

有人說：「是心識的話，遍是量。」

那麼顯現雪山為藍色的根識[129]有法，應當是量，因為是心識的

---

129 **顯現雪山為藍色的根識**　原意為「顯現雪山的顏色為藍色的根識」，此處是慣用的簡稱，不應理解為「把雪山看成藍色的眼識」。嚴格來講，雪山並不是一種顏色，即便是錯亂的眼識也不

緣故。已經承許周遍了。

如果說因不成立的話，顯現雪山為藍色的根識有法，應當是心識，因為是根識的緣故。

如果承許根本論式的宗，顯現雪山為藍色的根識有法，應當不是量，因為是顛倒識的緣故。

◎ 11

有人說：「是量的話遍是現量。」

那麼證達聲音為無常的比量[130]有法，應當是現量，因為是量的緣故。已經承許周遍了。

如果說因不成立的話，證達聲音為無常的比量有法，應當是量，因為是新而不欺誑的明了的緣故。

如果說不遍的話，這應當有周遍，因為新而不欺誑的明了是量的性相的緣故。

如果承許根本論式的宗，證達聲音為無常的比量有法，應當不是現量，因為不是現前識的緣故。

如果說因不成立的話，證達聲音為無常的比量有法，應當不是現

會把雪山看成是顏色，因此這種錯亂的眼識是把雪山看成藍色的雪山，而不會把雪山看成是藍色。如果錯亂的眼識會把雪山看成是藍色，那麼正常的眼識就應該把雪山等看成是顏色、白色。如果這麼承許，則所有的眼識都將成為錯亂識。

130 **證達聲音為無常的比量**　各莫本原作「分別聲音為無常的比量」，上下文義無法連貫，又拉寺本、果芒本、民族本皆作「證達聲音為無常的比量」，故依拉寺等本改之。

前識，因為不是離分別的心識的緣故。

如果說因不成立的話，證達聲音為無常的比量有法，應當不是離分別的心識，因為是分別心的緣故。

應當如此，因為是比量的緣故。

安立自宗

有境的性相，因為量所量即是彼的緣故。

境、有與所量等同義。

境分為兩種，因為有實事與常法二者的緣故。實事分為五種，因為有色蘊、受蘊、想蘊、行蘊與識蘊這五者的緣故。

有色蘊的性相，因為聚集自己的眾多部分的堪能為色即是彼的緣故。

色蘊與色法二者同義。

色蘊分為兩種，因為有外色與內色二者的緣故。

外色分為色處乃至觸處五種，內色分為眼根乃至身根五種。

有受蘊的性相，因為「聚集自己的眾多部分，而且由自力領納自境的感受心所」即是彼的緣故。

受蘊與受二者同義。

受蘊分為六種，因為有以眼的接觸作為因緣所產生的感受、以耳的接觸作為因緣所產生的感受、以鼻的接觸作為因緣所產生的感受、

以舌的接觸作為因緣所產生的感受、以身的接觸作為因緣所產生的感受、以意的接觸作為因緣所產生的感受這六者的緣故。

廣分為十八種，因為這六者各分為樂、苦、捨三種的緣故。

有想蘊的性相，因為「由自力執取自境相的那一分而安立的心所，而且聚集自己的眾多部分」即是彼的緣故。

想蘊與想[131]二者同義。分為兩種，因為有執取相的想[132]與執取眾相的想[133]二者的緣故。

執取相的想可得舉例，因為由眼的接觸所生的想、由耳的接觸所生的想、由鼻的接觸所生的想、由舌的接觸所生的想、由身的接觸所生的想，這五者即是彼的緣故。

執取眾相的想可得舉例，因為由意的接觸所生的想即是彼的緣故。

有行蘊的性相，因為「『不是色、受、想、識四者其中一者』所屬的實事，而且聚集自己的眾多部分」即是彼的緣故。

131　**想**　藏文為「འདུ་ཤེས」，指執取自境的不共特徵、行相的心所。如以自力分判高低、長短等等差別相的心所，即是想。

132　**執取相的想**　藏文為「མཚན་མར་འཛིན་པའི་འདུ་ཤེས」，指藉由眼等五根接觸外境所產生的想，對於自境的不共特徵，以直觀的方式清楚執取的心所。如由眼根接觸外境，產生出直接分判某種色處的高低、長短等差別的這一分心所，即是執取相的想。執取相的想不會將色聲香味觸等不同的境界交混而執取，這一點有別於「執取眾相的想」。

133　**執取眾相的想**　藏文為「བག་བར་འཛིན་པའི་འདུ་ཤེས」，指藉由意根接觸外境所產生的想。由於意根在執取境界時不會限定於六處任何一處，因此與其相應的想容或同時顯現各種境界，故名「執取眾相的想」。

行蘊與行[134]二者同義。

行蘊分為兩種，因為有「心不相應行法」與「相應行法」二者的緣故。

有心不相應行法的性相，因為「行，而且沒有與自相應所開分[135]者」即是彼的緣故。

有其事相，因為實事即是彼的緣故。

有相應行法的性相，因為「行，而且有與自相應所開分者」即是彼的緣故。

相應行法分為四十九種心所，因為除了受與想二者之外的一切心所都是相應行法的緣故。

有識蘊的性相，因為「有成為自己從屬的心所的證他心識，而且聚集自己的眾多部分」即是彼的緣故。

識蘊、識、心與意等同義。

識蘊分為六種，因為有眼的識乃至意的識六者的緣故。

---

134 **行** 藏文為「འདུ་བྱེད」，義為色、受、想、識以外的無常，與諸行無常的行（འདུས་བྱས）不同。諸行無常的「行」與無常同義。另外，就字面上的意涵而言，此字在藏文中有正在聚集因緣、作出某種動作之義。

135 **開分** 藏文為「རབ་ཏུ་བྱེ་བ」，與「那一分而安立」同義，見前註39。心不相應行法性相中的「開分」會排除自證，所以自證雖然符合「行，而且沒有與自相應」的條件，但是卻不是心不相應行法。因為自證是五蘊之一，又非色受想識任何一者，所以應該是行蘊。行蘊又分為心不相應行法及相應行法兩者，換句話說，即是分為心識與非心識兩者，所以應該將自證歸類於行蘊中的相應行法。但是自證符合心不相應行法中的「行，而且沒有與自相應」，因此以「開分」表示自證不是心不相應行法的同類，並加以排除。相反的，自證雖然不符合相應行法性相中所說的特色，但仍然是相應行法的同類，因此在相應行法的性相中，以「開分」一詞，表示自證為其同類，並加以收攝。

有「有境」的性相，因為「趣入自境的法」即是彼的緣故。

有境分為三種，因為有心識、色法所屬的有境、心不相應行法所屬的有境這三者的緣故。

有心識的性相，因為「清晰且明了」即是彼的緣故。心識與覺知二者同義。

心識分為兩種，因為有自證與證他二者的緣故。

有自證的性相，因為能取相即是彼的緣故。

自證與自證現前識二者同義。

有其事相，因為領受執藍眼識的自證即是彼的緣故。

證他心識分為兩種，因為有心與心所二者的緣故。

心的性相前文已說。

有心所的性相，因為「有自己所從屬之心的心識」即是彼的緣故。

心所分為五十一種，因為有五遍行[136]、五別境[137]、六根本煩

---

136 **五遍行** 藏文為「ཀུན་འགྲོ་ལྔ།」，指有五個心所，是會遍佈在每一個心王專屬的心所群組當中。換言之，任何一個心王都會有這五個心所，因此名為五遍行。

137 **五別境** 藏文為「ཡུལ་ངེས་ལྔ།」，此五心所各別有專屬的境，故名五別境。五別境中，欲只緣所追求的境、勝解只緣已確定的境、念只緣已串習過的境、定慧二者只緣所要觀察的境。這五者不會個別出現，而是必然同時與心王相應。藏文直譯為五決定境，決定與善心相應，凡是善心，與其相應的心所中必定有這五者，故名五決定境。漢傳的說法中，並未強調五別境一定要與善心相應。

惱[138]、二十隨煩惱[139]、十一善[140]、四不定[141]的緣故。

有五遍行的列舉方式，因為當列舉受、想、思[142]、觸[143]、作意[144]這五者的緣故。

有五別境的列舉方式，因為當列舉欲[145]、勝解[146]、念[147]、定[148]、

---

138 **六根本煩惱**　藏文為「ㄅㄗㄝㄛㄅㄅㄛ」。令身心憂惱、不寂靜，引生二十種隨煩惱，成為修道的主要障礙的煩惱。

139 **二十隨煩惱**　藏文為「ㄐㄛㄝㄛㄛㄛㄩ」。根本煩惱所引起的其他煩惱，隨同根本煩惱擾亂身心，故名隨煩惱。

140 **十一善**　藏文為「ㄉㄐㄛㄅㄅㄗㄅㄋㄒㄛ」。不依賴於相應等其他條件，本身就屬於善的本性的心所。

141 **四不定**　藏文為「ㄍㄒㄋㄅㄅㄍㄩㄜㄅㄋㄜ」。與這四個心所相應的心王涵蓋了善、惡、無記三種體性，因此這四個心所也包含了善、惡、無記三種可能。由於這四個心所有可能是善、惡、無記其中一者，故名不定。

142 **思**　藏文為「ㄒㄝㄒㄅㄅ」。此心所會牽引心王，如同磁石牽引鐵一般，推動善、不善、無記的心趣向各自的境。思業、思已業即是此處所說的思。

143 **觸**　藏文為「ㄖㄒㄅ」。根、境界、心識三者相會，以自力體察自境的心所。

144 **作意**　藏文為「ㄧㄉㄐㄜㄉ」。警覺自心，引起心王專注於自境的心所。

145 **欲**　藏文為「ㄅㄉㄗㄋㄅ」。追求自境，為自果精進所依的心所。例如希求成佛、解脫的心所，即是欲心所。

146 **勝解**　藏文為「ㄇㄛㄒㄅ」。對於已證達的自境，一味地執取無有懷疑的心所。例如十分肯定某種主張、見解是正確的心所，即是勝解心所。

147 **念**　藏文為「ㄉㄖㄅ」。對於所熟悉的境串習不忘的心所。例如對於曾經學習過的事物，銘心刻骨的心所。

148 **定**　藏文為「ㄒㄧㄥㄜㄅㄉㄗㄋ」。專注於自己所觀察的境的心所。例如對空性、無常等境一心不亂的心所。

慧[149]這五者的緣故。

有六根本煩惱的列舉方式，因為當列舉貪[150]、瞋[151]、慢[152]、無明[153]、不正見[154]、疑[155]這六者的緣故。

不正見分為五種，因為有壞聚見[156]、邊見[157]、邪見[158]、見取

---

149 **慧** 藏文為「ཤེས་རབ」。善加觀擇所緣諸法的體性、差別、自相共相以及取捨等行相，能夠消除疑惑的心所。例如對空性、無常等所要觀察的境界，進行思惟觀察的心所。

150 **貪** 藏文為「འདོད་ཆགས」。對於所喜好的五蘊等境見為悅意而耽著難捨，具有引發輪迴苦而流轉生死的作用的心所。

151 **瞋** 藏文為「ཞེ་སྡང」。對於所厭惡的眾生等境無法安忍，具有摧壞善根、損惱他人的作用，作為惡行所依的心所。

152 **慢** 藏文為「ང་རྒྱལ」。高舉自己，不敬他人這一類的心所。

153 **無明** 藏文為「མ་རིག་པ」。緣著任何一法，愚昧無知或顛倒執著的心所，為產生一切煩惱的所依。

154 **不正見** 藏文為「ལྟ་བ」。緣著任何一法之上的無常、苦、空、無我等世出世間正理，顛倒執取的染慧心所。

155 **疑** 藏文為「ཐེ་ཚོམ」。對於業果、三寶等諸道理，以自力執取有無、是非等二邊，猶豫不決，障礙趣入正道的心所。

156 **壞聚見** 藏文為「འཇིག་ལྟ」。緣著自相續的五蘊而執取我及我所，又是一切惡見所依的染慧心所。

157 **邊見** 藏文為「མཐར་ལྟ」。緣著壞聚見的境——我，執取為常法，或是不會投生後世的見解，是障礙證達中道的染慧心所。

158 **邪見** 藏文為「ལོག་ལྟ」。此處特指一昧地否定有四諦、因果等道理的染慧心所。如執取無前後世的見解。

見[159]、戒禁取見[160]這五者的緣故。

　　有二十隨煩惱的列舉方式，因為有第一組十法與第二組十法二者的列舉方式的緣故。

　　有第一組十法的列舉方式，因為當列舉忿[161]、恨[162]、覆[163]、

159　**見取見**　藏文為「ལྟ་བ་མཆོག་འཛིན་གྱི་ལྟ་བ」。將惡見執為殊勝見解，障礙生起智慧的染慧心所。惡見，如執身體是乾淨等見解。

160　**戒禁取見**　藏文為「ཚུལ་ཁྲིམས་བརྟུལ་ཞུགས་མཆོག་འཛིན་གྱི་ལྟ་བ」。將罪惡的戒律軌則執為解脫因的染慧心所。罪惡的戒律軌則，如為了升天而要求殺生祭祀的做法與規定。

161　**忿**　藏文為「ཁྲོ་བ」。緣著周遭的人事物等不悅意境，生起想捶打等強烈傷害欲望為行相的心所。忿的所緣一定是附近的人事物，因為忿是對於附近的人事物生起想捶打等的行相；瞋恚則是只要心態上不喜、不忍等，所緣境也不局限於附近的人事物。

162　**恨**　藏文為「འཁོན་འཛིན」。對於先前忿怒的境，積怒而難以釋懷，企圖報復為行相的心所。

163　**覆**　藏文為「འཆབ་པ」。隱藏自己的過失與不善的心所。與諂不同之處在於，諂著重於尋找隱藏的方法，覆則著重於隱藏的心理行為。

惱[164]、嫉[165]、慳[166]、誑[167]、諂[168]、憍[169]、害[170]這十者的緣故。

有第二組十法的列舉方式，因為當列舉無慚[171]、無愧[172]、

---

164 **惱** 藏文為「འཚིག་པ」。對於之前忿與恨的境，生起損害為行相的心所，具有侵害、攻擊的作用。忿、恨、惱三者，前前分別為後後的因。

165 **嫉** 藏文為「ཕྲག་དོག」。貪著利養恭敬等，無法忍受別人的圓滿盛事，令心不寂靜、擾亂的心所。

166 **慳** 藏文為「སེར་སྣ」。對於資具等貪得無厭，執取不捨，不欲惠施的心所。

167 **誑** 藏文為「སྒྱུ」。由於貪求利養而佯裝自己具有功德的心所。

168 **諂** 藏文為「གཡོ」。由於貪求利養而想要欺瞞他人，找尋隱藏自己過失的方法的心所，具有阻礙獲得清淨教授的作用。

169 **憍** 藏文為「རྒྱགས་པ」。自恃某種功德，內心歡喜而高舉自己的心所。與慢不同之處在於，憍特指緣著自身的某種功德，只基於內心的歡喜而高舉；慢則是必須緣著壞聚見所執取的我而產生高舉。

170 **害** 藏文為「རྣམ་པར་འཚེ་བ」。於諸有情欲作損害，無有悲愍為行相的心所。

171 **無慚** 藏文為「ངོ་ཚ་མེད་པ」。對於罪業，不會因為自身的因素而感到羞恥、戒懼的心所。

172 **無愧** 藏文為「ཁྲེལ་མེད་པ」。對於罪業，不會因為外在的因素而感到羞恥、戒懼的心所。

惛沉[173]、掉舉[174]、不信[175]、懈怠[176]、放逸[177]、失念[178]、不正知[179]、散亂[180]這十者的緣故。

有十一善的列舉方式，因為當列舉知慚[181]、有愧[182]、無貪[183]、

---

173 **惛沉**　藏文為「རྨུགས་པ」。使身心粗重、無法堪任安住所緣行相的心所，為沉沒的因緣，歸屬於癡分。此字各莫本、拉寺本、果芒本皆作「咬」，唯民族本作「惛沉」。按，「咬」（རྨུག་པ）應為「惛沈」（རྨུགས་པ）之訛字，故依民族本改之。

174 **掉舉**　藏文為「རྒོད་པ」。緣著五欲等可愛境界，令心不寂靜、散於外界的心所，具有令心無法安住所緣的作用，歸屬於貪分。

175 **不信**　藏文為「མ་དད་པ」。緣著存在、功德、能力等三種對境，分別生起不接受、心不清淨與不希求，以此為行相的心所，具有作為懈怠所依的作用。

176 **懈怠**　藏文為「ལེ་ལོ」。對於善法善行，不生歡喜的心所，具有阻礙行善的作用。

177 **放逸**　藏文為「བག་མེད་པ」。內心要趣向善法時，放縱慾望、無法防範違品，不精勤行善的心所。

178 **失念**　藏文為「བརྗེད་ངེས」。會令心王略過善所緣，對所緣的善法無法清晰明記為行相，而散亂於善法違品的心所，具有作為散亂所依的作用。

179 **不正知**　藏文為「ཤེས་བཞིན་མ་ཡིན་པ」。在沒有正知的狀態下造作身口意三業的心所，具有作為惡業所依，增長惡業的作用。

180 **散亂**　藏文為「རྣམ་གཡེང」。無法專注於任何境界，浮動散逸為行相的心所。與掉舉不同之處在於，掉舉只會散亂於悅意境，專屬於貪分；散亂則會散亂於任何境界，容許歸屬於三毒任何一者。

181 **知慚**　藏文為「ངོ་ཚ་ཤེས་པ」。會因為自身的因素，而對罪業感到羞恥、戒懼的心所，具有防護惡行的作用。

182 **有愧**　藏文為「ཁྲེལ་ཡོད་པ」。會因為外在的因素，而對罪業感到羞恥、戒懼的心所，具有杜絕惡行、趣入善行的作用。

183 **無貪**　藏文為「འདོད་ཆགས་མེད་པ」。對於可愛、悅意境界等不著不取的心所。

無瞋[184]、無癡[185]、信[186]、輕安[187]、不放逸[188]、行捨[189]、精進[190]、不害[191]這十一者的緣故。

---

184 **無瞋** 藏文為「ཞེ་སྡང་མེད་པ」。對於眾生、苦受、苦受的因，不懷傷害等損惱意樂為行相，直接對治瞋恚的心所。

185 **無癡** 藏文為「གཏི་མུག་མེད་པ」。依靠俱生聞思修任何一者為因緣，對治愚癡的心所，能作為精進與定的所依，屬於智慧分。無貪、無瞋、無癡三者，都具有作為不趣向惡行所依的作用。

186 **信** 藏文為「དད་པ」。對於存在、功德、能力等三種信心的對境，分別生起相信、虔誠與希欲，以此為行相的心所，能作為欲求的所依。其中相信存在的道理的信心，又名「信解信」，例如對於空性、因果緣起、四諦等真實存在的義理深信不疑；對於殊勝功德，虔誠景仰的信心，又名「淨信」，例如看見上師三寶的功德之後，內心一塵不染，處在全然虔誠、純淨的狀態，使內心足以生起殊勝的功德；對於能力產生希欲的信心，又名「欲求信」，例如曉得能夠斷除苦集，以及能夠獲得滅道之後，生起一定要獲得這種狀態的心境。這即是《大乘阿毘達磨集論》所說：「信，謂於有體、有德、有能，忍可、清淨、希望為體。」之義，亦即平常熟知的「於實德能深忍樂欲心淨為性」的內涵。其中「深忍」是指深深認可、接受。

187 **輕安** 藏文為「ཤིན་སྦྱངས」。特指心輕安。指能令身心隨欲堪能修習善所緣的心所，具有遠離五蓋等身心粗重的作用。五蓋，指貪欲蓋、瞋恚蓋、惛沉睡眠蓋、掉舉惡作蓋以及疑蓋。

188 **不放逸** 藏文為「བག་ཡོད」。防護內心造作三門惡業，修習善所緣的心所，具有令一切善法出生、安住、增長的作用。

189 **行捨** 藏文為「བཏང་སྙོམས」。不刻意遠離惛沉、掉舉，也不會被惛沉掉舉所擾亂，處於平和狀態的心所。

190 **精進** 藏文為「བརྩོན་འགྲུས」。歡喜斷惡修善、轉染成淨，對治懈怠的心所。其中「歡喜」一詞，由於對梵文的理解不同，漢地經論中均譯作「勇」或「勇悍」。

191 **不害** 藏文為「རྣམ་པར་མི་འཚེ་བ」。不懷損害意樂，不忍受苦的有情，願其離苦的心所，具有不輕凌、傷害有情的作用。

有四不定的列舉方式，因為必須列舉尋[192]伺[193]二者與眠[194]、悔[195]這四者的緣故。

心不相應行法所屬的有境可得舉例，因為補特伽羅即是彼的緣故。

色法所屬的有境可得舉例，因為眼根乃至身根五者即是彼的緣故。

心識分為兩種，因為有量與非量的覺知[196]二者的緣故。

有量的性相，因為「新而不欺誑的明了」即是彼的緣故。

量分為兩種，因為有現量與比量二者的緣故。

有現量的性相，因為「離分別心，且新而不欺誑的明了」即是彼的緣故。

現量分為六種，因為有眼識所屬的現量乃至意識所屬的現量六者的緣故。

---

192 **尋** 藏文為「ﾃﾞﾞ叮」。面對自境時，粗略尋求的心所。

193 **伺** 藏文為「ﾀﾞﾞﾄﾞﾞﾞ」。面對自境時，詳細推敲的心所。

194 **眠** 藏文為「ﾁﾞﾄﾞ」。藉由某種因素，導致心王不由自主從所對的境界向內收攝的心所。

195 **悔** 藏文為「ﾟﾞﾞﾟﾄﾞ」。對於自己所做的業或行為，產生厭惡、追悔的心所。

196 **非量的覺知** 藏文為「ﾑﾞﾞﾋﾞﾞﾞﾟﾞﾟﾞ」，非「新而不欺誑」的明了。有些心識只符合「不欺誑」，而不符合「新」的條件，如再一次證達聲音是無常的心識；有些心識只符合「新」，而不符合「不欺誑」的條件，如首次執取聲音是常法的顛倒識，這些都是非量的覺知。

有比量的性相，因為「新而不欺誑的明了，而且可將聲義交混[197]執取的耽著識[198]」即是彼的緣故。

比量分為三種，因為有事勢比量[199]、極成比量[200]、信許比量[201]這三者的緣故。

事勢比量可得舉例，因為證達聲音為無常的比量即是彼的緣故。

---

197 **可將聲義交混** 藏文為「སྒྲ་དོན་འདྲེས་རུང་」，聲義交混，是指在執取一個事物的分別心當中，同時顯現那個事物的聲共相與義共相。加上「可將」，則包含僅顯現聲共相或義共相其中一者而執取境的分別心。如此則包含所有類型的分別心。貢唐大師在現觀辨析第一品箋註中提出另一種解釋：分別心稱為「聲義交混而執」，是指無法區隔開現實中的對境與其聲共相或義共相的差別，因此在自己的面前以交混或相同的形式顯現。

198 **耽著識** 藏文為「ཞེན་རིག」，指分別心。分別心耽著自己的執取相境，因而分別心又名耽著識。此處之耽著與貪煩惱不同，特指心識對境時並非以客觀映現接收的方式，而是以主動探尋的方式緣取外境。

199 **事勢比量** 藏文為「དངོས་སྟོབས་ཀྱི་རྗེས་དཔག」。透過事勢正因，證達屬於略隱蔽分的自境的比量。如「聲音有法，是無常，因為是所作的緣故」，透過這個論式證達聲音是無常的比量，即是事勢比量。所謂事勢正因，是指此正因所要直接成立的必須是一個略隱蔽分，這樣的正因即是事勢正因。對當事者而言既不是現前看得見的事物，又非必須透過聖言才能理解的極隱蔽分，而是需要由事勢正因才能了解的事物，對此當事者而言即是略隱蔽分。

200 **極成比量** 藏文為「གྲགས་པའི་རྗེས་དཔག」。透過極成正因，證達世間共許的名言的比量。所謂極成正因，是指此正因所要直接成立的是僅由當事者的個人主張而安立的法，這樣的正因即是極成正因。如「懷兔有法，可以被詮說月亮的聲音所詮說，因為存在於分別心的境當中的緣故」，透過此論式證達的比量，即是極成比量。

201 **信許比量** 藏文為「ཡིད་ཆེས་ཀྱི་རྗེས་དཔག」。透過信許正理證達極隱蔽分的自境的比量。如「顯示施得受用戒安樂的經文有法，自所顯示的內涵無誤，因為是三種觀察清淨的經文的緣故」，透過這個論式，證達「顯示施得受用戒安樂的經文所顯示的內涵無誤」的比量，即是信許比量。信許正因所要成立的是極隱蔽分，極隱蔽分指只能依靠聖言而成立的法，如細分的業果、對此土的眾生而言他方佛國淨土的種種事物。

極成比量可得舉例，因為證達「『懷兔』可被詮說『月』的聲音詮說」的比量即是彼的緣故。

信許比量可得舉例，因為聖言的量即是彼的緣故。

非量的覺知分為三種，因為有未解[202]、顛倒分別[203]、疑三者的緣故。

未解可得舉例，因為一切現而不定的覺知[204]都是彼的緣故。

顛倒分別分為兩種[205]，因為有分別心所屬的顛倒識與無分別的顛倒識二者的緣故。

分別心所屬的顛倒識可得舉例，因為像執取聲音為常的分別心與補特伽羅我執即是彼的緣故。

無分別的顛倒識可得舉例，因為顯現雪山為藍色的根識與顯現陽焰為水的根識都是彼的緣故。

疑可得舉例，因為心想「聲音是常還是無常」的疑即是彼的緣故。

---

202 **未解** 藏文為「མ་རྟོགས་པ」，此處特指疑與顛倒識以外，無法證達自境的心識。

203 **顛倒分別** 藏文為「ལོག་རྟོག」，指錯解自己的執取相境的分別心。如執取聲音是常的分別心。

204 **現而不定的覺知** 藏文為「སྣང་ལ་མ་ངེས་པའི་བློ」，對於自己的執取相境雖然清楚地顯現，但是又不會引生確切理解的心識。下文所提到的顛倒分別與疑，就廣義的角度而言，也屬於未解的範圍，這兩者也是未解。但是當這三者並列在一起，此時的未解則不包含後二者，三者詮釋的範圍各自不同。因為經論中將這三者並列時是為了分別陳述其對治品，由於引發三者的因緣各不相同，所以對治的方法也各異，此時三者各有不同的內涵。

205 **顛倒分別分為兩種** 各莫本、拉寺本、果芒本、民族本皆作「顛倒分別分為兩種」（ལོག་རྟོག་ལ་དབྱེ་ན་གཉིས་ཡོད），然顛倒分別不可能分為分別心所屬的顛倒識與無分別的顛倒識，因為顛倒分別當中不會包含無分別的顛倒識。故此處之顛倒分別（ལོག་རྟོག），實應作顛倒識（ལོག་ཤེས）。

有現前分的性相，因為「現量所直接證達」即是彼的緣故。

現前分與實事二者同義。

有隱蔽分的性相，因為「比量所直接證達」即是彼的緣故。

隱蔽分與有二者同義。

斷除諍論

1

有人說：「無為的虛空有法，應當是現前分，因為是現量所直接證達的緣故。

如果說因不成立的話，無為的虛空有法，應當是現量所直接證達，因為是遍智所直接證達的緣故。

如果說因不成立的話，無為的虛空有法，應當是遍智所直接證達，因為是遍智所證達的緣故。」回答不遍。

如果說因不成立的話，無為的虛空有法，應當是遍智所證達，因為是遍智的所量的緣故。

應當如此，因為是成實的緣故。

如果承許根本論式的宗，無為的虛空有法，應當不是現前分，因為不是實事的緣故。

🏵 2

有人說：「聲音無常有法，應當是隱蔽分，因為是比量所直接證達的緣故。

如果說因不成立的話，聲音無常有法，應當是比量所直接證達，因為是證達聲音為無常的比量所直接證達的緣故。

如果說因不成立的話，聲音無常有法，他應當是證達他的比量所直接證達，因為證達他的比量存在的緣故。

如果說因不成立的話，聲音無常有法，證達他的比量應當存在，因為他是成實的緣故。

如果承許前面的宗，聲音無常有法，應當不是現前分，因為是隱蔽分的緣故。」回答不遍。

如果承許的話，聲音無常有法，應當是現前分，因為是實事的緣故。

🏵 3

有人說：「聲音無常有法，應當不成現前分，因為是隱蔽分的緣故。」回答不遍。

如果說因不成立的話，聲音無常有法，應當是隱蔽分，因為是成實的緣故。

❀ 4

有人說：「《現觀莊嚴論》[206]有法，應當是心識，因為是量的緣故。

如果說因不成立的話，《現觀莊嚴論》有法，應當是量，因為是聖言的量[207]的緣故。

如果說因不成立的話，《現觀莊嚴論》有法，應當是聖言的量，因為他是聖言量[208]的緣故。」回答不遍。

---

206 **《現觀莊嚴論》** 般若部論典，全名《般若波羅蜜多教授現觀莊嚴論》，共八品，至尊彌勒著。漢譯本有法尊法師譯《現觀莊嚴論》。至尊彌勒，梵語Maitreya（མེ་ཏྲི）音譯。在久遠劫前，作轉輪王名為照顯，以大悲心供養大勢如來齋食時，初發菩提心。又在無量劫以前，寶藏如來授記海塵婆羅門的門徒一千人，於賢劫時成佛，門徒也都各自發願將來成佛時想要攝受的剎土，唯留人壽百歲和八萬歲兩個時段無人攝受。海塵婆羅門即發願攝受百歲有情，而其一千門徒中的第五位名為無垢光，則發願攝受八萬歲有情，此即是至尊彌勒前生。至尊彌勒早於其他賢劫諸佛四十二劫發心，無量劫中累積福智二資糧，於釋迦世尊證空性後，則依釋尊為師，常觀導師不離頂上，所以藏系的彌勒像，頂上有菩提塔。因釋迦世尊在降生人間前，為至尊彌勒加冕，授權紹繼佛位，故稱為紹繼能仁或紹聖慈尊，現居兜率內院。著有慈氏五論：《現觀莊嚴論》、《經莊嚴論》、《辨中邊論》、《辨法法性論》、《寶性論》流傳世間。《現觀莊嚴論》主要闡述《般若經》的隱義現觀八事七十義的內涵，八事分別為：一、遍智；二、道智；三、基智；四、圓滿一切相現觀；五、頂現觀；六、漸次現觀；七、剎那現觀；八、法身。為藏傳顯教波羅蜜多學之根本論典，許多印度大德為之註疏，現今為格魯三大寺必讀典籍之一。

207 **聖言的量** 藏文為「ལུང་གི་ཚད་མ」，聖言的量與信許比量同義，信許比量見前註201。

208 **聖言量** 藏文為「ལུང་ཚད་མ」，指所闡述的內容禁得起現量、比量等心識觀察，不會被正理違害，又闡述修行之道的教言。如《般若經》無誤地闡述空性及道次第的內涵，因此是聖言量。聖言量雖名為量，但是並非屬於心識的量。此處的量，是取其定義當中不欺誑、堪為準則之義。

如果說因不成立的話，《現觀莊嚴論》有法[209]，他應當是聖言量，因為他是清淨論典的緣故。

 5

有人說：「兔子角有法，應當是隱蔽分，因為是比度之量的所量的緣故。

如果說因不成立的話，兔子角有法[210]，應當是比度之量的所量，因為比度是量的所量的緣故[211]。」回答不遍。

如果說因不成立的話，兔子角有法，比度應當是量的所量，因為比度是遍智的所量的緣故。

如果說因不成立的話，兔子角有法，比度應當是遍智的所量，因為比度存在的緣故。

如果說因不成立的話，兔子角有法，比度應當存在，因為是補特伽羅無我的緣故。

209　**如果說因不成立的話，《現觀莊嚴論》有法**　各莫本原作「《現觀莊嚴論》有法」，缺「如果說因不成立的話」，文義不全。又拉寺本、果芒本、民族本皆作「如果說因不成立的話，《現觀莊嚴論》有法」，故依拉寺等本補之。

210　**兔子角有法**　各莫本作「兔子有法」。按，對照前後文，應為「兔子角有法」，又拉寺本、果芒本、民族本亦皆作「兔子角有法」，故依拉寺等本改之。

211　**因為比度是量的所量的緣故**　就藏文語法結構而言，此句又可理解為「因為是比度量的所量的緣故」，他宗據此義而興問難。漢文中無法用一句話同時表達自宗與他宗的理解差異，此處依自宗的想法而譯出。

◎ 6

　　有人說：「瓶子的義共相有法，應當被執取瓶子的分別心所取，因為是執取瓶子的分別心的所取境的緣故。」回答不遍。

　　如果說因不成立的話，瓶子的義共相有法，應當是執取瓶子的分別心的所取境，因為是執取瓶子的分別心的顯現境的緣故。

　　如果承許前面的宗，執取瓶子的分別心有法，他應當不取瓶子的義共相，因為他是執取瓶子的分別心的緣故。

第八章
總別的單元

導讀

　　〈總別〉，源於《釋量論》云：「言總言差別，此別於覺義」，意指因明學中所討論的總別，僅為分別心所安立，所以不是實事。

　　本單元從各種角度闡述總別的關係，所以取名為〈總別〉。「總」，義為追隨自己的別相的法，亦即總的出現，一定觀待於有他的別；凡是他的別存在之處，總也必定存在，稱這樣的關係為追隨自己的別相。

　　「別」，在《賽倉攝類學》中沒有指出他的性相，卻說到某一法的別，必須具備三個條件：一、他是這一法；二、他與這一法是同一本性的係屬；三、要有兩個以上，不是他，又是這一法的共同事。一旦具備這三個條件，他就是這一法的別。

　　例如瓶子是所知的別，代表瓶子具足以下三個條件：一、瓶子是所知；二、瓶子是與所知為同一本性的係屬；三、可以找出兩個以上，不是瓶子，又是所知的共同事，如：柱子、常法、無常等等。瓶子是所知的別，也意味著所知是瓶子的總，所以總別是相互觀待的。

　　後面其他單元中也會舉出如無常的別的別或者常法的總的別，以無常的別的別來說，「瓶子」是不是「無常的別的別」，要觀察「瓶子」具不具足「無常的別的別」的三個條件：一、瓶子是無常的別；二、瓶

子與無常的別是同一本性的係屬；三、找出兩個以上，不是瓶子，又是無常的別的共同事。這三個條件如果都成立，「無常的別」，就是「瓶子的總」。至於瓶子是否為無常的別，又必須判斷瓶子是否具足無常的別的三個條件，如此層層剖析，才能得到最終的結論。

　　本單元還提到，任何一法絕對不會成為自己的總或自己的別；只要是存在的事物，一定都是總別其中一者；別與所知的別二者同義等等。基於這些概念，我們會做以下的討論：實事的別與實事的總二者有無共同事？承許存在的事物，一定都歸入總別其中一者的話，那「證之為無的量不存在」這點是總還是別？任何一法的別一定要有二個以上嗎？不管有或者無，「與他相違」這點一定是總嗎？「證之為實事的量是無常」，這點是不是瓶子的總？是實事的話，就一定是別嗎？所知會不會是「證之為常法的量是無常」的別？這些問題都值得深入地探究、思考。

解說總別的單元

破除他宗

🌸 1

有人說：「是無我的話，遍是總別其中一者。」

那麼兔子角有法，應當是總別其中一者，因為是無我的緣故。已經承許周遍了。

如果承許的話，那麼兔子角有法，應當存在，因為是總別其中一者的緣故。

如果說不遍的話，這應當有周遍，因為是總別其中一者的話，遍存在的緣故。

如果說因不成立的話，是總別其中一者的話，應當遍存在，因為是總的話，遍存在，而且是別的話，也遍存在的緣故。每個因都容易理解。

🌸 2

有人說：「是總的話，遍不是別。」

那麼實事有法，應當不是別，因為是總的緣故。已經承許周遍

了。

如果說因不成立的話，實事有法，應當是總，因為他的別存在的緣故。

如果說因不成立的話，實事有法，他的別應當存在，因為瓶子即是彼的緣故。

如果說因不成立的話，瓶子有法，他應當是實事的別，因為他是實事；他是與實事為同一本性的係屬[212]；有眾多不是他卻是實事的共同事的緣故。

如果說第一個因不成立的話，瓶子有法，應當是實事，因為是無常的緣故。

如果說第二個因不成立的話，瓶子有法，應當是與實事為同一本性的係屬，因為是與實事從本性一的角度為異；沒有實事的話必須沒有他的緣故。

如果說第一個因不成立的話，瓶子有法，應當是與實事為本性一，因為是與瓶子為一的緣故。

如果說第二個因不成立的話，瓶子有法，應當是與實事為異，因為是色法的緣故。

如果說第三個因不成立的話，瓶子有法，沒有實事的話應當必須

---

212 **同一本性的係屬** 藏文為「བདག་གཅིག་ཏུ་འབྲེལ」，指甲乙兩個事物是本性一，又是相異，沒有乙就沒有甲。符合這些條件，這兩個事物即是同一本性的係屬。如金瓶與瓶子二者，是本性一，又是相異，沒有瓶子就沒有金瓶。所以金瓶是與瓶子為同一本性的係屬。但是反過來，瓶子則非與金瓶為同一本性的係屬，因為沒有金瓶的話不一定沒有瓶子。

沒有他，因為沒有實事的話，必須是怎麼想都能成立的緣故。

如果說前面第三個因不成立的話，瓶子有法，應當有眾多不是他卻是實事的共同事，因為栴檀的柱子也是其例，柏木的柱子也是其例的緣故。

如果承許根本論式的宗，實事有法，應當是別，因為是所知的別的緣故。

如果說因不成立的話，實事有法，應當是所知的別，因為他是所知；他是與所知為同一本性的係屬；有眾多不是他卻是所知的共同事的緣故。

如果說第一個因不成立的話，實事有法，應當是所知，因為是成實的緣故。

如果說第二個因不成立的話，實事有法，應當是與所知為同一本性的係屬，因為是與所知從本性一的角度為異；沒有所知的話必須沒有他的緣故。

如果說第一個因不成立的話，實事有法，應當是與所知為本性一，因為是所知的緣故。

如果說第二個因不成立的話，實事有法，應當是與所知為異，因為是實事的緣故。

如果說第三個因不成立的話，實事有法，沒有所知的話應當必須沒有他，因為沒有所知的話，必須是怎麼想都能成立的緣故。

如果說前面第三個因不成立的話，實事有法，應當有眾多不是他卻是所知的共同事，因為常法也是其例，有也是其例的緣故。

❀ 3

有人說：「是實事的總的話，遍是能作用的總。」

那麼名相有法，應當是能作用的總，因為是實事的總的緣故。已經承許周遍了。

如果說因不成立的話，名相有法，應當是實事的總，因為實事是他的別的緣故。

如果說因不成立的話，實事有法，他應當是名相的別，因為他是名相；他是與名相為同一本性的係屬；有眾多不是他卻是名相的共同事的緣故。

如果說第一個因不成立的話，實事有法，應當是名相，因為他的性相存在的緣故。此因容易理解。

如果說第二個因不成立的話，實事有法，應當是與名相為同一本性的係屬，因為是與名相從本性一的角度為異；沒有名相的話必須沒有他的緣故。

如果說第一個因不成立的話，實事有法，應當是與名相為本性一，因為是名相的緣故。

如果說第二個因不成立的話，實事有法，應當是與名相為異，因為是實事的緣故。

如果說第三個因不成立的話，實事有法，沒有名相的話應當必須沒有他，因為沒有名相的話，必須是怎麼想都能成立的緣故。

如果說前面第三個因不成立的話，實事有法，應當有眾多不是他卻是名相的共同事，因為所知也是其例，有也是其例的緣故。

如果承許根本論式的宗，那麼名相有法，能作用應當是他的別，因為他是能作用的總的緣故。已經承許因了。

如果承許的話，那麼能作用有法，應當「他是名相；他是與名相為同一本性的係屬；有眾多不是他卻是名相的共同事」，因為他是名相的別的緣故。已經承許因了。

如果承許的話，那麼能作用有法，他應當是名相，因為他是名相；他是與名相為同一本性的係屬；有眾多不是他卻是名相的共同事的緣故。已經承許因了。

如果承許的話，那麼能作用有法，應當不是性相，因為是名相的緣故。已經承許因了。

不能如此承許，因為是性相的緣故。

應當如此，因為是實事的性相的緣故。

❀ 4

有人說：「是實事的總的話，遍是無常的總。」

那麼與無常為異有法，應當是無常的總，因為是實事的總的緣故。已經承許周遍了。

如果說因不成立的話，與無常為異有法，應當是實事的總，因為實事是他的別的緣故。

如果說因不成立的話，實事有法，他應當是與無常為異的別，因為他是與無常為異；他是與「與無常為異」為同一本性的係屬；有眾多不是他卻是與無常為異的共同事的緣故。

　　如果說第一個因不成立的話，實事有法，應當是與無常為異，因為存在，而且不是與無常為一的緣故。

　　如果說第二個因不成立的話，實事有法，應當是與「與無常為異」為同一本性的係屬，因為是與「與無常為異」從本性一的角度為異；沒有與無常為異的話必須沒有他的緣故。

　　如果說第三個因不成立的話，實事有法，應當有眾多不是他卻是與無常為異的共同事，因為性相也是其例，名相也是其例的緣故[213]。

　　如果承許根本論式的宗，與無常為異有法，應當不是無常的總，因為無常不是他的別的緣故。

　　如果說因不成立的話，無常有法，應當不是與無常為異的別，因為不是與無常為異的緣故。

　　如果說因不成立的話，無常有法，他應當不是與他為異，因為他是補特伽羅無我的緣故。

❀ 5

　　有人說：「既是總的總，又是別的別的共同事不存在。」

　　這應當存在，因為常法即是彼的緣故。

　　如果說因不成立的話，常法有法，他應當是「既是總的總，又是別的別的共同事」，因為他既是總的總，而且也是別的別的緣故。

　　如果說第一個因不成立的話，常法有法，他應當是總的總，因為

213　**名相也是其例的緣故**　民族本作「能表徵也是其例的緣故」，各莫本、果芒本、拉寺本，皆作「名相」，故民族本之「能表徵」（མཚོན་བྱེད）應為「名相」（མཚན་ཉི）之訛字。

總是他的別的緣故。

如果說因不成立的話，總有法，他應當是常法的別，因為他是常法；他是與常法為同一本性的係屬；有眾多不是他卻是常法的共同事的緣故。第一個因容易理解。

如果說第二個因不成立的話，總有法，應當是與常法為同一本性的係屬，因為是與常法從本性一的角度為異；沒有常法的話必須沒有他的緣故。

如果說第三個因不成立的話，總有法，應當有眾多不是他卻是常法的共同事，因為常法實事二者也是其例，性相名相二者也是其例的緣故。

如果說前面第二個因不成立的話，常法有法，應當是別的別，因為他是別；他是與別為同一本性的係屬；有眾多不是他卻是別的共同事的緣故。

如果說第一個因不成立的話，常法有法，應當是別，因為是所知的別的緣故。

如果說因不成立的話，常法有法，應當是所知的別，因為他是所知；他是與所知為同一本性的係屬；有眾多不是他卻是所知的共同事的緣故。每個因都容易理解。

如果說第二個因不成立的話，常法有法，應當是與別為同一本性的係屬，因為是與別從本性一的角度為異；沒有別的話必須沒有他的緣故。

如果說其第三個因不成立的話，常法有法，應當有眾多不是他卻

是別的共同事，因為瓶子也是其例，柱子也是其例的緣故。

❀ 6

有人說：「『非俱是常法的總別二者』[214]的總別二者的共同事不存在。」

這應當存在，因為常法即是彼的緣故。

如果說因不成立的話，常法有法，他應當是「『非俱是常法的總別二者』的總別二者的共同事」，因為他是「非俱是常法的總別二者」的總，而且他也是「非俱是常法的總別二者」的別的緣故。

如果說第一個因不成立的話，常法有法，他應當是「非俱是常法的總別二者」的總，因為「非俱是常法的總別二者」是他的別的緣故。

如果說因不成立的話，非俱是常法的總別二者有法，他應當是常法的別，因為他是常法；他是與常法為同一本性的係屬；有眾多不是他卻是常法的共同事的緣故。

如果說第一個因不成立的話，非俱是常法的總別二者有法，他應當是常法，因為存在，而且不是實事的緣故。

如果說第二個因不成立的話，非俱是常法的總別二者有法，應當是與常法為同一本性的係屬，因為是與常法從本性一的角度為異；沒

214　**非俱是常法的總別二者**　藏文為「 དག་པའི་སྤྱི་དང་བྱེ་བྲག་གཉིས་ཀ་མ་ཡིན་པ」，一般譯作「不是常法的總與別二者」，但容易引生歧義，如解作不是「常法的總」與「別」二者，或「不是常法的總」與「別」二者，故多置一「俱」字於前，並去掉「與」。

有常法的話必須沒有他的緣故。

如果說第三個因不成立的話，應當有眾多不是「非俱是常法的總別二者」，卻是常法的共同事，因為有眾多既是常法的總別二者，又是常法的共同事的緣故。

如果說因不成立的話，應當有眾多既是常法的總別二者，又是常法的共同事，因為總也是其例，別也是其例的緣故。

如果說前面第二個因不成立的話，常法有法，他應當是「非俱是常法的總別二者」的別，因為他是「非俱是常法的總別二者」；他是與「非俱是常法的總別二者」為同一本性的係屬。有眾多不是他卻是「非俱是常法的總別二者」的共同事的緣故。

如果說第一個因不成立的話，常法有法，他應當是「非俱是他的總別二者」，因為他是補特伽羅無我的緣故。第二個因容易理解。

如果說第三個因不成立的話，常法有法，應當有眾多不是他卻是「非俱是常法的總別二者」的共同事，因為色法也是其例，聲音也是其例的緣故。

◎ 7

有人說：「『非俱是實事的總別二者』的總別二者的共同事存在。」

「『非俱是實事的總別二者』的總別二者的共同事」應當不存在，因為「非俱是實事的總別二者」的總不存在的緣故。

如果說因不成立的話，「非俱是實事的總別二者」的總應當不存

在，因為「非俱是實事的總別二者」不是別的緣故。

如果說因不成立的話，「非俱是實事的總別二者」應當不是別，因為「非俱是實事的總別二者」不是所知的別的緣故。

如果說因不成立的話，非俱是實事的總別二者有法，應當不是所知的別，因為沒有眾多不是他卻是所知的共同事的緣故。

如果說因不成立的話，應當沒有眾多不是「非俱是實事的總別二者」卻是所知的共同事，因為沒有眾多既是實事的總別二者，又是所知的共同事的緣故。

❈ 8

有人說：「總別任一皆非的總別任一皆非的別不存在[215]。」

這應當存在，因為實事即是彼的緣故。

如果說因不成立的話，實事有法，他應當是總別任一皆非的總別任一皆非的別，因為他是總別任一皆非的總別任一皆非；他是與總別任一皆非的總別任一皆非為同一本性的係屬；有眾多不是他卻是總別任一皆非的總別任一皆非的共同事的緣故。

如果說第一個因不成立的話，實事有法，他應當是總別任一皆非的總別任一皆非，因為是無我的緣故。第二個因容易理解。

如果說第三個因不成立的話，實事有法，應當有眾多不是他卻是

---

215 **總別任一皆非的總別任一皆非的別不存在**　「任一皆非」，即前譯文中的「不是…其中一者」，然於此處經過重疊之後，將會成為「不是不是總別其中一者的總別其中一者的別不存在」，容易產生種種歧義，故別譯作「任一皆非」。

總別任一皆非的總別任一皆非的共同事，因為補特伽羅無我也是其例，有也是其例的緣故。

❀ 9

有人說：「『所知的總別任一皆非的總別任一皆非』的總別二者的共同事不存在。」

這應當存在，因為總即是彼的緣故。

如果說因不成立的話，總有法，他應當是「所知的總別任一皆非的總別任一皆非」的總別二者的共同事，因為他是「所知的總別任一皆非的總別任一皆非」的總，而且他也是「所知的總別任一皆非的總別任一皆非」的別的緣故。

如果說第一個因不成立的話，總有法，他應當是「所知的總別任一皆非的總別任一皆非」的總，因為「所知的總別任一皆非的總別任一皆非」是他的別的緣故。

如果說因不成立的話，所知的總別任一皆非的總別任一皆非有法，他應當是總的別，因為他是總；他是與總為同一本性的係屬；有眾多不是他卻是總的共同事的緣故。前兩個因都容易理解。

如果說第三個因不成立的話，應當有眾多不是「所知的總別任一皆非的總別任一皆非」，卻是總的共同事，因為有也是其例，量的所緣也是其例的緣故。

如果說第一個因不成立的話，「有」有法，他應當是「不是所知的總別任一皆非的總別任一皆非，卻是總的共同事」，因為他是「既

是『所知的總別任一皆非的總別其中一者』，又是總的共同事」的緣故。

如果說因不成立的話，「有」有法，他應當是「既是『所知的總別任一皆非的總別其中一者』，又是總的共同事」，因為他是「所知的總別任一皆非的總別其中一者」，而且是總的緣故。

如果說第一個因不成立的話，「有」有法，他應當是「所知的總別任一皆非的總別其中一者」，因為他是「所知的總別任一皆非」的總的緣故。

如果說因不成立的話，「有」有法，他應當是「所知的總別任一皆非」的總，因為「所知的總別任一皆非」是他的別的緣故。

如果說因不成立的話，所知的總別任一皆非有法，他應當是有的別，因為他是有；他是與有為同一本性的係屬；有眾多不是他卻是有的共同事的緣故。前兩個因都容易理解。

如果說第三個因不成立的話，應當有眾多不是「所知的總別任一皆非」，卻是有的共同事，因為所作也是其例，實事也是其例的緣故。

如果說前面第二個因不成立的話，總有法，他應當是「所知的總別任一皆非的總別任一皆非」的別，因為他是「所知的總別任一皆非的總別任一皆非」；他是與「所知的總別任一皆非的總別任一皆非」為同一本性的係屬；有眾多不是他卻是「所知的總別任一皆非的總別任一皆非」的共同事的緣故。

如果說第一個因不成立的話，總有法，他應當是「所知的總別任

一皆非的總別任一皆非」，因為他不是「所知的總別任一皆非」的總，而且他也不是「所知的總別任一皆非」的別的緣故。

如果說第一個因不成立的話，總有法，他應當不是「所知的總別任一皆非」的總，因為「所知的總別任一皆非」不是他的別的緣故。

如果說因不成立的話，所知的總別任一皆非有法，他應當不是總的別，因為他不是總的緣故。

如果說因不成立的話，所知的總別任一皆非有法，他應當不是總，因為他的別不存在的緣故。

應當如此，因為是別的話，遍是所知的總別其中一者的緣故。

如果說前面第二個因不成立的話，總有法，應當不是「所知的總別任一皆非」的別，因為是「所知的總別其中一者」的別的緣故。

如果說因不成立的話，總有法，應當是「所知的總別其中一者」的別，因為他是「所知的總別其中一者」；他是與「所知的總別其中一者」為同一本性的係屬；有眾多不是他卻是「所知的總別其中一者」的共同事的緣故。

如果說第一個因不成立的話，總有法，應當是「所知的總別其中一者」，因為是所知的別的緣故。

如果說因不成立的話，總有法，應當是所知的別，因為是別的緣故。

如果說不遍的話，這應當有周遍，因為別與所知的別二者是是等遍的緣故。

如果說前面第三個因不成立的話，總有法，應當有眾多不是他卻

是「所知的總別其中一者」的共同事，因為瓶柱二者也是其例，常法實事二者也是其例的緣故。

❀ 10

有人說：「『常法的總與實事的總任一皆非、瓶子的總、柱子的總』其中一者，這不是瓶子的總[216]。」

「常法的總與實事的總任一皆非、瓶子的總、柱子的總」其中一者有法，他應當是瓶子的總，因為瓶子是他的別的緣故。

如果說因不成立的話，瓶子有法，他應當是「常法的總與實事的總任一皆非、瓶子的總、柱子的總」其中一者的別，因為他是「常法的總與實事的總任一皆非、瓶子的總、柱子的總」其中一者；他是與「常法的總與實事的總任一皆非、瓶子的總、柱子的總」其中一者為同一本性的係屬；有眾多不是他卻是「常法的總與實事的總任一皆非、瓶子的總、柱子的總」其中一者的共同事的緣故。

如果說第一個因不成立的話，瓶子有法，他應當是「常法的總與實事的總任一皆非、瓶子的總、柱子的總」其中一者，因為他是常法的總與實事的總任一皆非的緣故。

---

216 『常法的總與實事的總任一皆非、瓶子的總、柱子的總』其中一者，這不是瓶子的總　透過不同的斷句方式，這句話會產生不同的理解。他宗理解為「常法的總與實事的總任一皆非」與「瓶子的總、柱子的總其中一者」二者不是瓶子的總，所以承許「常法的總與實事的總任一皆非、瓶子的總、柱子的總其中一者，這不是瓶子的總」。自宗對這句的理解則是「常法的總與實事的總任一皆非」、「瓶子的總」、「柱子的總」這三者其中一者，因此承許這三者其中一者是瓶子的總。此處特加上標點，以表明自宗之意。

如果說因不成立的話，瓶子有法，他應當是常法的總與實事的總任一皆非，因為他不是常法的總，而且也不是實事的總的緣故。每個因都容易理解。

◎ 11

有人說：「『「常法的總與實事的總任一皆非」、「瓶子的總」與「柱子的總」任一皆非、性相的總、名相的總』其中一者，這是性相的總[217]。」

「『常法的總與實事的總任一皆非、瓶子的總與柱子的總』任一皆非、性相的總、名相的總」其中一者有法，他應當不是性相的總，因為性相不是他的別的緣故。

如果說因不成立的話，性相有法，他應當不是「『常法的總與實事的總任一皆非、瓶子的總與柱子的總』任一皆非、性相的總、名相

---

217 『「常法的總與實事的總任一皆非」、「瓶子的總」與「柱子的總」任一皆非、性相的總、名相的總』其中一者，這是性相的總　透過不同的斷句方式，這句話會產生不同的理解。他宗理解為「常法的總與實事的總任一皆非」、「瓶子的總與柱子的總任一皆非」、「性相的總」、「名相的總」四者其中一者，所以他宗承許「『常法的總與實事的總任一皆非』、『瓶子的總與柱子的總任一皆非』、『性相的總』、『名相的總』其中一者，這是性相的總」。自宗的理解則是將「常法的總與實事的總任一皆非、瓶子的總與柱子的總任一皆非」算為一個，而不是兩個，因為第二句句尾的「任一皆非」會否定前面「常法的總與實事的總任一皆非」、「瓶子的總」、「柱子的總」三者，而非只是否定「瓶子的總」、「柱子的總」二者。所以這句話是指「『常法的總與實事的總任一皆非』、『瓶子的總』與『柱子的總』任一皆非」。因此自宗承許「『常法的總與實事的總任一皆非、瓶子的總與柱子的總』任一皆非」、「性相的總」、「名相的總」三者其中一者，這不是性相的總。由此也可以推知，「任一皆非」與「其中一者」分別會否定與包含前面所有的內容。

的總」其中一者的別，因為他不是這其中一者的緣故。

如果說因不成立的話，性相有法，他應當不是「『常法的總與實事的總任一皆非、瓶子的總與柱子的總』任一皆非、性相的總、名相的總」其中一者，因為他既不是「常法的總與實事的總任一皆非、瓶子的總與柱子的總」任一皆非，而且也不是性相的總，也不是名相的總的緣故。

如果說第一個因不成立的話，性相有法，他應當不是「常法的總與實事的總任一皆非、瓶子的總與柱子的總」任一皆非，因為他是「常法的總與實事的總任一皆非」、「瓶子的總」與「柱子的總」其中一者的緣故。

如果說因不成立的話，性相有法，他應當是「常法的總與實事的總任一皆非、瓶子的總與柱子的總」其中一者，因為他是常法的總與實事的總任一皆非的緣故。

如果說因不成立的話，性相有法，他應當是常法的總與實事的總任一皆非，因為他既不是常法的總，而且也不是實事的總的緣故。每個因都容易理解。

如果說前面第三個因不成立[218]的話，性相有法，應當不是名相的總，因為名相不是他的別的緣故。

---

218 **如果說前面第三個因不成立**　各莫本、拉寺本、果芒本、民族本皆作「如果說前面第二個因不成立」，但對照前文「因為他既不是常法的總與實事的總任一皆非、瓶子的總與柱子的總任一皆非，而且也不是性相的總，也不是名相的總」來看，「前面第二個因不成立」應是性相不是性相的總因不成，第三個因不成，才是性相不是名相的總因不成，文中「前面第二個因不成」之二（གཉིས）應為三（གསུམ）之訛字，故依上下文義改正。

安立自宗

有總的性相，因為隨趣於自己的別相的法[219]即是彼的緣故。

總分為三種，因為有聚總、類總、義總[220]三者的緣故。

有聚總的性相，因為聚集自己的眾多部分的粗分色法即是彼的緣故。

有其事相，因為瓶子即是彼的緣故。

有瓶子的義總的性相，因為「在執取瓶子的分別心中，本非與瓶子為一卻顯現為似乎是一樣的增益分[221]」即是彼的緣故。

一切無我的義總的性相同理可推。

有類總的性相，因為隨趣於自己的眾多種類之法即是彼的緣故。

類總與總二者同義。

有其事相，因為所知即是彼的緣故。

類總與聚總二者有是非的四句型，因為有是類總而不是聚總的句型、是聚總而不是類總的句型、類總與聚總二者皆是的句型、類總與

---

219 **隨趣於自己的別相的法**　藏文為「རང་གི་གསལ་བ་ལ་རྗེས་སུ་འགྲོ་བའི་ཆོས」，指凡是自己的別相所在之處，即有該法存在。具足這個條件的法，即是總。

220 **義總**　藏文為「དོན་སྤྱི」，義共相的直譯。一般均譯作義共相，然此處為了呈現出它與類總、聚總並列為總的支分的原因，也為了呈現下文斷諍中的討論焦點，故在此權譯作「義總」。

221 **增益分**　藏文為「སྒྲོ་བཏགས་ཀྱི་ཆ」，分別心錯將沒有的視為有，或者錯將不是以為是，所執取的內容即是增益分。如執取瓶子的分別心在執取瓶子時無法區分瓶子的義共相與瓶子，將兩者混同而顯現。由於瓶子的義共相並不是瓶子本身，因此將瓶子的義共相顯現為瓶子，這點即是執取瓶子的分別心所增益的部分。

聚總二者皆非的句型，共有四句的緣故。有是類總而不是聚總的句型，因為常法即是彼的緣故。有是聚總而不是類總的句型，因為瓶柱二者即是彼的緣故。有類總與聚總二者皆是的句型，因為色法即是彼的緣故。有類總與聚總二者皆非的句型，因為瓶子的反體即是彼的緣故。

斷除諍論

 1

有人說：「實事有法，應當是分別心的顯現境，因為是義總的緣故。

如果說因不成立的話，實事有法，應當是義總，因為義是總與別其中一者的緣故[222]。」回答不遍。

如果說因不成立的話，實事有法，義應當是總與別其中一者，因為義存在的緣故。

---

222 **應當是義總，因為義是總與別其中一者的緣故** 此句在藏文中又可理解為「義應當是總，因為義是總與別其中一者的緣故」。在藏文中由於文法的關係，「是義總」也可以理解為「義是總」。當問說「實事有法，應當是義總」時，很明顯地必須否認，因為凡是義總的事物一定是常法，但是實事並非常法。而如果問「實事有法，義應當是總」，則成為無效有法的論式，應不應當承許，只須觀待義是不是總即可。義的範圍跟所知一樣大，因此義當然是總，所以這個論式是可以承許的。但是因為在藏文中「義是總」與「是義總」的文字並沒有差別，因此他宗用了轉換概念的方式，而進行辯難。自宗則將此詞鎖定為「是義總」的概念範圍而進行回答。

如果說因不成立的話，實事有法，義應當存在，因為是補特伽羅無我的緣故。

中級理路

第九章
相違相係屬的單元

導讀

　　本單元廣泛討論相違、不相違及有無係屬的各種關係，因此取名為〈相違相係屬〉。

　　所謂的相違，指異，而且沒有共同事，亦即這兩個事物是不同的法，而且沒有是這兩者的事例。與此相反的「不相違」，即指不是相異或者這兩個法有共同事，符合這兩個條件的其中一者，就是不相違。同樣地，「與與瓶子相違相違」，則是指某一個事物與「與瓶子相違」是相違的，亦即某一個事物與「與瓶子相違」這件事是相異，又沒有任何一個事例是它與「與瓶子相違」這兩者。

　　而提到係屬，必須具備相異，沒有後者就沒有前者的條件。例如桌子與無常：桌子與無常相異；如果無常不存在，桌子自然也跟著不存在，因此桌子便是與無常相係屬。而係屬當中分成同一本性的係屬，以及依之而生的係屬二者。以無常與實事二者為例，這二者是本性一，又是相異；而沒有實事的話，就一定沒有無常，因此無常與實事二者便是同一本性的係屬。同樣地，凡是同一本性的係屬，都要符合這三個條件：一、這些是本性一；二、彼此間有相異的關係；三、沒有後者的話就一定沒有前者。

　　另外，若以幼苗與種子為例，幼苗是依靠種子而產生，沒有種子就

一定沒有幼苗，所以幼苗與種子二者便是依之而生的係屬。依此類推，只要是依之而生的係屬，就要符合兩個條件：一、前者是由後者產生；二、沒有後者就一定沒有前者。如此一來，凡是因果，都會有依之而生的係屬關係。

另外，本單元中提出，有無二者不存在，但仍承許有無二者是異、是相違。提到有無二者是異，是因為「有」與「無」是別別不同，而「有」又是法。換言之「有」是「與無別別」的法，既然「有」是「與無為別別的法」，所以「有」是「與無為異」。因此，當提到有無二者是異，或是有無二者是別別的法，都是以「有」為思考的主體。這類理解方式，在《攝類學》當中相當多見。

但是關於「有無二者是無」這點，卻是用另一種理解方式成立的。如果「有無二者」存在，那麼不但「有」存在，「無」也必須存在，這點顯然是不能成立的。不能說「有無二者」存在，所以說「有無二者」不存在，此時「有無二者不存在」這句話只是否定「有無二者存在」這點，而非表達「有」也不存在，「無」也不存在。《攝類學》中提到「不是……二者」，「……二者不存在」，都必須以這種概念去詮釋。因此，這與「有無二者是異」是截然不同的理解方式。

解說相違相係屬[223]的單元

破除他宗

❀ 1

有人說：「是與『與瓶子相違』相違的話，遍是與瓶子相違。」

那麼與瓶子為一有法，應當是與瓶子相違，因為是與「與瓶子相違」相違的緣故。已經承許周遍了。

如果說因不成立的話，與瓶子為一有法，應當是與「與瓶子相違」相違，因為他是與「與瓶子相違」為異；既是他，又是與瓶子相違的共同事不存在的緣故。第一個因容易理解。

如果說第二個因不成立的話，瓶子有法，既是與他為一，又是與他相違的共同事應當不存在，因為他是成實的緣故。

---

223 **相違相係屬** 藏文為「འགལ་འབྲེལ」，此處雖譯作「相違相係屬」，但「相」字並不取雙向的「相互」之義，而是取單向的「對於」之義。因為當兩個事物相違之時，未必兩者相互都是相違的。在《攝類學》當中，承許有與無相違，但無與有非相違，因為相違必須是別別的法，而無並不是法，因此無不是與有為別別的法，故而無與有非相違。當兩個事物相係屬之時，也未必兩者相互都是相係屬，如瓶子與實事相係屬，是因為這兩者體性一，而沒有實事則沒有瓶子，所以才成立瓶子與實事相係屬。但是沒有瓶子未必沒有實事，因此不能說實事與瓶子相係屬。

如果承許根本論式的宗，與瓶子為一有法，應當不是與瓶子相違，因為是與瓶子不相違的緣故。

如果說因不成立的話，與瓶子為一有法，應當是與瓶子不相違，因為既是他，又是瓶子的共同事存在的緣故。

應當如此，因為瓶子即是彼的緣故。

如果說因不成立的話，瓶子有法，應當為「他既是與他為一，他又是與他不相違的共同事」，因為他是成實的緣故。

❀ 2

有人說：「是與實事相違的話，遍是與『與實事相違』相違。」

那麼與常法為一有法，應當是與「與實事相違」相違，因為是與實事相違的緣故。已經承許周遍了。

如果說因不成立的話，與常法為一有法，應當是與實事相違，因為他是與實事為異；既是他，又是實事的共同事不存在的緣故。

如果說因不成立的話，常法有法，既是與他為一，又是實事的共同事應當不存在，因為常法必須要是這個事例，但是卻不是，而除此之外沒有其他事例的緣故。第二個因容易理解。

如果說第一個因不成立的話，常法有法，他應當不是「既是與常法為一，又是實事的共同事」，因為他不是實事的緣故。

如果承許根本論式的宗，與常法為一有法，應當不是與「與實事相違」相違，因為是與「與實事相違」不相違的緣故。

如果說因不成立的話，與常法為一有法，應當是與「與實事相

違」不相違，因為既是他，又是與實事相違的共同事存在的緣故。

如果說因不成立的話，與常法為一有法，既是他，又是與實事相違的共同事應當存在，因為常法即是彼的緣故。

如果說因不成立的話，常法有法，他應當是「既是與常法為一，又是與實事相違的共同事」，因為他是與常法為一，而且是與實事相違的緣故。

如果說第一個因不成立的話，常法有法，他應當是與他為一，因為他是成實的緣故。

如果說第二個因不成立的話，常法有法，應當是與實事相違，因為他是與實事為異；既是他，又是實事的共同事不存在的緣故。第一個因容易理解。

如果說第二個因不成立的話，常法有法，既是他，又是實事的共同事應當不存在，因為他是與常法為一的緣故。

❀ 3

有人說：「一、既是與『與有相違』相違，二、又是與『與有不相違』不相違，三、又是與『與有相係屬』相係屬，四、又是與『與有不相係屬』不相係屬的共同事不存在。」

這應當存在，因為與有不相係屬即是彼的緣故。

如果說因不成立的話，與有不相係屬有法，他應當是「一、既是與『與有相違』相違，二、又是與『與有不相違』不相違，三、又是與『與有相係屬』相係屬，四、又是與『與有不相係屬』不相係屬的共

同事」，因為他既是與「與有相違」相違，而且也是與「與有不相違」不相違，也是與「與有相係屬」相係屬，也是與「與有不相係屬」不相係屬的緣故。

如果說第一個因不成立的話，與有不相係屬有法，應當是與「與有相違」相違，因為他是與「與有相違」為異；既是他，又是與有相違的共同事不存在的緣故。第一個因容易理解。

如果說第二個因不成立的話，既是與有不相係屬，又是與有相違的共同事應當不存在，因為是與有相違的話，遍是與有相係屬的緣故。

應當如此，因為是與有為異的話，遍是與有相係屬的緣故。

如果說第二個因不成立的話，與有不相係屬有法，應當是與「與有不相違」不相違，因為既是他，又是與有不相違的共同事存在的緣故。

應當如此，因為「有」即是彼的緣故。

如果說因不成立的話，「有」有法，應當為「他既是與他不相係屬，他又是與他不相違的共同事[224]」，因為他是成實的緣故。

如果說第三個因不成立的話，與有不相係屬有法，應當是與「與有相係屬」相係屬，因為是與「與有相係屬」為同一本性的係屬的緣故。

---

224 **他既是與他不相係屬，他又是與他不相違的共同事**　原文如此，各本皆無差異。然前文「因為有即是彼的緣故」，如果「彼」是指「既是與有不相係屬，又是與有不相違的共同事」，則此處應作「他應當是既是與他不相係屬，又是與他不相違的共同事」，「又是」前的「他」疑衍。

如果說因不成立的話，與有不相係屬有法，應當是與「與有相係屬」為同一本性的係屬，因為是有的別的緣故。

如果說第四個因不成立的話，與有不相係屬有法，他應當是與他不相係屬，因為他是補特伽羅無我的緣故。

❁ 4

有人說：「一、既是與『與瓶柱二者相違』不相違，二、又是與『與瓶柱二者不相違』相違，三、又是與『與瓶柱二者相係屬』不相係屬，四、又是與『與瓶柱二者不相係屬』相係屬的共同事不存在。」

這應當存在，因為與常法為一即是彼的緣故。

如果說因不成立的話，與常法為一有法，他應當是「一、既是與『與瓶柱二者相違』不相違[225]，二、又是與『與瓶柱二者不相違』相違，三、又是與『與瓶柱二者相係屬』不相係屬，四、又是與『與瓶柱二者不相係屬』相係屬的共同事」，因為他既是與「與瓶柱二者相違」不相違，而且也是與「與瓶柱二者不相違」相違，也是與「與瓶柱二者相係屬」不相係屬，也是與「與瓶柱二者不相係屬」相係屬的緣故。

如果說第一個因不成立的話，與常法為一有法，他應當是與「與瓶柱二者相違」不相違，因為既是他，又是與瓶柱二者相違的共同事

---

225 他應當是「既是與『與瓶柱二者相違』不相違」　民族本作「他應當是既是與瓶柱二者相違」，上下文義無法連貫，應誤。

存在的緣故。

應當如此，因為常法即是彼的緣故。

如果說因不成立的話，常法有法，他應當是「既是與他為一，又是與瓶柱二者相違的共同事」，因為他是與瓶柱二者相違的緣故。

如果說第二個因不成立的話，與常法為一有法，應當是與「與瓶柱二者不相違」相違，因為他是與「與瓶柱二者不相違」為異；既是他，又是與瓶柱二者不相違的共同事不存在的緣故。

如果說因不成立的話，與常法為一有法，既是他，又是與瓶柱二者不相違的共同事應當不存在，因為常法必須要是這個事例，但是卻不是，而除此之外沒有其他事例的緣故。第二個因容易理解。

如果說第一個因不成立的話，常法有法，他應當不是「既是與常法為一，又是與瓶柱二者不相違的共同事」，因為他不是與瓶柱二者不相違的緣故。

如果說因不成立的話，常法有法，他應當不是與瓶柱二者不相違，因為他是與瓶柱二者相違的緣故。

如果說因不成立的話，常法有法，他應當是與瓶柱二者相違，因為他是與瓶柱二者為異；既是他，又是瓶柱二者的共同事不存在的緣故。

如果說前面第三個因不成立的話，與常法為一有法，應當是與「與瓶柱二者相係屬」不相係屬，因為不是與「與瓶柱二者相係屬」相係屬的緣故。

如果說因不成立的話，與常法為一有法，應當不是與「與瓶柱二

者相係屬」相係屬，因為沒有與瓶柱二者相係屬的話，未必沒有他的緣故。

如果說因不成立的話，那麼瓶子的遮遣處有法，應當沒有與常法為一，因為沒有與瓶柱二者相係屬的緣故。已經承許周遍了。

如果承許的話，瓶子的遮遣處有法，應當有與常法為一，因為有常法的緣故。

應當如此，因為是補特伽羅無我的緣故。

如果說第四個因不成立的話，與常法為一有法，他應當是與「與瓶柱二者不相係屬」相係屬，因為他是與「與瓶柱二者不相係屬」為同一本性的係屬的緣故。

如果說因不成立的話，與常法為一有法，應當是與「與瓶柱二者不相係屬」為同一本性的係屬，因為是與「與瓶柱二者不相係屬」從本性一的角度為異；沒有與瓶柱二者不相係屬的話，必須沒有他的緣故。每個因都容易理解。

安立自宗

有相違的性相，因為「異而不容有共同事」即是彼的緣故。

有其事相，因為常法與實事二者即是彼的緣故。

有「與實事相違」的性相，因為「他是與實事為異；不容有既是他，又是實事的共同事」即是彼的緣故。

有其事相，因為瓶柱二者即是彼的緣故。

有「與『與實事相違』相違」的性相，因為「他是與『與實事相違』為異；不容有既是他，又是與實事相違的共同事」即是彼的緣故。

有「與『與實事不相違』相違」的性相，因為「他是與『與實事不相違』為異；不容有既是他，又是與實事不相違的共同事」即是彼的緣故。

有「與『與與實事不相違不相違』相違」的性相，因為「他是與『與與實事不相違不相違』為異；不容有既是他，又是與『與實事不相違』不相違的共同事」即是彼的緣故。

有「與『與與實事相違相違』相違」的性相，因為「他是與『與與實事相違相違』為異；不容有既是他，又是與『與實事相違』相違的共同事」即是彼的緣故。

有「與瓶子不相違」的性相，因為「『他是與瓶子為不異』，或者『既是他，又是瓶子的共同事存在』其中一者」即是彼的緣故。

有「與瓶柱二者不相違」的性相，因為「『他是與瓶柱二者為不異』，或者『既是他，又是瓶柱二者的共同事存在』其中一者」即是彼的緣故。

有「與『與瓶子相違』不相違」的性相，因為「『他是與與瓶子相違為不異』，或者『既是他，又是與瓶子相違的共同事存在』其中一者」即是彼的緣故。

有「與『與瓶子不相違』不相違」的性相，因為「『他是與與瓶

子不相違為不異』，或者『既是他，又是與瓶子不相違的共同事存在』其中一者」即是彼的緣故。

有「與『與與瓶子不相違相違』不相違」的性相，因為「『他是與與與瓶子不相違相違為不異』，或者『既是他，又是與與瓶子不相違相違的共同事存在』其中一者」即是彼的緣故。

有「與實事相係屬」的性相，因為「『與實事為同一本性的係屬』，或者『實事的果』其中一者，而且沒有實事的話必須沒有他」即是彼的緣故。

「與實事相係屬」分為兩種，因為有「與實事為同一本性的係屬」與「與實事為依之而生的係屬」二者的緣故。

有「與實事為同一本性的係屬」的性相，因為「與實事從本性一的角度為異；沒有實事的話必須沒有他」即是彼的緣故。

有其事相，因為瓶子即是彼的緣故。

有「與實事為依之而生的係屬」的性相，因為「依著實事而生，而且沒有實事的話必須沒有他」即是彼的緣故。

有其事相，因為實事的後時所生即是彼的緣故。

其他實事同理可推。

斷除諍論

❀ 1

有人說：「有與無二者有法，應當是異而不容有共同事，因為是相違的緣故。已經承許周遍了。

如果承許的話，有與無二者有法，應當存在，因為是異的緣故。」回答：論式結構有過失。

❀ 2

有人說：「煙有法，應當是依之而生的係屬，因為是與火為依之而生的係屬的緣故。」回答不遍。

如果承許的話，煙有法，應當不是依之而生的係屬，因為不是係屬的緣故。

如果說因不成立的話，煙有法，應當不是係屬，因為不是異的緣故。

如果說不遍的話，這應當有周遍，因為是係屬的話必須是異的緣故。

如果說因不成立的話，是係屬的話應當必須是異，因為是同一本性的係屬的話，必須是異，而且是依之而生的係屬的話，也必須是異的緣故。每個因都容易理解。

3

有人說：「依之而生的係屬應當不存在，因為煙不是其例，瓶子也不是其例的緣故。」回答不遍。

不能如此承許，因為火煙二者即是彼的緣故。

如果說因不成立的話，火煙二者有法，應當是依之而生的係屬，因為是因果的緣故。

如果說因不成立的話，火煙二者有法，應當是因果，因為彼此之間為能生所生的緣故。

4

有人說：「瓶子有法，應當是依之而生的係屬，因為是因果的緣故。

如果說因不成立的話，瓶子有法，應當是因果，因為是因果二者的緣故。」回答不遍。

因是成立的，因為是實事的緣故。

★ 5

有人說：「瓶柱二者有法，應當是類總，因為類的別存在的緣故[226]。」還是回答不遍。

---

226 **應當是類總，因為類的別存在的緣故** 就藏文語法結構而言，此句又可理解為「類應當是總，因為類的別存在的緣故」。由於藏文語法的關係，「是類總」也可以理解為「類是總」。當問到「瓶柱二者有法，應當是類總」時，很明顯地必須否認。而如果問「瓶柱二者有法，類應當

❀ 6

有人說：「實事有法，應當是與瓶子為同一本性的係屬，因為是與瓶子從本性一的角度為異的緣故。」回答不遍。

如果說因不成立的話，實事有法，應當是與瓶子從本性一的角度為異，因為是與瓶子為本性一，而且是異的緣故。

每個因都成立，因為是瓶子的總的緣故。

如果承許前面的宗，實事有法，應當不是與瓶子為同一本性的係屬，因為沒有瓶子的話，不遍沒有他的緣故。

❀ 7

有人說：「瓶子有法，既是他，又是瓶子的共同事應當存在，因為他是與瓶子不相違的緣故。」回答不遍。

如果承許的話，那麼瓶子與瓶子二者的共同事應當存在，因為既是瓶子，又是瓶子的共同事存在的緣故。已經承許因了。

如果承許的話，瓶子與瓶子二者有法，他的共同事應當不存在，因為他是一的緣故。

如果說不遍的話，這應當有周遍，因為要安立某兩個法的共同事的話，那兩個法必須是異的緣故。

是總」，則成為無效有法的論式，應不應當承許，只須觀待類是不是總即可，類有自己的別相，因此類是總，所以這個論式是可以承許的。但是因為在藏文中「類是總」與「是類總」的文字並沒有差別，因此他宗用了轉換概念的方式，而進行辯難。自宗則將此詞鎖定為「是類總」的概念範圍而進行回答。

第十章

性相名相的單元

導讀

　　本單元稱為〈性相名相〉，並非集中討論各種事物的性相與名相，而是著重在名相與它的性相——具足假有三法二者，以及性相與它的性相——具足實有三法二者間的關聯。

　　具足假有三法，包含下列三個條件：一、本身是名相；二、在其事相之上成立；三、沒有作為其他事物的名相。具足實有三法，同樣也包含三個條件：一、本身是性相；二、在其事相之上成立；三、沒有作為其他事物的性相。

　　從中可以看出，任何一個性相都只能是某一個名相的性相，不會同時作為兩個名相的性相；同時，它本身只能是性相，不能是任何一個事物的名相。反之亦然，任何一個名相，都只能是一個性相的名相，不會同時作為兩個性相的名相；並且它本身只能是名相，不能是另一個事物的性相，自然也不會是任何一個事物的具足實有三法。

　　任何一個名相，與其性相都是相互觀待依存的，而且在理解時會有難易的差別。因為性相之所以存在，正是為了幫助理解它的名相，所以先通曉某個性相，藉此才容易通曉其名相。

　　以無常為例，剎那性是它的性相。即使人人都聽過無常，從字面上也都略知其義，但是唯有通曉剎那性的內涵，清楚了知其剎那遷流壞滅

的本質，才能真正掌握無常的意義。並且往往會發現，相較於此，先前對無常的認識，僅停留在相當淺薄的層次，並非真正認識無常。這正足以反映出，透過性相去理解某個名相所能達到的深度。

　　由於性相與名相本身都是名相，具足實有三法與具足假有三法，分別是其性相，所以性相與具足實有三法，名相與具足假有三法之間，都有同義是等遍的關係。本單元舉出眾多事例，詳盡說明在這些事例之上，性相與具足實有三法，名相與具足假有三法之間，如何呈現出是等遍的關係。並且以這些為基礎，在本單元的最後一小節，疊加出更多層次來進行剖析與比較。這樣的闡述，旨在幫助學習者培養出對性相名相熟練地認識與反應。

　　以上述這些基本概念為前提，學習者會進一步探討：如果要先通曉某個性相，才能通曉其名相，那麼證達名相以前，應該先證達具足假有三法。而要證達具足假有三法，就必須通曉其內涵，但是一旦懂得第一項，就會曉得了名相，這時名相、性相先後證達的原則如何成立？另外，大腹器與能作盛水用途的大腹縮足器都是瓶子的性相，那麼瓶子是否不符合具足假有三法的第三個條件？如果不符合，就不會是名相，自然也不會有性相，那麼能作盛水用途的大腹縮足器如何能是瓶子的性相？以及性相與名相是否體性一等命題。

解說性相名相的單元

破除他宗

❋ 1

有人說：「具足能作用的假有三法是能作用的名相的性相，而列舉能作用的假有三法時，則列為一般而言是名相、在自己的事相上成立、不是其他非能作用所屬的事物的名相[227]這三者。」

那麼柱子有法，應當是能作用的名相，因為是具足能作用的假有三法的緣故。

如果說因不成立的話，柱子有法，應當是具足能作用的假有三法，因為是能作用的假有三法的緣故。

如果說因不成立的話，柱子有法，應當是能作用的假有三法，因為是「一般而言是名相、在自己的事相上成立、不是其他非能作用所屬的事物的名相」這三者，而且你列舉其假有三法時就是列舉這些的緣故。已經承許因了。

---

227 **不是其他非能作用所屬的事物的名相** 指不會是任何一個非能作用所屬的事物的名相，亦即不會是「量所量」、「別別的法」、「能作用空」等等常法的名相，任何一個實事都符合此條件。

如果說第一個因不成立的話，柱子有法，應當是「一般而言是名相、在自己的事相上成立、不是其他非能作用所屬的事物的名相」這三者，因為一般而言是名相，而且在自己的事相上成立；不是其他非能作用所屬的事物的名相的緣故。

如果說第一個因不成立的話，柱子有法，應當一般而言是名相，因為他的性相存在的緣故。

應當如此，因為能作頂樑用途之物即是彼的緣故。

如果說第二個因不成立的話，柱子有法，應當是在自己的事相上成立，因為他的事相存在的緣故。

如果說因不成立的話，柱子有法，他的事相應當存在，因為栴檀的能作頂樑用途之物即是彼的緣故。

如果說第三個因不成立的話，柱子有法，應當不是其他非能作用所屬的事物的名相，因為無從安立非能作用所屬的他的性相的緣故。

如果承許根本論式的宗，那麼能作用有法，應當有眾多他的名相，因為實事是他的名相，而且柱子也是他的名相的緣故。已經承許後面的因了。

如果說第一個因不成立的話，能作用有法，實事應當是他的名相，因為他是實事的性相的緣故。

如果承許前面的宗，能作用有法，應當沒有眾多他的名相，因為他是性相的緣故。

◎ 2

有人說：「具足所知的實有三法是所知的性相的性相，而列舉所知的實有三法時，則列為一般而言是性相、在自己的事相上成立、不是其他非所知所屬的事物的性相這三者。」

那麼堪能為色有法，應當是具足所知的實有三法，因為是所知的實有三法的緣故。

如果說因不成立的話，堪能為色有法，應當是所知的實有三法，因為是「一般而言是性相、在自己的事相上成立、不是其他非所知所屬的事物的性相」這三者，而且你列舉所知的實有三法時就是列舉這三者的緣故。已經承許因了。

如果說第一個因不成立的話，堪能為色有法，應當是「一般而言是性相、在自己的事相上成立、不是其他非所知所屬的事物的性相」這三者，因為一般而言是性相，而且在自己的事相上成立；不是其他非所知所屬的事物的性相的緣故。

如果說第一個因不成立的話，堪能為色有法，應當一般而言是性相，因為是性相的緣故。

應當如此，因為是色法的性相的緣故。

如果說第二個因不成立的話，堪能為色有法，應當是在自己的事相上成立，因為是在聲音上成立，而且聲音是他的事相的緣故。

如果說第一個因不成立的話，堪能為色有法，應當是在聲音上成立，因為聲音是他的緣故。

如果說第三個因不成立的話，堪能為色有法，應當不是其他非所

知所屬的事物的性相，因為是補特伽羅無我的緣故。

如果承許根本論式的宗，那麼堪能為色有法，應當是所知的性相，因為是具足所知的實有三法的緣故。已經承許因了。

如果承許的話，那麼所知有法，應當有眾多他的性相，因為堪為覺知的境是彼，而且堪能為色也是彼的緣故。

如果承許的話，所知有法，應當沒有眾多他的性相，因為他是補特伽羅無我的緣故。

❀ 3

有人說：「是能作用的假有三法其中一者的話，遍不是堪為覺知的境的假有三法其中一者。」

那麼一般而言是名相有法，應當不是堪為覺知的境的假有三法其中一者，因為是能作用的假有三法其中一者的緣故。已經承許周遍了。

如果說因不成立的話，一般而言是名相有法，應當是能作用的假有三法其中一者，因為列舉能作用的假有三法時，必須將他列為其一的緣故。

❀ 4

有人說：「既是與大腹器的反體為是等遍，又是名相的共同事不存在。」

這應當存在，因為瓶子的性相即是彼的緣故。

　　如果說因不成立的話，瓶子的性相有法，他應當是「既是與大腹器的反體為是等遍，又是名相的共同事」，因為他是與大腹器的反體為是等遍，而且是名相的緣故。

　　如果說第一個因不成立的話，瓶子的性相有法，應當是與大腹器的反體為是等遍，因為是他的話遍是大腹器的反體；是大腹器的反體的話遍是他的緣故[228]。

　　如果說第一個因不成立的話，瓶子有法，是他的性相的話，應當遍是大腹器的反體，因為大腹器是他的性相的緣故。

　　如果說因不成立的話，瓶子有法，大腹器應當是他的性相，因為他是大腹器的名相的緣故。

　　如果說第二個因不成立的話，大腹器有法，是他的反體的話，應當遍是瓶子的性相，因為他是瓶子的性相的緣故。

　　如果說前面第二個因不成立的話，瓶子的性相有法，應當是名相，因為他的性相存在的緣故。

　　如果說因不成立的話，瓶子的性相有法，他的性相應當存在，因為具足瓶子的實有三法即是彼的緣故。

　　如果說因不成立的話，瓶子有法，具足他的實有三法應當是他的性相的性相，因為他是名相的緣故。

228　**是大腹器的反體的話遍是他的緣故**　民族本作「是大腹器的反體的話，不遍是他的緣故」，上下文義無法連貫，應誤。

❀ 5

有人說：「既是與實事的反體為是等遍，又是性相的共同事不存在。」

這應當存在，因為具足能作用的假有三法即是彼的緣故。

如果說因不成立的話，具足能作用的假有三法有法，他應當是「既是與實事的反體為是等遍，又是性相的共同事」，因為他是與實事的反體為是等遍，而且是性相的緣故。

如果說第一個因不成立的話，具足能作用的假有三法有法，他應當是與實事的反體為是等遍，因為是他的話遍是實事的反體；是實事的反體的話遍是他的緣故。

如果說第一個因不成立的話，能作用有法，是具足他的假有三法的話，應當遍是實事的反體，因為是他的名相的話，遍是實事的反體的緣故。

如果說因不成立的話，能作用有法，是他的名相的話，應當遍是實事的反體，因為他是實事的性相的緣故。

如果說第二個因不成立的話，實事有法，是他的反體的話，應當遍是具足能作用的假有三法，因為他是具足能作用的假有三法的緣故。

如果說因不成立的話，實事有法，他應當是具足能作用的假有三法，因為他是能作用的名相的緣故。

如果說前面第二個因不成立的話，具足能作用的假有三法有法，應當是性相，因為是能作用的名相的性相的緣故。

如果說因不成立的話，能作用有法，具足他的假有三法應當是他的名相的性相，因為他是性相的緣故。

🌑 6

有人說：「既是與不具足兔子角的實有三法[229]的反體為是等遍，又是性相的共同事不存在。」

這應當存在，因為具足「非兔子角的性相[230]」的實有三法即是彼的緣故。

如果說因不成立的話，具足「非兔子角的性相」的實有三法有法，他應當是「既是與不具足兔子角的實有三法的反體為是等遍，又是性相的共同事」，因為他是與不具足兔子角的實有三法的反體為是等遍，而且是性相的緣故。

如果說第一個因不成立的話，具足「非兔子角的性相」的實有三法有法，他應當是與不具足兔子角的實有三法的反體為是等遍，因為是他的話，遍是不具足兔子角的實有三法的反體；是不具足兔子角的實有三法的反體的話，遍是他的緣故。

如果說第一個因不成立的話，非兔子角的性相有法，是具足他的

---

229 **不具足兔子角的實有三法**　由於兔子角不存在，他的實有三法也不會存在，因此任何事物都是不具足兔子角的實有三法。

230 **非兔子角的性相**　由於漢文語法的關係，此詞有「非兔子角」的性相，及非「兔子角的性相」兩種理解方式。在漢譯時，無法避免這種歧義，但在藏文中則只有非「兔子角的性相」一種理解方式。

實有三法的話，應當遍是不具足兔子角的實有三法的反體，因為是他的性相的話，遍是不具足兔子角的實有三法的反體的緣故。

如果說因不成立的話，非兔子角的性相有法，是他的性相的話，應當遍是不具足兔子角的實有三法的反體，因為他是不具足兔子角的實有三法的名相的緣故。

如果說因不成立的話，兔子角有法，非他的性相應當是不具足他的實有三法的名相，因為他是補特伽羅無我的緣故。

如果說第二個因不成立的話，不具足兔子角的實有三法有法，是他的反體的話，應當遍是具足「非兔子角的性相」的實有三法，因為他是具足「非兔子角的性相」的實有三法的緣故。

如果說因不成立的話，不具足兔子角的實有三法有法，他應當是具足「非兔子角的性相」的實有三法，因為他是「非兔子角的性相」的性相的緣故。

如果說因不成立的話，兔子角有法，不具足他的實有三法應當是「非他的性相」的性相，因為他是補特伽羅無我的緣故。

如果說前面第二個因不成立的話，具足「非兔子角的性相」的實有三法有法，應當是性相，因為是「非兔子角的性相」的性相的性相的緣故。

如果說因不成立的話，非兔子角的性相有法，具足他的實有三法應當是他的性相的性相，因為他是名相的緣故。

◎ 7

　　有人說：「既是與『具足具足具足假有三法的假有三法的假有三法』的反體為是等遍，又是名相的共同事不存在。」

　　這應當存在，因為「具足具足假有三法的假有三法的名相」的性相即是彼的緣故。

　　如果說因不成立的話，「具足具足假有三法的假有三法的名相」的性相有法，他應當是「既是與『具足具足具足假有三法的假有三法的假有三法』的反體為是等遍，又是名相的共同事」，因為他是與「具足具足具足假有三法的假有三法的假有三法」的反體為是等遍，而且是名相的緣故。

　　如果說第一個因不成立的話，「具足具足假有三法的假有三法的名相」的性相有法，他應當是與「具足具足具足假有三法的假有三法的假有三法」的反體為是等遍，因為是「具足具足具足假有三法的假有三法的假有三法」的反體的話，遍是他；是他的話，遍是「具足具足具足假有三法的假有三法的假有三法」的反體的緣故。

　　如果說第一個因不成立的話，具足「具足具足假有三法的假有三法」的假有三法有法，是他的反體的話，應當遍是「具足具足假有三法的假有三法的名相」的性相，因為他是「具足具足假有三法的假有三法的名相」的性相的緣故。

　　如果說因不成立的話，具足「具足假有三法」的假有三法有法，具足他的假有三法應當是他的名相的性相，因為他是性相的緣故。

第十一章
恰派實法反法的單元

導讀

　　本單元所介紹的推理內容，是由西藏著名因明學祖師恰巴法獅子所創立，因此名為〈恰派實法反法〉。

　　〈恰派實法反法〉主要探討實法、是自反法、非自反法、反法第三聚四種概念，而這四類又分別延伸出各自的相似品，一般統稱為「實反八法」。但是這四類除了延伸出各自的相似品以外，進一步還有其相似品的相似品、其相似品的相似品的相似品，乃至可以無止境地延伸。任何事物的存在方式，都可以歸納在這四大類型當中。

　　要成為其中任何一者，都要具備四個條件。實法的四個條件為：一、他是成實；二、他是他；三、非他不是他；四、他的反體與實法不相違。符合條件的有火焰、無常、所知等。

　　同樣地，是自反法也要符合四個條件：一、他是成實；二、他是他；三、非他是他；四、他的反體與是自反法不相違。符合條件的如常法、名相、無我等。

　　非自反法也有四個條件，分別是：一、他是成實；二、他不是他；三、非他不是他；四、他的反體與非自反法不相違。符合條件的有瓶柱二者、性相、常法的反體等。

　　反法第三聚的四個條件是：一、他是成實；二、他不是他；三、非

他是他；四、他的反體與反法第三聚不相違。符合條件的有聲音的總、無常的總等等。

這四者分別還有其相似品，以及其相似品的相似品，乃至可以無止境地延伸。以實法為例，實法的相似品，同樣也要具備四個條件，分別是：一、他是成實；二、他是他；三、非他不是他；四、他的反體與實法的相似品不相違。前三個條件完全一樣，只有第四個不同。其他所有相似品的規則，都以此類推。

之所以會有相似品的出現，若以「屬於反法的實事」為例，「屬於反法的實事」存在；「屬於反法的實事」並非實法，卻又是實事，所以是「屬於反法的實事」；不是「屬於反法的實事」也不是「屬於反法的實事」，因為「不是屬於反法的實事」不是實事，也就不會是「屬於反法的實事」。如果不同意第二條，而說「屬於反法的實事」是實法，那就必須符合實法的四個條件，而第二個條件是「他是他」，如此則「屬於反法的實事」仍舊要是「屬於反法的實事」。既然屬於反法，便不是實法，如此便與原先主張是實法的立論相違背。所以「屬於反法的實事」符合實法的前三個條件，但是無論如何不能是實法，因此開出「實法的相似品」，以包含這些與實法極為相似，卻又不能真的是實法的事例。另外三種相似品，乃至所有相似品的相似品等無限的延伸，也都依此類推。

從上述的條件可以發現，檢視某一法是實法反法何者，最主要的觀察標準都是各自的第二、三條。而且分析的過程，最主要是依靠排除法，唯有排除掉所有會招來自相矛盾的狀況，才會找到正確的答案。

如果進一步探討，諸如「只具足非自反法的兩個條件」，這是實反八法當中哪一者？在實反八法中任擇其一，例如「是自反法的相似品」，這在實反八法當中，又是哪一者？實法是不是實法？與實反八法皆為四句型的實反八法是否都存在？凡是心識，必定不是反法第三聚？深入思考相關的命題，會大大加快推理分析的速度。

解說恰派實法反法的單元

破除他宗

1

有人說：「他是他的話，他遍是實法。」

那麼無有法，應當是實法，因為他是他的緣故。已經承許周遍了。

如果說因不成立的話，無有法，應當是無，因為不是有的緣故。

如果承許根本論式的宗，那麼無有法，應當存在，因為是實法的緣故。已經承許因了。

不能如此承許，因為是量所不成立的緣故。

2

有人說：「存在，而且他是他的話，他遍是實法。」

那麼常法有法，應當是實法，因為存在，而且他是他的緣故。第一個因容易理解。

如果說第二個因不成立的話，常法有法，應當是常法，因為存在，而且不是實事的緣故。

如果承許根本論式的宗，那麼常法有法，應當「他是成實；他是他；非他不是他；他的反體是與實法不相違」，因為他是實法的緣故。已經承許因了。

如果承許的話，那麼常法有法，非他應當不是他，因為他是實法的緣故。已經承許因了。

如果承許的話，那麼非常法應當不是常法，因為如此承許的緣故。

如果承許的話，那麼非常法有法，應當是實事，因為存在，而且不是常法的緣故。第二個因容易理解。

第一個因成立，因為聲音即是彼的緣故。

如果承許前面的宗，常法有法，非他應當不是實事，因為非他是常法的緣故。

如果說因不成立的話，常法有法，非他應當是常法，因為非他存在的緣故。

❀ 3.1

有人說：「是反法的話，遍是前三種反法其中一者。」

那麼與實法相違有法，應當是前三種反法其中一者，因為是反法的緣故。已經承許周遍了。

如果說因不成立的話，與實法相違有法，應當是反法，因為是實法的相似品的緣故。

如果說因不成立的話，與實法相違有法，應當是實法的相似品，

因為他是成實；他是他；非他不是他；他的反體是與實法的相似品不相違的緣故。第一個因容易理解。

如果說第二個因不成立的話，與實法相違有法，應當是與實法相違，因為他是與實法為異；既是他，又是實法的共同事不存在的緣故。第一個因容易理解。

如果說第二個因不成立的話，既是實法，又是與實法相違的共同事應當不存在，因為是實法的話，遍是與實法不相違的緣故。

應當如此，因為是實法的話，他遍是「既是他，又是實法的共同事」的緣故。

如果說前面第三個因不成立的話，非與實法相違有法，應當不是與實法相違，因為是與實法不相違的緣故。

如果說因不成立的話，非與實法相違有法，應當是與實法不相違，因為既是他，又是實法的共同事存在的緣故。

如果說因不成立的話，非與實法相違有法，既是他，又是實法的共同事應當存在，因為實事即是彼的緣故。

如果承許根本論式的宗，與實法相違有法，應當不是前三種反法其中一者，因為既不是「是自反法」，而且也不是「非自反法」，也不是「反法第三聚」的緣故。

如果說第一個因不成立的話，那麼與實法相違有法，應當「他是成實；他是他；非他是他；他的反體是與『是自反法』不相違」，因為他是「是自反法」的緣故。已經承許因了。

如果承許的話，那麼與實法相違有法，非他應當是他，因為他是

「是自反法」的緣故。已經承許因了。

如果承許的話，非與實法相違有法，應當不是與實法相違，因為既是他，又是實法的共同事存在的緣故。

如果說因不成立的話，非與實法相違有法，既是他，又是實法的共同事應當存在，因為所知即是彼的緣故。

如果說第二個因不成立的話，那麼與實法相違有法，應當「他是成實；他不是他；非他不是他；他的反體是與『非自反法』不相違」，因為他是「非自反法」的緣故。已經承許因了。

如果承許的話，那麼與實法相違有法，他應當不是他，因為他是「非自反法」的緣故。已經承許因了。

如果承許的話，與實法相違有法，不是與實法相違這點應當不合理，因為是與實法相違的緣故。

如果說因不成立的話，與實法相違有法，應當是與實法相違，因為他是與實法為異；既是他，又是實法的共同事不存在的緣故。因在前面已經成立過了。

如果說第三個因不成立的話，那麼與實法相違有法，應當「他是成實；他不是他；非他是他；他的反體是與反法第三聚不相違」，因為他是反法第三聚的緣故。已經承許因了。

如果承許的話，那麼與實法相違有法，非他應當是他，因為他是反法第三聚的緣故。已經承許因了。

如果承許的話，非與實法相違有法，應當不是與實法相違，因為既是他，又是實法的共同事存在的緣故。因在前面已經成立過了。

❀ 3.2

另外，非自反法有法，應當是前三種反法其中一者，因為是反法的緣故。已經承許周遍了。

如果說因不成立的話，非自反法有法，應當是反法，因為是實法反法其中一者，而且不是實法的緣故。

如果說第一個因不成立的話，非自反法有法，應當是實法反法其中一者，因為是成實的緣故。

如果說第二個因不成立的話，那麼非自反法有法，他應當是他，因為他是實法的緣故。已經承許因了。

如果承許的話，那麼非自反法有法，應當不是實法，因為是「非自反法」的緣故。已經承許因了。對此無論回答承許或因不成都是直接相違。

如果承許根本論式的宗，非自反法有法，應當不是前三種反法其中一者，因為既不是「是自反法」，而且也不是「非自反法」，也不是反法第三聚的緣故。

如果說第一個因不成立的話，那麼非自反法有法，他應當是他，因為他是「是自反法」的緣故。已經承許因了。

如果承許的話，那麼非自反法有法，應當不是「非自反法」，因為是「是自反法」的緣故。已經承許因了。對此無論回答承許或因不成都是直接相違。

如果說第二個因不成立的話，那麼非自反法有法，他應當不是他，因為他是「非自反法」的緣故。已經承許因了。

如果承許的話，那麼非自反法有法，不是「非自反法」這點應當不合理，因為是「非自反法」的緣故。已經承許因了。對此無論回答承許或因不成都是直接相違。

如果說第三個因不成立的話，那麼非自反法有法，非他應當是他，因為他是反法第三聚的緣故。已經承許因了。

如果承許的話，那麼非「非自反法」有法，應當「他是成實；他不是他；非他不是他；他的反體是與非自反法不相違」，因為他是「非自反法」的緣故。已經承許因了。

那麼非非「非自反法」有法，應當是「非自反法」，因為不是非「非自反法」的緣故。已經承許因了。

4

有人說：「非自反法不是實法反法其中一者。」

非自反法有法，應當是實法反法其中一者，因為是反法的緣故。

如果說因不成立的話，非自反法有法，應當是反法，因為是「非自反法」的相似品的緣故。

如果說因不成立的話，非自反法有法，應當是「非自反法」的相似品，因為他是成實；他不是他；非他不是他；他的反體是與非自反法的相似品不相違的緣故。第一個因容易理解。

如果說第二個因不成立的話，非自反法有法，應當不是「非自反法」，因為是「非自反法」的相似品的緣故。

如果說第三個因不成立的話，非「非自反法」有法，應當不是

「非自反法」，因為是「是自反法」的緣故。

如果說因不成立的話，非「非自反法」有法，應當是「是自反法」，因為他是成實；他是他；非他是他；他的反體是與是自反法不相違的緣故。第一個因容易理解。

如果說第二個因不成立的話，非「非自反法」有法，應當是非「非自反法」，因為是「是自反法」的緣故。

如果說第三個因不成立的話，「非非『非自反法』」應當是「非『非自反法』」，因為「是『非自反法』」是「非『非自反法』」的緣故。

如果說因不成立的話，「是『非自反法』」應當是「非『非自反法』」，因為非自反法是「非『非自反法』」的緣故。因在前面已經成立過了。

❁ 5

有人說：「是自反法不是實法反法其中一者。」

是自反法有法，應當是實法反法其中一者，因為是「非自反法」的緣故。

如果說因不成立的話，是自反法有法，應當是「非自反法」，因為他是成實；他不是他；非他不是他；他的反體是與非自反法不相違的緣故。第一個因容易理解。

如果說第二個因不成立的話，是自反法有法，應當不是「是自反法」，因為是「非自反法」的緣故。

如果說第三個因不成立的話，非「是自反法」有法，應當不是「是自反法」，因為是「是自反法」的相似品的緣故。

如果說因不成立的話，非「是自反法」有法，應當是「是自反法」的相似品，因為他是成實；他是他；非他是他；他的反體是與是自反法的相似品不相違的緣故。第一個因容易理解。

如果說第二個因不成立的話，非「是自反法」有法，應當是非「是自反法」，因為是「是自反法」的相似品的緣故。

如果說第三個因不成立的話，「非非『是自反法』」應當是「非『是自反法』」，因為「是『是自反法』」是「非『是自反法』」的緣故。

如果說因不成立的話，「是『是自反法』」應當是「非『是自反法』」，因為是自反法是「非『是自反法』」的緣故。因在前面已經成立過了。

✿ 6

有人說：「是自反法與是自反法的相似品其中一者是『非自反法』；『不是「是自反法與是自反法的相似品其中一者」』是『是自反法』的相似品。」

那麼「不是『是自反法與是自反法的相似品其中一者』」有法，他應當是他，因為他是「是自反法」的相似品的緣故。已經承許因了。

如果承許的話，那麼「不是『是自反法與是自反法的相似品其中

一者』」有法，他不是「是自反法與是自反法的相似品其中一者」這
點應當不合理，因為他是「是自反法與是自反法的相似品其中一者」
的緣故。

如果說因不成立的話，「不是『是自反法與是自反法的相似品其
中一者』」有法[231]，他應當是「是自反法與是自反法的相似品其中
一者」[232]，因為他是「是自反法」的相似品的緣故。已經承許因
了。對此無論回答承許或因不成都是直接相違。

自宗當承許「是自反法與是自反法的相似品其中一者」是「非自
反法」；「不是『是自反法與是自反法的相似品其中一者』」是「是
自反法」的相似品的相似品。

✤ 7

有人說：「反法第三聚不是實法反法其中一者。」

反法第三聚有法，應當是實法反法其中一者，因為是「非自反
法」的緣故。

如果說因不成立的話，反法第三聚有法，應當是「非自反法」，
因為他是成實；他不是他；非他不是他；他的反體是與非自反法不相
違的緣故。前兩個因都容易理解。

---

231 **不是『是自反法與是自反法的相似品其中一者』」有法**　民族本作「不是『是自反法的相似品
其中一者』有法」，上下文義無法連貫，應誤。

232 **他應當是「是自反法與是自反法的相似品其中一者」**　民族本作「他應當不是『是自反法與…
其中一者』」，上下文義無法連貫，應誤。

如果說第三個因不成立的話，非反法第三聚有法，應當不是反法第三聚，因為是「是自反法」的緣故。

◎ 8

有人說：「『瓶子的總與他不是他其中一者』不是實法反法其中一者。」

瓶子的總與他不是他其中一者有法，應當是實法反法其中一者，因為是「非自反法」的緣故。

如果說因不成立的話，瓶子的總與他不是他其中一者有法，應當是「非自反法」，因為他是成實；他不是他；非他不是他；他的反體是與非自反法不相違的緣故。

◎ 9

有人說：「『瓶子的總與他不是他其中一者』不是瓶子的總與他不是他其中一者，這點應當不合理，因為『瓶子的總與他不是他其中一者』是瓶子的總與他不是他其中一者的緣故。

如果說因不成立的話，『瓶子的總與他不是他其中一者』應當是瓶子的總與他不是他其中一者，因為『瓶子的總與他不是他其中一者』是『他不是他』的緣故。

如果說因不成立的話，『瓶子的總與他不是他其中一者』應當是『他不是他』，因為『瓶子的總與他不是他其中一者』是『非自反法』的緣故。」回答不遍。

10

有人說：「瓶子的總與他不是他其中一者有法，他應當是瓶子的總與他不是他其中一者，因為是『他不是他』的緣故。」

可以回答承許，因為推算時，理應推算為「承許瓶子的總與他不是他其中一者是『瓶子的總與瓶子的總與他不是他其中一者不是瓶子的總與他不是他其中一者』其中一者」，而這是可以回答承許的緣故。

應當如此，因為瓶子的總與他不是他其中一者是「瓶子的總與『瓶子的總與他不是他其中一者不是瓶子的總與他不是他其中一者』」其中一者的緣故。

11

有人說：「是實法的話遍是常法。」

那麼大乘的見道有法，應當是常法，因為是實法的緣故。已經承許周遍了。

如果說因不成立的話，大乘的見道有法，應當是實法，因為是實有的緣故[233]。

如果說因不成立的話，大乘的見道有法，應當是實有，因為是成辦自己的三種種姓所化機利益的大乘聖道的緣故。

因為如《現觀莊嚴論》說：「利益眾生的菩薩們，由道種智成辦

---

233 **應當是實法，因為是實有的緣故** 原文如此，然而這並不是恰派實法反法的承許方式，而是下一單元自宗實法反法的承許方式，未知是否為誤植。

世間的利益」[234]的緣故。

❀ 12

有人說：「瓶子的總與他不是他其中一者應當是『他是他』，因為『瓶子的總與他不是他其中一者』不是『瓶子的總與他不是他其中一者』的緣故。」

回答承許之後，如果說：「瓶子的總與他不是他其中一者有法，應當不是『非自反法』，因為他是他的緣故。」則回答因不成立，因為推算時，理應推算為「『瓶子的總與他不是他其中一者』是『瓶子的總與他不是他其中一者』因不成立」的緣故。

❀ 13

對此有人說：「『他不是他』是『非自反法』，而『他是他』是實法。」

那麼他是他有法，非他應當不是他，因為他是實法的緣故。已經承許因了。

這麼說了之後，有人說：「承許『非「他是他」』是『非「他是他」』。」

---

234 如《現觀莊嚴論》說：「利益眾生的菩薩們，由道種智成辦世間的利益」 引文見法尊法師譯《現觀莊嚴論略釋》作：「諸樂饒益眾生者，道智令成世間利。」見《現觀莊嚴論略釋》頁16（法尊法師著，台北：大千出版社，2004）；《中華大藏經丹珠爾》對勘本冊49，頁3（北京：中國藏學出版社，以下簡稱《丹珠爾》對勘本）。

那麼非「他是他」有法，應當不是「非自反法」，因為他是他的緣故。已經承許因了。對此無論回答承許或因不成都是直接相違[235]。

🏵 **14.1**

有人說：「既是與『與瓶子相違』相違，又是與『與瓶子不相違』不相違的共同事是『是自反法』。」

那麼既是與「與瓶子相違」相違，又是與「與瓶子不相違」不相違的共同事有法[236]，他應當是他，因為他是「是自反法」的緣故。已經承許因了。

如果承許的話，那麼既是與「與瓶子相違」相違，又是與「與瓶子不相違」不相違的共同事有法，他應當是與「與瓶子相違」相違，因為他是「既是與『與瓶子相違』相違，又是與『與瓶子不相違』不相違」的共同事[237]的緣故。已經承許因了。

---

235 **對此無論回答承許或因不成都是直接相違**　此處他宗一開始提出「他不是他」是「非自反法」，最後又不得不承許「非『他是他』」不是「非自反法」。但是「他不是他」與「非『他是他』」兩者的內涵完全相同，因為「非『他是他』」其中的「非」字否定了「他是他」，既然否定了「他是他」，就等於是「他不是他」。所以一旦承許「非『他是他』」不是「非自反法」，那麼「他不是他」自然也不能是「非自反法」。於是就與他宗最初提出「他不是他」是「非自反法」的觀點直接相違。

236 **又是與「與瓶子不相違」不相違的共同事有法**　民族本作「又是與瓶子不相違的共同事有法」，上下文義無法連貫，應誤。

237 **又是與『與瓶子不相違』不相違的共同事**　各本皆作「又是他與與瓶子不相違不相違」，「他」字疑衍，故不譯出。

如果承許的話，既是與「與瓶子相違」相違，又是與「與瓶子不相違」不相違的共同事有法，他應當不是與「與瓶子相違」相違，因為既是他，又是與瓶子相違的共同事存在的緣故。

如果說因不成立的話，既是與「與瓶子相違」相違，又是與「與瓶子不相違」不相違的共同事有法，既是他，又是與瓶子相違的共同事應當存在，因為與「與瓶子為一」為一即是彼的緣故。

❀ 14.2

另外，既是與「與瓶子相違」相違，又是與「與瓶子不相違」不相違的共同事有法，非他應當是他，因為他是「是自反法」的緣故。已經承許因了。

如果承許的話，那麼非既是與「與瓶子相違」相違，又是與「與瓶子不相違」不相違的共同事有法，他應當是與「與瓶子相違」相違，因為他是「既是與『與瓶子相違』相違，又是與『與瓶子不相違』不相違的共同事」的緣故。已經承許因了。

如果承許的話，那麼非既是與「與瓶子相違」相違，又是與「與瓶子不相違」不相違的共同事有法，既是他，又是與瓶子相違的共同事應當不存在，因為他是與「與瓶子相違」相違的緣故。已經承許因了。

不能如此承許，因為瓶柱二者即是彼的緣故。

❀ 15

　　有人說：「既是與『與有相違』相違，又是與『與有不相違』不相違的共同事是『非自反法』。」

　　那麼既是與「與有相違」相違，又是與「與有不相違」不相違的共同事有法，他應當不是他，因為他是「非自反法」的緣故。已經承許因了。

　　如果承許的話，既是與「與有相違」相違，又是與「與有不相違」不相違的共同事有法，他不是「既是與『與有相違』相違[238]，又是與『與有不相違』不相違的共同事[239]」這點應當是不合理的，因為他是「既是與『與有相違』相違，又是與『與有不相違』不相違的共同事」的緣故。

　　如果說因不成立的話，既是與「與有相違」相違，又是與「與有不相違」不相違的共同事有法，他應當是「既是與『與有相違』相違，又是與『與有不相違』不相違的共同事[240]」，因為他是與「與有相違」相違，而且也是與「與有不相違」不相違的緣故。

　　如果說第一個因不成立的話，既是與「與有相違」相違，又是與

238　**他不是「既是與『與有相違』相違」**　民族本作「他不是既是與有相違」，上下文義無法連貫，應誤。

239　**又是與『與有不相違』不相違的共同事**　民族本作「又是與有不相違的共同事」，上下文義無法連貫，應誤。其餘各本皆作「又是他與與有不相違不相違」，「他」字疑衍，故不譯出。

240　**又是與『與有不相違』不相違的共同事**　各本皆作「又是他與與有不相違不相違」，「他」字疑衍，故不譯出。

「與有不相違」不相違的共同事有法，他應當是與「與有相違」相違，因為他是與「與有相違」為異；既是他，又是與有相違的共同事不存在的緣故。第一個因容易理解。

如果說第二個因不成立的話，既是與「與有相違」相違，又是與「與有不相違」不相違的共同事有法，既是他，又是與有相違的共同事應當不存在，因為是他的話，遍是與有不相違的緣故。

如果說前面第二個因不成立的話，既是與「與有相違」相違，又是與「與有不相違」不相違的共同事有法，他應當是與「與有不相違」不相違，因為既是他，又是與有不相違的共同事存在的緣故。

如果說因不成立的話，既是與「與有相違」相違，又是與「與有不相違」不相違的共同事有法，既是他，又是與有不相違的共同事應當存在，因為與有為一即是彼的緣故。

如果說因不成立的話，與有為一有法，他應當是「既是『既是與與有相違相違，又是與與有不相違不相違的共同事』，又是與有不相違的共同事」，因為他是「既是與『與有相違』相違，又是與『與有不相違』不相違的共同事」，而且是與有不相違的緣故。每個因都容易理解。

❁ 16.1

有人說：「既是總的總，又是別的別的共同事是實法。」

那麼既是總的總，又是別的別的共同事有法，他應當是他，因為他是實法的緣故。已經承許因了。

如果承許的話，那麼既是總的總，又是別的別的共同事有法，應當是總的總，因為是「既是總的總，又是別的別的共同事」的緣故。已經承許因了。

如果承許的話，那麼既是總的總，又是別的別的共同事有法，總應當是他的別，因為他是總的總的緣故。已經承許因了。

如果承許的話，那麼總有法，他應當是「既是總的總，又是別的別的共同事」，因為他是「既是總的總，又是別的別的共同事」的別的緣故。已經承許因了。

如果承許的話，那麼總有法，應當是總的總，因為是「既是總的總，又是別的別的共同事」的緣故。已經承許因了。

如果承許的話，總有法，他應當不是他的總，因為他是補特伽羅無我的緣故。

❀ 16.2

另外，既是總的總，又是別的別的共同事有法，非他應當不是他，因為他是實法的緣故。已經承許因了。

如果承許的話，非既是總的總又是別的別的共同事有法，他不是「既是總的總，又是別的別的共同事」這點應當不合理，因為他是「既是總的總，又是別的別的共同事」的緣故。

如果說因不成立的話，非既是總的總又是別的別的共同事有法，他應當是「既是總的總，又是別的別的共同事」，因為他是總的總，而且也是別的別的緣故。

如果說第一個因不成立的話，非既是總的總又是別的別的共同事，他應當是總的總，因為總是他的別的緣故。

如果說因不成立的話，總有法，他應當是「非既是總的總又是別的別的共同事」的別，因為他是「非這樣的共同事」；他是與非這樣的共同事為同一本性的係屬；有眾多不是他卻是「非既是總的總又是別的別的共同事」的共同事的緣故。前兩個因都容易理解。

如果說第三個因不成立的話，總有法，應當有眾多不是他卻是「非既是總的總又是別的別的共同事」的共同事，因為瓶柱二者也是其例，常法實事二者也是其例的緣故。

❁ 17

有人說：「既是常法的總的別，又是實事的總的別的共同事是『是自反法』。」

那麼既是常法的總的別，又是實事的總的別的共同事有法，他應當是他，因為他是「是自反法」的緣故。已經承許因了。

如果承許的話，那麼既是常法的總的別，又是實事的總的別的共同事有法，應當是實事的總的別，因為是「既是常法的總的別，又是實事的總的別的共同事」的緣故。已經承許因了。

如果承許的話，既是常法的總的別，又是實事的總的別的共同事有法，應當不是實事的總的別，因為不是實事的總的緣故。

如果說因不成立的話，既是常法的總的別，又是實事的總的別的共同事有法，應當不是實事的總，因為實事不是他的別的緣故。

　　如果說因不成立的話，實事有法，他應當不是「既是常法的總的別，又是實事的總的別的共同事」的別，因為他不是「既是常法的總的別，又是實事的總的別的共同事」的緣故。此因容易理解。

第十二章
自宗實法反法的單元

導讀

　　相對於〈恰派實法反法〉，本單元介紹的是經部宗所主張的實法反法，因此名為〈自宗實法反法〉。

　　與上一單元不同的是，經部宗認為實法與實有同義。所謂實有，是指不僅僅由分別心安立，而是從境自方成立、勝義能作用的實事，義為不是只由思惟建構起的概念，而是客觀地存在於外境，並且具有生出果的作用。因此像瓶柱二者等等，只要是無常，都是實法。相反的，反法與假有、常法同義，是只能透過分別心才能安立出的事物。

　　雖然實法、實有都與無常同義，但是實有的四個支分：正理所成立的實有、堅固不變的實有、能作用的實有、獨立能持的實有，其中第一個的範圍與所知相等，第二個則與常法同義，只有第三個等於實事，很顯然，不能說這四者都是實有。這是因為經論中也以「實有」這個詞彙描述其他事物，由於這四者的名稱都含有「實有」一詞，所以只是從用字遣詞的分類角度，將這四者劃分為實有的支分，並不是指這四者都是實有真正的支分。

　　同樣地，假有的支分中有遍計所執、心不相應行法、圓成實三者，這也不是假有真正的支分，因為心不相應行法是無常，而非常法。遍計所執有差別遍計所執與永斷性相遍計所執兩種，前者包含圓成實以外所

有的常法，後者則是不存在的事物。圓成實，是指經部宗所主張的空性。

四種實有當中，本單元花了相當的篇幅介紹獨立能持的實有。獨立能持的實有，意指要以量決定該事物時，不須觀待於以量決定不屬於該事物的體性的另外一法；也就是不須依賴於先知曉其他事物，就可以直接知曉該事物，這樣的事物便是獨立能持的實有。例如要知道溫度，不須藉助於先知曉其他事物，身識便能直接感受到冷熱。同樣地，凡是色處到觸處之間任何一者，以及任何的心識，都是獨立能持的實有。

相對的，非獨立能持的假有，意指要以量決定該事物時，必須觀待於以量決定不屬於該事物的體性的另外一法，這樣的事物便是非獨立能持的假有。例如要了解無常，必須了解無常所否定的「常」，而「常」是與「無常」完全相對的兩個概念，了解常，才能了解什麼是無常，所以無常便是非獨立能持的假有。同樣地，所有的心不相應行法皆是非獨立能持的假有。

基於上述這些概念，進一步還可以討論，既然一切心識都是獨立能持的實有，凡夫心中最短剎那的意現前識，與順世外道心中的比量是不是獨立能持的實有？若是，安立這些心識的量要安立為什麼？而遍智是否也是獨立能持的實有？若是，是否不必了解遍智的對境，以及緣起性空等法門，就能知曉遍智？如果獨立能持的實有的範圍限定在色等五處與心識之內，所知與有難道不是獨立能持的實有，而是非獨立能持的假有？若是，要先知道哪一種不屬於所知的體性的法，才能知道所知？有

什麼法不是所知的體性嗎？探討這些命題，會對「獨立能持的實有」產
生更細緻的認識。

解說自宗實法反法的單元

破除他宗

❀ 1

有人說：「瓶柱二者有法，他應當是他，因為他是實法的緣故。」回答不遍。

如果說因不成立的話，瓶柱二者有法，應當是實法，因為是實有的緣故。

如果說因不成立的話，瓶柱二者有法，應當是實有，因為是能作用的實有的緣故。

如果說不遍的話，這應當有周遍，因為實事、實法與實有等是同義的緣故。

❀ 2

有人說：「瓶柱二者有法，應當不是實法，因為是反法的緣故。

如果說因不成立的話，瓶柱二者有法，應當是反法，因為是『非自反法』的緣故。」回答不遍。

如果承許前面的宗，瓶柱二者有法，應當不是反法，因為不是假

有[241]的緣故。

如果說因不成立的話，瓶柱二者有法，應當不是假有，因為不是常法的緣故。

如果說不遍的話，這應當有周遍，因為反法、假有與常法三者是同義的緣故。

❀ 3.1

有人說：「是四種實有其中一者的話，遍是實有。」

那麼無為的虛空有法，應當是實有，因為是四種實有其中一者的緣故。已經承許周遍了。

如果說因不成立的話，無為的虛空有法，應當是四種實有其中一者，因為是正理所成立的實有[242]的緣故。

如果說因不成立的話，無為的虛空有法，應當是正理所成立的實有，因為是正理所成立的法的緣故。

如果說因不成立的話，無為的虛空有法，應當是正理所成立的法，因為是量所成立的法的緣故。

如果說因不成立的話，無為的虛空有法，應當是量所成立的法，因為是成實的緣故。

---

241 **假有** 藏文為「བཏགས་ཡོད」，指常法類的法，皆是唯由分別心假立而存在，並非如瓶子等無常，真實的存在於境上。

242 **正理所成立的實有** 藏文為「རིགས་པས་གྲུབ་པའི་རྫས་ཡོད」，藉正理所成立，並且由量成立其為有，因此稱為正理所成立。此處「實有」別指存在之義，因此正理所成立的實有與有同義。

如果承許根本論式的宗，無為的虛空有法，應當不是實有，因為是假有的緣故。

如果說因不成立的話，無為的虛空有法，應當是假有，因為是唯由分別心假立的法的緣故。

如果說因不成立的話，無為的虛空有法，應當是唯由分別心假立的法，因為是常法的緣故。

❀ 3.2

另外，常法有法，應當是實有，因為是四種實有其中一者的緣故。已經承許周遍了。

如果說因不成立的話，常法有法，應當是四種實有其中一者，因為是堅固不變的實有的緣故。

如果說因不成立的話，常法有法，應當是堅固不變的實有，因為是常法的緣故。

如果說不遍的話，這應當有周遍，因為堅固不變的實有與常法二者是同義的緣故。

如果承許根本論式的宗，常法有法，應當不是實有，因為不是實法的緣故。

如果說因不成立的話，常法有法，應當不是實法，因為不是實質與法二者的緣故。

如果說因不成立的話，常法有法，應當不是實質與法二者，因為不是實質的緣故。

如果說因不成立的話，常法有法，應當不是實質，因為不是實事的緣故。

✿ 4

有人說：「是實有的話，遍是獨立能持[243]的實有。」

那麼補特伽羅有法，應當是獨立能持的實有，因為是實有的緣故。已經承許周遍了。

如果說因不成立的話，補特伽羅有法，應當是實有，因為是能作用的實有的緣故。

如果說因不成立的話，補特伽羅有法，應當是能作用的實有，因為是實事的緣故。

如果說不遍的話，這應當有周遍，因為實事、實法、實有與能作用的實有四者是同義的緣故。

如果承許根本論式的宗，補特伽羅有法，應當不是獨立能持的實有，因為是非獨立能持的假有的緣故[244]。

如果說因不成立的話，補特伽羅有法，應當是非獨立能持的假有，因為是量在定解自己時需要觀待於量去定解其他不屬於自體性之法的法的緣故。

---

243 **獨立能持** 藏文為「རང་རྒྱུ་འཛིན་ཐུབ་པ」，指量在證達自己時，無須觀待該量證達非自己體性所屬的其他事物，即能證達自己，以這種方式存在的事物即是獨立能持。

244 **因為是非獨立能持的假有的緣故** 民族本作「因為是獨立能持的假有的緣故」，上下文義無法連貫，應誤。

如果說因不成立的話，補特伽羅有法，應當是量在定解自己時需要觀待於量去定解其他不屬於自體性之法的法，因為是心不相應行法的緣故。

❖ 5

有人說：「是實事的話，遍是非獨立能持的假有。」

那麼聲音有法，應當是非獨立能持的假有，因為是實事的緣故。已經承許周遍了。

如果承許的話，聲音有法，應當不是非獨立能持的假有[245]，因為是獨立能持的實有的緣故。

如果說因不成立的話，聲音有法，應當是獨立能持的實有，因為是量在定解自己時不須觀待於量去定解其他不屬於自體性之法的法的緣故。

如果說因不成立的話，聲音有法，應當是量在定解自己時不須觀待於量去定解其他不屬於自體性之法的法，因為是色處乃至觸處五者其中一者的緣故。

如果說不遍的話，這應當有周遍，因為是色處乃至觸處五者，連同心識這六者其中一者的話，遍是量在定解自己時不須觀待於量去定解其他不屬於自體性之法的緣故。

---

245 **應當不是非獨立能持的假有** 民族本作「應當不是有」，上下文義無法連貫，應誤。

◎ **6.1**

有人說：「是三種假有其中一者的話，遍是假有。」

那麼兔子角有法，應當是假有，因為是三種假有其中一者的緣故。已經承許周遍了。

如果說因不成立的話，兔子角有法，應當是三種假有其中一者，因為是遍計所執的緣故。

如果說因不成立的話，兔子角有法，應當是遍計所執，因為是永斷性相遍計所執[246]的緣故。

如果說因不成立的話，兔子角有法，應當是永斷性相遍計所執，因為是斷無遍計所執的緣故。

如果說因不成立的話，兔子角有法，應當是斷無遍計所執，因為是無的緣故。

如果承許根本論式的宗，兔子角有法，應當不是假有，因為不是唯由分別心假立的法的緣故。

如果說因不成立的話，兔子角有法，應當不是唯由分別心假立的法，因為不是法的緣故。

◎ **6.2**

另外，實事有法，應當是假有，因為是三種假有其中一者的緣

---

246 **永斷性相遍計所執**　藏文為「མཚན་ཉིད་ཡོངས་ཆད་ཀྱི་ཀུན་བཏགས།」，如兔子角、石女兒、龜毛等，由於在所知當中不可能存在，沒有任何體性與相狀可言，因此稱為「永斷性相」。這些事例只會被錯亂的心識所執取，因此名為「遍計所執」。

故。已經承許周遍了。

如果說因不成立的話，實事有法，應當是三種假有其中一者，因為是心不相應行法的緣故。

如果說不遍的話，這應當有周遍，因為列舉三種假有時，必須列出遍計所執、心不相應行法、圓成實這三者的緣故。

如果承許根本論式的宗，實事有法，應當不是假有，因為是實有的緣故。

如果說因不成立的話，實事有法，應當是實有，因為是實法的緣故。

如果說因不成立的話，實事有法，應當是實法，因為是實質，而且是法的緣故。每個因都容易理解。

❀ 7

有人說：「無為的虛空有法，應當是實有，因為是實事的緣故。

如果說因不成立的話，無為的虛空有法，應當是實事，因為是依他起的緣故。

如果說因不成立的話，無為的虛空有法，應當是依他起，因為是無為的虛空之上的依他起的緣故。」回答不遍。

如果說因不成立的話，無為的虛空有法，他應當是他之上的依他起，因為他是成實的緣故。

安立自宗

有實法的性相，因為非唯由分別心假立，而從境自方成立的勝義能作用的實事即是彼的緣故。

實法、實有與實事三者同義。

有其事相，因為色法即是彼的緣故。

色法有法，有他名為「實法」的原因，因為是「既是實質，又是法的共同事」，所以才這麼稱呼的緣故。

色法有法，有他名為「實有」的原因，因為以實質的狀態存在，所以才這麼稱呼的緣故。

實有從聲音的詮述類別的角度[247]分為四種，因為有正理所成立的實有、堅固不變的實有、能作用的實有、獨立能持的實有這四者的緣故。正理所成立的實有與有二者同義；堅固不變的實有與常法二者同義；能作用的實有與實事二者同義。

有獨立能持的實有的性相，因為量在定解自己時不須觀待於量去定解其他不屬於自體性之法的法即是彼的緣故。有其事相，因為五種外處與一切心識都是彼的緣故。

有假有的性相，因為不是從境自方成立的實相體性，而是唯由分別心假立而成的法即是彼的緣故。

---

247 **從聲音的詮述類別的角度**　指非某法真正的支分，而是因為字面上有相同的字，故收入某法的支分。

假有、反法與常法三者同義。

假有從聲音的詮述類別的角度分為三種，因為有遍計所執、心不相應行法、圓成實這三者的緣故。

斷除諍論

🌸 **1**

有人說：「聲音無常有法，應當是假有，因為是反法的緣故。

如果說因不成立的話，聲音無常有法，應當是反法，因為是『既是反體[248]，又是法的共同事』的緣故。」回答不遍。

如果說因不成立的話，聲音無常有法，應當是「既是反體，又是法的共同事」，因為是反體，而且是法的緣故。

如果說第一個因不成立的話，聲音無常有法，應當是反體，因為是遮破法的緣故。

如果說因不成立的話，聲音無常有法，應當是遮破法，因為是非遮的緣故。

如果說因不成立的話，聲音有法，他無常應當是非遮，因為他是

---

248 **反體** 藏文為「ལྡོག་པ་」，與遮破法同義，遮破法見前註94。反體在不與其他事物連結的情況下，即是指遮破法。當與其他事物做連結，如「自反體一」、「他的反體」等等，其中的反體一詞，不會理解為遮破法。以「自反體一」中的反體為例，義為相反、返回。整句理解為從與自相異這點返回、相反，換句話說即與自為一。

無常的緣故。

如果說第二個因不成立的話，聲音無常有法，應當是法，因為是成實的緣故。

如果承許前面的宗，聲音無常有法，應當不是假有，因為是實事的緣故。

◈ 2

有人說：「是『既是反體，又是法的共同事』的話，應當必須是反法，因為是『既是實質，又是法的共同事』的話，必須是實法的緣故。」

回答不遍，因為這二者不同的緣故。

◈ 3

有人說：「無為的虛空有法，應當是正理所成立的實有，因為是成實的緣故。已經承許周遍了。

如果承許的話，無為的虛空有法，應當不是正理所成立的實有，因為是正理所成立的假有的緣故。

如果說因不成立的話，無為的虛空有法，應當是正理所成立的假有，因為是量所成立的假有的緣故。」回答不遍。

如果說因不成立的話，無為的虛空有法，應當是量所成立的假有，因為是假有的緣故。

❀ 4

有人說：「常法有法，應當不是堅固不變的實有，因為是堅固不變的假有的緣故。

如果說因不成立的話，常法有法，應當是堅固不變的假有，因為是堅固不變，而且是假有的緣故。」回答不遍。

如果說第一個因不成立的話，常法有法，應當是堅固不變，因為是堅固不壞的緣故。

如果說因不成立的話，常法有法，應當是堅固不壞，因為是堅固恆常的緣故。

如果說第二個因不成立的話，常法有法，應當是假有，因為是常法的緣故。

第十三章

周遍斷語的敘述軌則的單元

導讀

　　〈周遍斷語的敍述軌則〉源自於《釋量論》提到：「然說聲所作，如此皆無常，義生彼壞覺。」其中內涵是指，在學習了解聲音是無常的最後階段，透過「凡是所作皆為無常，例如瓶子。聲音也是所作」這段成立語，在心中生起通曉聲音是剎那壞滅無常的覺知。從其中「凡是所作皆為無常」引申出周遍的內涵。

　　本單元說明要陳述一個周遍關係時，必須要遵循的規範。

　　一、提到「是有無其中一者的話，遍是有無其中一者的話，遍是有」這樣的句子，是表達：「是有無其中一者的話，遍是有無其中一者的話」，遍是「有」；而非理解成：「是有無其中一者的話」，遍是「有無其中一者的話，遍是有」。所有類似的句型都以此類推。

　　二、「是有無其中一者的話，並非就是有」，其意涵與「是有無其中一者的話，未必是有」完全相同，都是「是有無其中一者的話，不遍是有」之意。

　　三、「是有的話就是常法實事其中一者」，其意涵與「是有的話必須是常法實事其中一者」完全相同，都是「是有的話，遍是常法實事其中一者」之意。這個原則，通於所有的周遍。

解說周遍斷語的敘述軌則的單元

破除他宗

1

有人說：「是瓶柱二者的話，遍是瓶柱二者的話，遍是瓶柱二者。」

那麼兔子角有法，應當是瓶柱二者，因為是瓶柱二者的話，遍是瓶柱二者的緣故。已經承許周遍了。

如果說因不成立的話，兔子角有法，是瓶柱二者的話，應當遍是瓶柱二者，因為是瓶柱二者的話，遍是怎麼想都能成立的緣故。

如果說因不成立的話，兔子角有法，是瓶柱二者的話，應當遍是怎麼想都能成立，因為是補特伽羅無我的緣故。

如果承許根本論式的宗，兔子角有法，應當不是瓶柱二者，因為是補特伽羅無我的緣故。

2

有人說：「是有無其中一者的話，就是有無其中一者的話，遍是有。」

那麼兔子角有法，應當是有，因為是有無其中一者的話，就是有無其中一者的緣故。已經承許周遍了。

如果說因不成立的話，兔子角有法，是有無其中一者的話，應當就是有無其中一者，因為是有無其中一者的話，遍是有無其中一者的緣故。

如果說因不成立的話，有無其中一者有法，是他的話應當遍是他，因為他是補特伽羅無我的緣故。

不能承許根本論式的宗，因為是無的緣故。

◈ **3**

有人說：「是有無其中一者的話，應當並非就是有無其中一者，因為是有無其中一者的話，並非就是有，而且是有無其中一者的話，也並非就是無的緣故。」回答不遍。

那麼對你而言，是有無其中一者的話，應當不遍是有無其中一者，因為是有無其中一者的話，不遍是有，而且是有無其中一者的話，也不遍是無的緣故。符合周遍。

◈ **4**

有人說：「是有無其中一者的話，就是無。」

那麼是有無其中一者的話，應當必須是無，因為是有無其中一者的話，就是無的緣故。已經承許因了。

如果承許的話，那麼瓶子有法，應當是無，因為是有無其中一者

的緣故。已經承許周遍了。

5

有人說：「是兔子角的話，應當就是怎麼想都能成立，因為是兔子角的話，遍是怎麼想都能成立的緣故。已經承許周遍了。」

回答承許之後，如果說：「是兔子角的話有法，就應當不是怎麼想都能成立，因為是補特伽羅無我的緣故。」則回答承許。之後如果說：「落入直接相違」，則回答不會落入，因為承許「是兔子角的話，就是怎麼想都能成立」，所以可以承許「是兔子角的話，就不是怎麼想都能成立」的緣故。

應當如此，因為「怎麼想都能成立」的意涵的安立方式存在的緣故。

6

有人說：「在一切時段、狀態中是有無其中一者的話，遍是在一切時段、狀態中有。」

那麼瓶子有法，應當是在一切時段、狀態中有，因為在一切時段、狀態中是有無其中一者的緣故。已經承許周遍了。

如果說因不成立的話，瓶子有法，應當在一切時段、狀態中是有無其中一者，因為不容有任何他不是有無其中一者的時段、狀態的緣故。

如果說因不成立的話，應當不容有任何瓶子不是有無其中一者的

時段、狀態，因為不容有瓶子不是有無其中一者的時段的緣故。

如果說因不成立的話，應當不容有瓶子不是有無其中一者的時段，因為是時段的話，遍是有無瓶子其中一者的時段的緣故。

如果承許根本論式的宗，瓶子有法，應當不是在一切時段、狀態中有，因為不是在一切時段中有的緣故。

如果說因不成立的話，瓶子有法，應當不是在一切時段中有，因為不是在自己的因的時段中有；不是在自己的果的時段中有的緣故。

如果說因不成立的話，瓶子有法，他應當是在自己的因的時段與自己的果的時段中都不存在，因為他是實事的緣故。

❀ 7

有人說：「瓶子有法，應當是在一切時段、狀態中無，因為在一切時段、狀態中是有無其中一者，而且不是在一切時段、狀態中有的緣故。」回答不遍。

如果說第一個因不成立的話，瓶子有法，應當在一切時段、狀態中是有無其中一者，因為是有無其中一者的緣故。

如果承許根本論式的宗，瓶子有法，應當不是在一切時段、狀態中不存在，因為不是在一切時段中不存在的緣故。

如果說因不成立的話，瓶子有法，應當不是在一切時段中不存在，因為不是在自己的時段中不存在的緣故。

如果說因不成立的話，瓶子有法，應當不是在自己的時段中不存在，因為是成實的緣故。

安立自宗

　　「是有的話，遍是常法實事其中一者」、「是有的話，必須是常法實事其中一者」與「是有的話，就是常法實事其中一者」等沒有差別，因為這是周遍斷語的異名[249]的緣故。

斷除諍論

 1

　　有人說：「是有的話，應當就是常法實事其中一者，因為是有的話，遍是常法實事其中一者，而且這二者是周遍斷語的異名的緣故。已經承許因了。

249　**異名**　藏文為「མིང་གི་རྣམ་གྲངས」，指某一法的別名，但不一定與此法同義。如蓮花，在印度文學中又稱為「水生」，但是並非所有水生都是蓮花。

　　如果承許的話，是有的話有法，應當並非就是常法實事其中一者，因為並非就是常法，而且也並非就是實事的緣故。」對此回答所諍事有過失[250]。

---

250 **對此回答所諍事有過失**　漢文中此處可以直接回答不遍，因為「一切所知」即是不遍的例子。一切所知包含常法與實事，因此並非就是常法，而且也並非就是實事，但是一切所知就是常法實事其中一者。藏文原作「是有的話有法，應當不是常法實事其中一者，因為不是常法，而且也不是實事的緣故」，單純檢視其周遍時，不須將所諍事加入作推算，因此這個周遍確實成立；但是一旦與所諍事相連結，該論式的因則會轉變為「是有的話，並非就是常法，而且也並非就是實事」的意涵，此時確實也應該如是承許，因此也不能回答因不成；該論式的所顯法也會轉變為「並非就是常法實事其中一者」或「就不是常法實事其中一者」的意涵，由於是有的話一定是常法實事其中一者，因此也不能回答承許。上述的意涵轉變，以至於無法提出任何合理的回答，都是因為加入「是有的話」這個特殊所諍事所造成的，因此自宗回答所諍事有過失。漢譯時只能譯出自宗對這段話的理解，無法在同一句話同時表達上述兩種意涵，所以看不出為何無法提出合理的回答，僅譯出以存文獻耳。

第十四章
周遍八門的單元

導讀

〈周遍八門〉源自《釋量論》提到「三相」是正因的性相，從「三相」中的後二相「隨品遍」與「反品遍」，延伸出〈周遍八門〉的內容。

〈周遍八門〉討論的是應成當中八種不同的周遍關係，可以歸納為四大類，分別是：一、隨品遍；二、順品遍；三、反品遍；四、違品遍。隨品遍又有正反兩種：正隨品遍與反隨品遍，後面三個以此類推，共有八種，因此稱為「周遍八門」。

這八種分別代表應成當中不同的周遍情形。若以「聲音有法，應當是實事，因為是色法的緣故」這個應成為例，其正隨品遍是指「是色法的話，遍是實事。」

正順品遍：「是實事的話，遍是色法。」

正反品遍：「不是實事的話，遍不是色法。」

正違品遍：「是色法的話，遍不是實事。」

反隨品遍：「是色法的話，遍不是實事。」

反順品遍：「是實事的話，遍不是色法。」

反反品遍：「不是實事的話，遍不是不是色法。」

反違品遍：「是色法的話，遍不是不是實事。」

其他的應成都以此類推。而在本單元，則是集中討論前四種。從上述的介紹中可以發現，許多應成同時符合數個周遍條件。以「應當是實事，因為是無常的緣故」這個應成為例，是實事必定是無常，而是無常也必定是實事；不是實事必定不是無常。因此這個應成既符合正隨品遍，也符合正順品遍與正反品遍。

本單元的最後兩小節，介紹多重周遍的推算方式。以「應當是實事，因為是無常的緣故」這個應成為例，推算其正反品遍時，得出「不是實事的話，遍不是無常」的結論。接著若要再推算這個結論的正順品遍，則將此結論先還原為應成。由於一般的周遍推算方式為「是因的話，遍是所顯法」，亦即周遍關係中的首句是因的內容，次句則是所顯法。因此按照這個原則，將「不是實事的話，遍不是無常」這個周遍還原為應成，則成為「應當不是無常，因為不是實事的緣故。」在這個應成當中推算其正順品遍，就會得出「不是無常的話，遍不是實事」的結論。不是無常的話，確實一定不是實事，因此「應當是實事，因為是無常的緣故」這個應成，便是符合正反品遍決定的正順品遍。

所以一個應成是否符合「正反品遍決定的正順品遍」，或者其他重疊的周遍關係，經過如此多層次的解析之後，才能得出正確的答案。

進一步深入時，可以試著找出不符合周遍八門的任何一門，或是只符合其中的一門、二門，乃至同時符合八門的應成；以及進而思考周遍八門彼此間有無四句型的關係？「正隨品遍決定的正隨品遍」與「正隨品遍」二者是否同義等，有助於熟悉各種周遍關係的內涵。

解說周遍八門的單元

破除他宗

1

有人說：「其應成的正隨品遍決定的話，其應成的正違品遍遍不決定。」

那麼「所知有法，應當是瓶柱二者，因為是常法實事二者的緣故」這個應成有法，他的正違品遍應當不決定，因為他的正隨品遍決定的緣故。已經承許周遍了。

如果說因不成立的話，「所知有法，應當是瓶柱二者，因為是常法實事二者的緣故」這個應成有法，他的正隨品遍應當決定，因為誦他的隨品遍時，理應誦作「是常法實事二者的話，遍是瓶柱二者」，而且是常法實事二者的話，遍是瓶柱二者的緣故。

如果說第一個因不成立的話，「所知有法，應當是瓶柱二者，因為是常法實事二者的緣故」這個應成有法，誦他的隨品遍時，理應誦作「是常法實事二者的話，遍是瓶柱二者」[251]，因為他是以「瓶柱

---

251 誦他的隨品遍時，理應誦作「是常法實事二者的話，遍是瓶柱二者」　民族本作「誦他的隨品遍時，是常法與實事二者的話，應當遍是瓶柱二者」，上下文義無法連貫，應誤。

二者」作為所顯法[252]，「常法實事二者」作為因的具有因顯二者[253]的應成的緣故。

如果說不遍的話，這應當有周遍，因為誦任何應成的隨品遍時，理應誦作「是彼因的話，遍是彼所顯法」的緣故。

如果承許根本論式的宗，「所知有法，應當是瓶柱二者，因為是常法實事二者的緣故」這個應成有法，他的正違品遍應當決定，因為誦他的違品遍時，理應誦作「是常法實事二者的話，遍不是瓶柱二者」，而且是常法實事二者的話，遍不是瓶柱二者的緣故。

🏵 2

有人說：「其應成的正隨品遍決定的話，其應成的正反品遍遍決定。」

那麼「應當是常法，因為不是實事，而且存在[254]的緣故」這個應成有法，他的正反品遍應當決定，因為他的正隨品遍決定的緣故。已經承許周遍了。

---

252 **所顯法** 藏文為「གསལ་བ」，指所要釐清的焦點，意謂在某個被討論的事物之上，所討論的內容。如「瓶子有法，應當是無常，因為是能生的緣故」，這個應成是在瓶子之上討論、釐清是不是無常，因此「無常」即是這個應成的所顯法。

253 **因顯二者** 藏文為「ཕྱིར་གསལ་གཉིས་ཀ」，因及所顯法兩者的簡稱。

254 **不是實事而且存在** 藏文原作「存在，而且不是實事」，然而藏文語法中的「是」、「不是」置於名詞、形容詞之後，而中文語法則置之於前。如果照藏文直譯，則在推算過程中「不是」的否定範圍會產生變化，因此推算結果也會有異，以至於無法符合正反品遍的推算結果。故權且倒其語序而譯之。

如果說因不成立的話，「應當是常法，因為不是實事，而且存在的緣故」這個應成有法，他的正隨品遍應當決定，因為誦他的隨品遍時，理應誦作「不是實事，而且存在的話，遍是常法」，而且不是實事，而且存在的話，遍是常法的緣故。第一個因容易理解。

如果說第二個因不成立的話，不是實事，而且存在的話，應當遍是常法，因為存在的數量決定為常法實事二者，而不容有不是這二者其中一者的第三聚的緣故。

應當如此，因為是存在的話，遍是常法實事其中一者的緣故。

如果承許根本論式的宗，「應當是常法，因為不是實事，而且存在的緣故」這個應成有法，他的正反品遍應當不決定，因為誦他的反品遍時，理應誦作「不是常法的話，遍不是不是實事，而且存在」，然而不是常法的話，不遍不是不是實事，而且存在的緣故。

如果說第一個因不成立的話，「應當是常法，因為不是實事，而且存在的緣故」這個應成有法，誦他的反品遍時，應該誦作「不是常法的話，遍不是不是實事，而且存在」，因為他是以「常法」作為所顯法，「不是實事，而且存在」作為因的應成的緣故。

如果說不遍的話，這應當有周遍，因為誦任何應成的反品遍時，必須誦作「不是彼所顯法的話，遍不是彼因」的緣故。

如果說第二個因不成立的話，那麼兔子角有法，應當不是不是實事，而且存在，因為不是常法的緣故。已經承許周遍了。

如果承許的話，那麼兔子角有法，應當是實事，而且存在，因為不是不是實事，而且存在的緣故。已經承許因了。

如果承許的話，那麼兔子角有法，應當是實事與存在二者，因為是實事，而且存在的緣故。已經承許因了。

不能如此承許，因為是無的緣故。

3

有人說：「其應成的正順品遍決定的正順品遍決定的話，其應成的正順品遍遍決定。」

那麼「聲音有法，應當是實事，因為是色法的緣故」這個應成有法，他的正順品遍應當決定，因為他的正順品遍決定的正順品遍決定的緣故。已經承許周遍了。

如果說因不成立的話，「聲音有法，應當是實事，因為是色法的緣故」這個應成有法，他的正順品遍決定的正順品遍應當決定，因為誦他的順品遍時，理應誦作「是實事的話，遍是色法」；誦「應當是色法，因為是實事的緣故」這個應成的順品遍時，理應誦作「是色法的話，遍是實事」，而且是色法的話，遍是實事的緣故。

如果承許根本論式的宗，「聲音有法，應當是實事，因為是色法的緣故」這個應成有法，他的正順品遍應當不決定[255]，因為誦他的順品遍時，理應誦作「是實事的話，遍是色法」，然而是實事的話，不遍是色法的緣故。

如果說第一個因不成立的話，「聲音有法，應當是實事，因為是

---

255 **他的正順品遍應當不決定**　各莫本原作「他的正順品遍應當決定」，上下文義無法連貫。又拉寺本、果芒本，民族本，皆作「他的正順品遍應當不決定」，故依拉寺等本改之。

色法的緣故」這個應成有法，誦他的順品遍時，應該誦作「是實事的話，遍是色法」，因為他是以「實事」作為所顯法，「色法」作為因的具有因顯二者的應成的緣故。

如果說不遍的話，這應當有周遍，因為誦任何具有因顯二者的應成的順品遍時，必須誦作「是彼所顯法的話，遍是彼因」的緣故。

❀ 4

有人說：「其應成的正違品遍決定的正順品遍決定的話，其應成的正順品遍遍決定。」

那麼「應當是無，因為是有的緣故」這個應成有法，他的正順品遍應當決定，因為他的正違品遍決定的正順品遍決定的緣故。已經承許周遍了。

如果說因不成立的話，「應當是無，因為是有的緣故」這個應成有法，他的正違品遍決定的正順品遍應當決定，因為誦他的違品遍時，理應誦作「是有的話，遍不是無」；誦「應當不是無，因為是有的緣故」這個應成的順品遍時，理應誦作「不是無的話，遍是有」，而且不是無的話，遍是有的緣故。

如果承許根本論式的宗，「應當是無，因為是有的緣故」這個應成有法，他的正順品遍應當不決定，因為誦他的順品遍時，理應誦作「是無的話，遍是有」，然而是無的話，不遍是有的緣故。

第十五章
承許軌則的單元

導讀

　　本單元介紹各種狀況下的承許原則，因此名為〈承許軌則〉。

　　本單元分為三大部份：沒有所諍事時的承許方式、代名詞的用法，以及證有證無的承許原則。當沒有所諍事，甚至沒有討論焦點時，要如何承許常無常等？例如在沒有任何前提下，直接問道：「是常法還是無常？」關於這個答案，各家攝類學的觀點不盡相同。《賽倉攝類學》認為，這時應當承許為常；是非二者當中，則承許為非；總別二者當中承許為別等。

　　敘述應成時，有時會使用幾種代名詞，以使文句簡潔，本單元集中討論「自己」與「他」這兩種代名詞的使用原則與規範。

　　當所顯法或因中出現「自己」或「自」作為代名詞，在回答承許時，若是有無敘法，就會將所諍事取代代名詞的位置而進行回答；若是是非敘法，除了將所諍事取代代名詞的位置，有時還會在開頭多加一次所諍事。例如：「瓶子有法，應當是從自己的因所生，因為自己的因存在的緣故」這個應成，其所顯法為是非敘法，回答承許所顯法時，所諍事除了取代代名詞「自己」，還會在開頭多加一次，而成為「瓶子是從瓶子的因所生」；而這個應成的因是有無敘法，因此回答承許其因時，只須將所諍事取代代名詞「自己」即可，而成為「瓶子的因存在」。相

同地,「自」、「自身」的使用原則,都與「自己」的用法相等。關於是非敘法與有無敘法,詳見文中註280。

另一個代名詞「他」的用法,則不論是非敘法或有無敘法,都只須將所諍事取代「他」字即可。以「瓶子有法,他的因應當存在,因為他是實事的緣故」這個應成為例,回答承許其所顯法,則成為「瓶子的因存在」;回答承許其因,則成為「瓶子是實事」。

第二單元〈證有證無〉中,提到所知證之為有的量存在,但是這是指「所知」是「證之為有的量存在」?還是「所知證之為有的量」是「存在」?有一種觀點認為,既然以「所知」為所諍事,「證之為有的量存在」作為所顯法,理應是以「所知」為討論焦點,所以應當理解為「所知」是「證之為有的量存在」;自宗則認為,「所知證之為有的量」意指「證所知為有的量」,而這是一個完整的整體,所以必須理解為「所知證之為有的量」是「存在」。因此,當提出「所知證之為有的量存在與實事二者皆是」時,正確的理解是「所知證之為有的量」為「存在與實事二者皆是」,而非「所知」為「證之為有的量存在與實事二者皆是」。

解說承許軌則的單元

破除他宗

 1

有人說：「在常法實事二者之中承許是實事。」

那麼他應當是實事，因為是實事的緣故。已經承許因了。

如果承許的話，那麼他的因應當是他的因，因為他是實事的緣故。

如果承許的話，那麼他的因不存在的話，他應當必須不存在，因為他的因是他的因的緣故。

如果承許的話，那麼所知有法，他應當不存在，因為他的因不存在的緣故。已經承許周遍了。

如果說因不成立的話，所知有法，他的因應當不存在，因為他是常法的緣故。

不能承許前面的宗，因為是補特伽羅無我的緣故。

⚙ 2

有人說：「他是常法，而自己²⁵⁶是實事。」

那麼自己的因應當存在，因為自己是實事的緣故。

如果承許的話，那麼自己的因不存在的話，自己應當必須不存在，因為自己的因存在的緣故。

如果承許的話，那麼「有」有法，自己應當不存在，因為自己的因不存在的緣故。已經承許周遍了。

如果說因不成立的話，「有」有法，自己的因應當不存在，因為自己是常法的緣故。

⚙ 3

有人說：「回答承許『所知有法，自己的因應當存在，因為自己存在的緣故』這個應成的所顯法，則理應推算為『承許自己的因存在。』」

這應當不合理，因為對此回答承許，則理應推算為「承許所知的因存在」的緣故。

---

256 **自己** 藏文為「རང」，一種代名詞，當應成的所顯法或因當中出現「自己」或「自」作為代名詞，回答承許時，若是有無敘法，就會將所諍事取代代名詞的位置而進行回答；若是是非敘法，除了將所諍事取代代名詞的位置，有時還會在開頭多加一次所諍事。例如：「瓶子有法，應當是從自己的因所生，因為自己的因存在的緣故」這個應成，其所顯法為是非敘法，因此回答承許所顯法時，所諍事除了取代代名詞「自己」，還會在開頭多加一次，而成為「承許瓶子是從瓶子的因所生」；而這個應成的因是有無敘法，因此回答承許其因時，只須將所諍事取代代名詞「自己」即可，而成為「承許瓶子的因存在」。相同地，「自」、「自身」的使用原則都與「自己」的用法相同。然而「自己」一詞有時當作專有名詞，不當作代名詞，如「自性」、「自相」、「非自反法」等，這種狀況下，則不會將所諍事置入其中。

應當如此，因為回答承許「苗芽有法，自己的因應當存在，因為
是實事的緣故」這個應成的所顯法，則理應推算為「承許苗芽的因存
在」的緣故。

應當如此，因為回答承許「苗芽有法，應當是從自己的因所生，
因為是實事的緣故」這個應成的所顯法，則理應推算為「承許苗芽是
從苗芽的因所生」的緣故。

應當如此，因為是實事的話，遍是從自己的因所生的緣故。

◎ 4

有人說：「是實事的話，應當不遍是從自己的因所生，因為不宜
回答承許『瓶子有法，應當是從自己的因所生，因為是實事的緣故』
這個應成的所顯法的緣故。

應當如此，因為對此回答承許，則理應推算為『承許是從瓶子的
因所生』，然而不是從瓶子的因所生的緣故。

如果說第一個因不成立的話，對此回答承許，則應該如此推算，
因為回答承許『瓶子有法，應當是自己的反體，因為是成實的緣故』
這個應成的所顯法，則理應推算為『承許是瓶子的反體』的緣故。

應當如此，因為回答承許『瓶子有法，應當是與自己為一，因為
是成實的緣故』這個應成的所顯法，則理應推算為『承許是與瓶子為
一』的緣故。

應當如此，因為回答承許『瓶子有法，應當是自己，因為是成實
的緣故』這個應成的所顯法，則理應推算為『承許是瓶子』的緣故。

應當如此，因為回答承許『瓶子有法，應當是他，因為是成實的緣故』這個應成的所顯法，則理應推算為『承許是瓶子』，然而不宜回答承許的緣故。」回答不遍。

❁ 5

有人說：「回答承許『瓶子有法，應當是他的反體，因為是成實的緣故』這個應成的所顯法，則不應該推算為『承許是瓶子的反體』，因為對此回答承許，則理應推算為『承許瓶子是瓶子的反體』的緣故。

應當如此，因為回答承許『瓶子有法，應當是從他的因所生，因為是實事的緣故』這個應成的所顯法，則理應推算為『承許瓶子是從瓶子的因所生』的緣故。

應當如此，因為回答承許『瓶子有法，應當是從我所生[257]，因為是實事的緣故』這個應成的所顯法，則理應推算為『承許瓶子是從瓶子所生』的緣故。」回答不遍。

因是成立的，因為回答承許「瓶子有法，應當是自生[258]，因為是

---

257 **從我所生** 藏文為「བདག་ལས་སྐྱེས་པ」，此處的「我」是一種代名詞，其作用與「自」、「自己」的用法相同。與「我」單獨出現時的意涵不同。

258 **自生** 藏文為「བདག་སྐྱེས」，《賽倉攝類學》認為，回答承許「瓶子有法，應當是自生」這個應成的所顯法，理應誦作「承許瓶子是從瓶子所生」；但是《惹攝類學》則認為：回答承許「瓶子有法，應當是自生」這個應成的所顯法，理應誦作「承許瓶子是自生」。兩者說法略有不同。此處的「自」與上一段「從我所生」的「我」在藏文中是同一個字，因此自宗以「自生」的承許方式，類推證成「從我所生」的承許方式。由於「自生」一詞涉及內道各宗義詳盡

實事的緣故」這個應成的所顯法，則理應推算為「承許瓶子是從瓶子所生」的緣故。

應當如此，因為是實事的話，遍不是自生的緣故。

✽ 6

有人說：「回答承許『瓶子有法，應當是從我所生，因為是實事的緣故』這個應成的所顯法，則不應該推算為『承許瓶子是從瓶子所生』，因為對此回答承許，則理應推算為『承許瓶子是從我所生』的緣故。

應當如此，因為回答承許『瓶子有法，我應當存在，因為是成實的緣故』這個應成的所顯法，則理應切開所諍事，而推算為『承許我存在』的緣故。」回答不遍。

因是成立的，因為回答承許「瓶子有法，補特伽羅應當存在，因為是無我的緣故」這個應成的所顯法，則理應切開所諍事，而推算為「承許補特伽羅存在」，而且我、吾與補特伽羅三者是同義的緣故。

✽ 7

有人說：「回答承許『瓶子有法，自身[259]應當存在，因為是成實的緣故』這個應成的所顯法，則應該推算為『承許自身存在』，因

探討的「四生」的內涵，而四種生古來均譯作「自生、他生、共生、無因生」，因此保留舊有的表達方式。

259 **自身** 藏文為「བདག་ཉིད」，在此是指一種代名詞，與「自己」的理解方式一樣。

為回答承許『瓶子有法，我應當存在，因為是成實的緣故』這個應成的所顯法，則理應推算為『承許我存在』的緣故。」回答不遍。

不能如此承許，因為對此回答承許，則理應推算為「承許瓶子存在」的緣故。

應當如此，因為回答承許「瓶子有法，應當是自身的反體，因為是成實的緣故」這個應成的所顯法，則理應推算為「承許瓶子是瓶子的反體」的緣故。

應當如此，因為回答承許「瓶子有法，應當是從自身的因所生，因為是實事的緣故」這個應成的所顯法，則理應推算為「承許瓶子是從瓶子的因所生」的緣故。

❀ 8

有人說：「我的果有法，應當是從我所生，因為是實事的緣故。」回答不遍。

不能如此承許，因為對此回答承許，則理應推算為「承許我的果是從我的果所生[260]」，然而不宜回答承許的緣故。

❀ 9

有人說：「我有法，他的果應當是從他所生，因為他是實事的緣故。」

---

260 **承許我的果是從我的果所生** 民族本作「承許是從我的果所生」，上下文義無法連貫，應誤。

可以回答承許，因為推算時，理應推算為「承許這個『我』的果是從這個『我』所生」的緣故。

應當如此，因為回答承許「色法有法，他的果應當是從他所生，因為他是實事的緣故」這個應成的所顯法，則理應推算為「承許這個『色法』的果，是從這個『色法』所生」，而且同理即可推知的緣故。

🏵 10

有人說：「應當是實事，因為是瓶子與實事其中一者的緣故。

如果說因不成立的話，瓶子有法，應當是他與實事其中一者，因為是實事的緣故。」

回答不遍，因為是實事的話，不遍是他與實事其中一者的緣故。

不宜回答因不成立，因為對此回答因不成立，則必須推算為「瓶子是實事因不成立」，然而瓶子是實事的緣故。

🏵 11

有人說：「應當是實事，因為是與瓶子為一的緣故。

如果說因不成立的話，瓶子有法，應當是與他為一，因為是與瓶子為一，而且是與瓶子為一的話，必須是與他為一的緣故。」回答不遍。

對此不宜回答因不成立，因為對此既不宜回答第一個因不成立，也不宜回答第二個因不成立，也不宜回答總合因不成立的緣故。

　　如果說因不成立的話，不宜回答「瓶子有法，應當是與他為一，因為是與瓶子為一，而且是與瓶子為一的話，必須是與他為一的緣故」這個應成的第一個因不成立，因為對此回答第一個因不成立，則必須推算為[261]「瓶子是與瓶子為一因不成立」，然而瓶子是與瓶子為一的緣故；不宜回答這種應成的第二個因不成立，因為對此回答第二個因不成立，則必須推算為「是與瓶子為一的話，就是與瓶子為一因不成立」，然而是與瓶子為一的話，必須是與瓶子為一的緣故；對此不宜回答總合因不成立，因為對此回答總合因不成立，則必須推算為「瓶子是與瓶子為一，而且是與瓶子為一的話，必須是與瓶子為一因不成立」，然而瓶子是與瓶子為一，而且是與瓶子為一的話，必須是與瓶子為一的緣故。

❀ 12

　　有人說：「你回答其後面的因不成立的方式應當是不合理的，因為回答其後面的因不成立，則必須推算為『瓶子是與瓶子為一的話，必須是與瓶子為一因不成立』，而如此因不成立的回答也是合宜的緣故。」

　　那麼對你而言，回答承許「瓶子有法，是與瓶子為一的話，應當必須是與他為一，因為是成實的緣故」這個應成的所顯法，則應該推算為「承許瓶子是與瓶子為一的話，必須是與瓶子為一」，因為你回

261　**則必須推算為**　拉寺本、果芒本、民族本於「必須」後多一「理應」，然各莫本於義為勝，故不添入。

答其後面的因不成立的方式合理的緣故。

不能如此承許，因為對此回答承許，則理應推算為「承許是與瓶子為一的話，必須是與瓶子為一」的緣故。

應當如此，因為回答承許「瓶子有法，是與瓶子為一的話，應當有周遍是與他為一，因為是無我的緣故」這個應成的所顯法，則理應推算為「承許是與瓶子為一的話，有周遍是與瓶子為一」的緣故。

應當如此，因為回答承許「瓶子有法，是瓶子的話，應當有周遍是瓶子，因為是無我的緣故」這個應成的所顯法，則理應推算為「承許是瓶子的話，有周遍是瓶子」，而且同理即可推知的緣故。

❀ 13

有人說：「應當是實事，因為聲音在有法之上是實事的緣故。」回答不遍。

如果說因不成立的話，聲音有法，他在有法之上應當是實事，因為他是實事的緣故。

如果說不遍的話，聲音有法，他是實事的話，他在有法之上應當遍是實事，因為他是補特伽羅無我的緣故。

★ ❀ 14

有人說：「應當是實事，因為是非瓶柱二者與實事二者的緣故。

如果說因不成立的話，應當是非瓶柱二者與實事二者，因為是非

瓶柱二者所屬的實事的緣故[262]。

如果說因不成立的話，瓶柱二者有法，應當是非彼所屬的實事，因為是實事的緣故。」回答不遍。

這麼說了之後，有人說：「應當是非瓶柱二者與實事二者，因為是非瓶柱二者與實事二者的共同事的緣故[263]。

應當如此，因為非彼與實事二者的共同事存在的緣故。」回答不遍。

因是成立的，因為黃土即是彼的緣故[264]。

如果承許根本論式的宗，應當不是非瓶柱二者與實事二者，因為是非瓶柱二者與常法二者的緣故。

如果說因不成立的話，應當是非瓶柱二者與常法二者，因為是常法的緣故。

262　**應當是非瓶柱二者與實事二者，因為是非瓶柱二者所屬的實事的緣故**　這段論式中的因，在藏文中又可理解為「瓶柱二者是非彼所屬的實事」，他宗欲取此義而令自宗承許上述應成論式的因。承許這個因之後，再將「瓶柱二者是非彼所屬的實事」的概念轉換為「非瓶柱二者所屬的實事」，進而成立「是非瓶柱二者與實事二者」。然而自宗認為此句只能理解為「非瓶柱二者所屬的實事」，所以回答因不成立。

263　**應當是非瓶柱二者與實事二者，因為是非瓶柱二者與實事二者的共同事的緣故**　藏文中此句又可理解為「瓶柱二者應當是非彼與實事二者，因為瓶柱二者是非彼與實事二者的共同事的緣故」，他宗欲藉由同一句話有兩種理解方式而刻意製造混淆，令自宗承許「是非瓶柱二者與實事二者」，而使自宗相違。

264　**黃土即是彼的緣故**　此處舉出「黃土」作為「非彼與實事的共同事」，自宗認為在藏文語法結構下，這句話必須轉而理解成「土是非黃與實事二者的共同事」，而不是「黃土是非彼與實事二者的共同事」。由於土並不是一種顏色，自然也不會是黃色，所以確實是「非黃」與「實事」二者的共同事。

如果說不遍的話，這應當有周遍，因為是常法的話，遍是非瓶柱二者與常法二者的緣故。

如果說因不成立的話[265]，是常法的話，應當遍是非瓶柱二者與常法二者，因為是常法的話，遍是非實事與常法二者的緣故。

如果說因不成立的話，是常法的話，應當遍是非實事與常法二者，因為是常法的話，遍是非實事與常法二者的共同事的緣故。

如果說因不成立的話，那麼非實事與常法二者有法，應當是相違，因為是異而不容有共同事的緣故。已經承許每個因了。

如果承許的話，那麼非實事與常法二者有法，是無我的話，應當遍不是他，因為他是相互為異而不容有共同事的緣故。已經承許因了。

不能如此承許，因為是常法的話，遍是他二者的緣故。

❀ 15

有人說：「承許瓶柱二者為存在與實事二者皆是，應當不是別指瓶柱二者而言，因為如此承許是泛指總體而言的緣故[266]。」

---

265 因為是常法的話，遍是非瓶柱二者與常法二者的緣故。如果說因不成立的話　民族本無此句，上下文義無法連貫，應誤。

266 應當不是別指瓶柱二者而言，因為如此承許是泛指總體而言的緣故　「別指瓶柱二者而言」是指承許「瓶柱二者為存在與實事二者皆是」的時候，會將瓶柱二者作為事例，而說它既是存在又是實事。「泛指總體而言」則不將瓶柱二者作為事例，而是在沒有事例的狀態下直接承許總體的「瓶柱二者為存在與實事二者皆是」。而其理解方式為：是「瓶柱二者存在」與「實事」二者，義即「既是瓶柱二者存在，又是實事」。如此承許的話，便會成為在沒有事例的狀態下承許是實事，與自宗所說的常法與實事二者之中承許是常法相違。

　　這應當是不合理的，因為承許瓶柱二者為存在與實事二者皆是，並非泛指總體而言，而是別指瓶柱二者而言的緣故。

　　應當如此，因為承許瓶柱二者為存在與實事二者皆是，是承許為將瓶柱二者安立成存在與實事二者皆是的事物的緣故。

　　應當如此，因為承許兔子角為不存在與量所不緣二者皆是，是承許為將兔子角安立成不存在與量所不緣二者，而且同理即可推知的緣故。

◎ 16

　　有人說：「應當不是常法，因為證之為常法的量不存在的緣故。

　　如果說因不成立的話，證之為常法的量應當不存在，因為不是證之為常法的量為存在與常法二者皆是的緣故。」回答不遍。

　　如果說因不成立的話，應當不是證之為常法的量為存在與常法二者皆是，因為不是證之為常法的量為常法實事其中一者與常法二者皆是的緣故。

　　如果說因不成立的話，應當不是證之為常法的量為常法實事其中一者與常法二者皆是，因為不是證之為常法的量為實事與常法二者皆是，而且也不是證之為常法的量為常法與常法二者皆是的緣故。

　　如果說第一個因不成立的話，證之為常法的量有法，應當不是實事與常法二者皆是，因為是補特伽羅無我的緣故。

　　如果說第二個因不成立的話，證之為常法的量有法，應當不是常法與常法二者皆是，因為不是常法的緣故。

如果說因不成立的話，證之為常法的量有法，應當不是常法，因為是實事的緣故。

如果說因不成立的話，證之為常法的量有法，應當是實事，因為是量的緣故。

❀ 17

有人說：「應當證之為常法的量為存在與常法二者皆是[267]，因為所知證之為常法的量為存在與常法二者皆是[268]的緣故。

如果說因不成立的話，所知有法，應當證之為常法的量為存在與常法二者皆是，因為是常法的緣故。」

理該落入相違周遍，因為是常法的話，證之為常法的量遍為存在與實事二者皆是的緣故。

應當如此，因為所知證之為常法的量為存在與實事二者皆是的緣故。

---

267 **應當證之為常法的量為存在與常法二者皆是**　此句一般應譯作「證之為常法的量應當為存在與常法二者皆是」，自宗雖然會如此解讀這段話，然而他宗則是理解為「『證之為常法的量為存在』與『常法』二者皆是」，而成為在沒有事例的狀態下的承許方式。為同時兼容雙方不同的理解方式，故調整語序如上。

268 **因為所知證之為常法的量為存在與常法二者皆是**　這與第二單元等其他單元的譯法不同，第二單元等會譯為「因為證所知為常法的量為存在與常法二者」，但本單元因藏文語法的緣故，會出現兩種不同的理解，就如同譯文「因為所知證之為常法的量存在與常法二者皆是」可理解為「所知」是「證之為常法的量為存在與常法二者」，及「所知證之為常法的量」是「存在與常法二者」兩種理解方式。為了呈現出兩種理解方式，以便了知自宗與他宗的爭議點，因此調整本單元的譯法。

如果說因不成立的話，所知證之為常法的量有法，應當為存在與實事二者皆是，因為為常法實事其中一者與實事二者皆是的緣故。

如果說因不成立的話，所知證之為常法的量有法，應當為常法實事其中一者與實事二者皆是，因為是常法實事其中一者與實事二者的共同事的緣故。

如果說因不成立的話，所知證之為常法的量有法，應當是常法實事其中一者與實事二者的共同事，因為是實事的緣故。

🌸 18

有人說：「應當所知證之為常法的量為存在與常法二者皆是，因為承許所知證之為常法的量為存在與常法二者皆是，不是別指所知證之為常法的量而言的緣故。

應當如此，因為承許所知證之為常法的量為存在與常法二者皆是，是別指所知而言的緣故。

應當如此，因為承許所知證之為常法的量為存在與常法二者皆是，是承許為將所知安立成證之為常法的量為存在與常法二者的共同事的緣故。

應當如此，因為承許所知證之為常法的量為存在與證之為常法的量的遮遣處二者皆是，是承許為將所知安立成證之為常法的量為存在與證之為常法的量的遮遣處二者的緣故。」有人說不遍[269]。

269　**有人說不遍**　自宗在此會回答因不成。他宗認為上文「所知證之為常法的量為存在與常法二者皆是」沒有加上遮遣處一詞，所以承許「所知證之為常法的量」是「存在與常法二者」；此處

◎ **19**

　　有人說：「承許所知證之為常法的量為存在與常法二者皆是，與承許所知證之為常法的量為存在與證之為常法的量的遮遣處二者皆是，這二者的承許軌則應當不同，因為當提出『所知有法，應當證之為常法的量為存在與常法二者皆是』時，就必須依其所陳述而推算為『承許所知證之為常法的量為存在與常法二者皆是』，而當提出『所知有法，應當證之為常法的量為存在與證之為常法的量的遮遣處二者皆是』時，則必須推算為『承許所知證之為常法的量為存在與所知證之為常法的量的遮遣處二者皆是』的緣故。」回答此處不遍。

　　如果說第一個因不成立的話，對此回答承許，則應該如此推算，因為回答承許「所知有法，應當證之為常法的量為存在與實事二者皆是，因為是常法的緣故」這個應成的所顯法，則理應推算為「承許所知證之為常法的量為存在與實事二者皆是」的緣故。

　　應當如此，因為回答承許「所知有法，應當為常法與常法二者皆是，因為是常法的緣故」這個應成的所顯法，則理應推算為「承許所知為常法與常法二者皆是」，而且同理即可推知的緣故。

由於加上遮遣處，應當承許「所知」是「證之為常法的量為存在與證之為常法的量的遮遣處二者」，上下文有所不同，他宗才會在此回答不遍。自宗則認為「所知證之為常法的量為存在與證之為常法的量的遮遣處二者皆是」，應當理解為「所知證之為常法的量」是「存在與證之為常法的量的遮遣處二者」，與上文理解方式一樣，所以在此自宗會回答因不成。如果回答不遍的話，就會間接承許因成立，而如果承許因成立的話，就會產生承許軌則不統一的過失，因此這邊寫「有人說」，表示不是自宗的想法。

如果說第二個因不成立的話，回答承許「所知有法，應當證之為常法的量為存在與證之為常法的量的遮遣處二者皆是，因為是常法的緣故」這個應成的所顯法，則應該推算為「承許所知證之為常法的量為『存在』與『所知證之為常法的量的遮遣處』二者皆是」，因為回答承許「所知有法，應當為證之為實事的量的遮遣處與證之為實事的量的遮遣處二者皆是，因為是常法的緣故」這個應成的所顯法，則理應推算為「承許所知為『所知證之為實事的量的遮遣處』與『所知證之為實事的量的遮遣處』二者皆是」，而且這二者的推算方式沒有差別的緣故。

❀ 20

有人說：「應當不是所知證之為常法的量為存在與實事二者皆是，因為不是所知證之為常法的量為存在與證之為實事的量存在二者皆是的緣故。

如果說因不成立的話，所知有法，應當不是證之為常法的量為存在與證之為實事的量存在二者皆是，因為是補特伽羅無我的緣故。」回答不遍。

❀ 21

有人說：「是無我的話，應當遍不是證之為常法的量為存在與證之為實事的量存在二者皆是，因為是無我的話，遍不是證之為實事的量為存在與證之為常法的量存在二者皆是的緣故。」回答不遍。

因是成立的，因為是無我的話，遍不是實事與常法二者皆是的緣故。

✿ 22

有人說：「應當不是證之為常法的量為存在與實事二者皆是，因為不是證之為常法的量為存在與證之為常法的量不存在二者皆是的緣故。

如果說因不成立的話，證之為常法的量有法，應當不是他為存在與他不存在二者皆是，因為是無我的緣故。」

回答不遍，因為必須承許「雖然是無我的話，不遍不是他為存在與他不存在二者皆是，然而是無我的話，遍不是存在與不存在二者」的緣故。

✿ 23

有人說：「應當不是常法，因為不是『是彼所屬的常法』與『非彼所屬的常法』其中一者的緣故。

如果說因不成立的話，應當不是『是彼所屬的常法』與『非彼所屬的常法』其中一者，因為不是『是彼所屬的常法』，而且也不是『非彼所屬的常法』的緣故。」自宗回答後面的因不成立。

這麼說了之後，有人說：「應當不是『非彼所屬的常法』，因為是『是彼所屬的常法』的緣故。

如果說因不成立的話，應當是『是彼所屬的常法』，因為是『是

彼』與常法二者的緣故。

如果說因不成立的話，應當是『是彼』與常法二者，因為是常法的緣故。」回答不遍。

🏵 24

有人說：「是『非彼所屬的常法』的話，應當遍是常法，因為是『非彼所屬的常法』的緣故。」回答不遍。

如果承許的話，那麼實事有法，應當是常法，因為是「非彼所屬的常法」的緣故[270]。已經承許周遍了。

如果說因不成立的話，應當是「非實事所屬的常法」，因為是「非實事與常法二者」的緣故。

如果說因不成立的話，應當是「非實事與常法二者」，因為是常法的緣故。

🏵 25

有人說：「應當是『是彼所屬的常法』，因為是『是彼』的緣故。」

那麼應當不是「非彼」，因為是「是彼」的緣故。已經承許因了。

---

270 **實事有法，應當是常法，因為是「非彼所屬的常法」的緣故**　「非彼」當中的「彼」，作用類似於「他」，在理解時必須將所諍事加入其中，所以承許這個應成的因時，應當理解為「是非實事所屬的常法」。「是彼」的理解方式與此相同。

如果承許的話，那麼應當「非非彼與是彼二者皆是」，因為不是「非彼」，而且是「是彼」的緣故。已經承許每個因了。

如果承許的話，非彼有法，應當不是非彼與是彼二者皆是，因為是補特伽羅無我的緣故。

★ ❀ 26

有人說：「應當是『是彼』，因為是『是彼』與『非彼』其中一者，而且不是『非彼』的緣故。」自宗回答後面的因不成立。

這麼說了之後，有人說：「非彼應當是『是彼與是非彼二者』[271]，因為是『非彼』的緣故[272]。」回答不遍。

如果承許的話，「非彼」應當不是「是彼與是非彼二者」，因為「非彼」是「是彼與非非彼二者」的緣故。

如果說因不成立的話，非彼有法，他應當是「是彼與非非彼二者」，因為他是「是彼」的緣故。

---

271 **非彼應當是『是彼與是非彼二者』** 各本皆作「非彼應當是非彼與是非彼二者」，此與後文「非彼應當不是是彼與是非彼二者」的反難，上下文義無法連貫，故改之。

272 **非彼應當是『是彼與是非彼二者』，因為是『非彼』的緣故** 藏文中亦可理解為「應當是『是非彼』與『是非彼』二者，因為是非彼的緣故」，他宗便是取這種理解方式。他宗的想法是，自宗承許在沒有所諍事的狀態下承許「非彼」，那麼就應當在沒有所諍事的狀態下承許是「是非彼」與「是非彼」二者。但自宗認為這句話只能解作「『非彼』應當是『是彼』與『是非彼』二者」，而如果承許「『非彼』是『是彼』與『是非彼』二者」，亦即承許「『非彼』是『是彼』與『非彼』二者」，因為「是非彼」意思等同「非彼」，那麼「是彼」與「非彼」這兩個相違的法就會有共同事，因此自宗回答不遍。此處無法同時表達出藏文的兩種意思，因此只依著自宗的想法而譯出。

安立自宗

有承許的軌則，因為必須承許是有無二者之中的有、總與別二者之中的別、常無常二者之中的常法、是彼非彼二者之中的非彼的緣故。

承許非瓶柱二者與實事二者皆是，不是別指瓶柱二者而言，因為如此承許是泛指總體而言的緣故[273]。

承許瓶柱二者為存在與實事二者皆是，不是泛指總體而言，因為如此承許是別指瓶柱二者而言的緣故。

如果說因不成立的話，承許瓶柱二者為存在與實事二者皆是，應當不是泛指總體而言，而是別指瓶柱二者而言，因為承許將瓶柱二者安立為存在與實事二者的共同事，並非泛指總體而言，而是別指瓶柱二者而言的緣故。

應當如此，因為是成實的話，不遍不是存在與實事二者的共同事的緣故。

承許證之為常法的量為存在與實事二者皆是，不是泛指總體而言，而是別指證之為常法的量而言，因為承許將證之為常法的量安立為存在與實事二者的共同事，並非泛指總體而言，而是別指證之為常法的量而言的緣故。

---

273 **承許非瓶柱二者與實事二者皆是，不是別指瓶柱二者而言，因為如此承許是泛指總體而言的緣故** 這句話在藏文會有「『瓶柱二者』是『非彼』與『實事』二者」及「是『非瓶柱二者』與『實事』二者」兩種理解方式。但在漢譯時無法同時呈現兩種意涵，因此只依自宗的想法而譯出第二種理解方式。

應當如此，因為可以舉「證之為常法的量」為「是成實的話，不遍不是存在與實事二者的共同事」的過失[274]的緣故。

承許所知證之為常法的量為存在與實事二者皆是，是別指所知證之為常法的量而言，因為可以舉「所知證之為常法的量」為「是成實的話，不遍不是存在與實事二者」的過失的緣故。

承許所知為證之為常法的量的遮遣處與實事二者皆是，是別指所知而言，因為這樣的軌則就如前文已說的緣故。

承許非瓶柱二者與是彼二者皆是，是泛指總體而言，但是承許非彼為非彼與是彼二者皆是，並非泛指總體而言，如此承許，是別指「非彼」而言[275]。

應當如此，因為這個原因，所以不該承許非彼為非彼與是彼二者皆是的緣故。

斷除諍論

 1

有人說：「應當不是常法，因為是非常法與補特伽羅無我的緣

---

274 **過失**　藏文為「སྐྱོན」，在此指不周遍的事例，如瓶子是「是無常不遍是聲音」的過失，義即瓶子是「是無常而不是聲音」的事例。

275 **承許非彼為非彼與是彼二者皆是，並非泛指總體而言，如此承許，是別指「非彼」而言**　這句話在藏文會有「『非彼』是『非彼』與『是彼』二者」及「是『非非彼』與『是彼』二者」兩種理解方式。但在漢譯時無法同時呈現兩種意涵，因此只依自宗的想法而譯出第一種理解方式。

故。

如果說因不成立的話，應當是非常法與補特伽羅無我，因為是非常法與無的緣故。

如果說因不成立的話，應當是非常法與無，因為無與非常法的緣故[276]。」回答不遍。

🏵 2

有人說：「實事與有法，應當是彼無，因為不是彼有的緣故。」回答：論式結構有過失[277]。

---

[276] **無與非常法** 藏文為「ﾂﾃﾔﾟﾝﾀﾘﾝﾟﾟ ﾟﾟﾟﾟﾟ」，此處的「無」如同「無實事」的「無」的理解，為「不是」的意思。不是與非常法，義為不是「與非常法的共同事」，那麼就不是「非常法」，也就是「是常法」的意思，自宗取此義而回答不遍。在藏文中，此詞又可理解為「非常法與無」，他宗蓋欲令自宗承許因之後再把「無與非常法」轉換「非常法與無」，進一步成立是非常法與無，以令自宗前後相違。

[277] **「實事與有法，應當是彼無，因為不是彼有的緣故。」回答：論式結構有過失** 「彼無」、「彼有」，在藏文中原無「彼」字，然因漢文語法結構，承許「實事與有法，應當是彼無」之後會成為「是實事與無」，而承許「因為不是彼有」之後則會成為「不是實事與有」。若依藏文直譯，在漢文中無法表達這樣的理解方式，因此權加入「彼」字。一般而言，「不是實事與有」、「是實事與無」才是正常的敘述方式，在不加有法的狀況下自宗不承許是實事，也不承許是無，因此會承許「不是實事與有」，但是不會承許「是實事與無」。他宗刻意將其中的「實事與」分離出來作為所諍事，在此之上討論他是「無」與「不是有」。雖然不是彼有的話，確實遍是彼無，但是「實事與」這樣的所諍事，本身就是一個不完整的敘述，因此承許他是無之後，會產生完全不同的理解方式，變成既是實事又是無，而這是不可以承許的。他宗即是想要藉由「不是有」與「無」意義相同，而用這樣不完整的有法進行問難，令自宗承許「實事與」既然不是有，自然就應當是無，從而製造歧義，令自宗產生承許相違的過失。此處自宗既不應回答因不成立、不遍，也不應回答承許，因而回答論式結構有過失。

那麼對你而言，是有無其中一者的話有法，應當就是無，因為並非就是有的緣故。符合周遍[278]。

❀ 3

有人說：「應當是實事與無，因為是實事所屬的無的緣故。

如果說因不成立的話，應當是實事所屬的無，因為無『實事所屬的』的緣故[279]。」回答不遍。

---

278 **是有無其中一者的話有法，應當就是無，因為並非就是有的緣故。符合周遍**　一般而言，有無是完全相對的，若非就是有，則遍是無；若非就是無，則遍是有。但當以「是有無其中一者的話」為事例時，承許其「並非就是有」，會成為承許「是有無其中一者的話不遍是有」，而不是單純承許「是有無其中一者的話」這點本身是「沒有」的概念。同樣的，承許「是有無其中一者的話」就是有或者就是無，便會成為承許「凡是有無其中一者遍是有」或者「凡是有無其中一者遍是無」，而這兩者都是不可以承許的。因此這裡雖然可以承許「凡是有無其中一者並非就是有」卻不能承許「凡是有無其中一者就是無」，這與一般認知中的「不是有的話就是無」的承許方式有所相違。因此當問說「是有無其中一者的話有法，應當就是無，因為並非就是有的緣故」時，既不應回答不遍、因不成立，也不應回答承許。這就是一種典型的論式結構有過失以致無法回答的狀況。自宗舉這個例子讓他宗知道，在有無的問題上，有時確實會因為所諍事的陳述方式較為特殊，造成論式結構有過失而無法回答。

279 **應當是實事所屬的無，因為無『實事所屬的』的緣故**　「實事所屬的無」意指既是實事又是無。在沒有所諍事的狀態下，不會承許既是實事又是無。「無實事所屬的」的「無」，同「無實事」的「無」，為「不是」的意思。簡而言之，「無實事所屬的」意指「不是實事」。在藏文中「無實事所屬的」一詞，表面上看來也可解作「實事所屬的無」，因此他宗欲藉此不同的理解方式，將「實事所屬的無」與「無實事所屬的」視為同樣的意思，令自宗在沒有所諍事的狀態下先承許「無實事所屬的」，繼而在沒有所諍事的狀態下承許是「實事所屬的無」，造成自宗相違。自宗將「無實事所屬的」與「實事所屬的無」的意涵明確區隔，因而回答不遍。

第十六章
第六囀聲的單元

導讀

　　第十六單元〈第六囀聲〉，源於《釋量論》云：「二雖各詮一，由所詮他別，以異囀聲別，成立如異義。」等偈，義為某兩句話的言詞相近，但是所詮的內容卻不相同，是因為囀聲不同的緣故，導致內涵不同的結果。囀聲，藏文為「རྣམ་དབྱེ」，指藏文文法中分別、歸納部份虛詞的類別名稱，共有八個囀聲。本單元主要探討八囀聲中的第六格「係屬聲」，因此名為〈第六囀聲〉。

　　惹對學派的攝類學提出四類不同的第六囀聲，分別是「遍智第六囀聲」、「遮遣處第六囀聲」、「他斷第六囀聲」，以及「詰問第六囀聲」。在本單元則集中討論前兩種。

　　所謂「遍智第六囀聲」，若以「遍智有法，應當是證為實事的量，因為是量的緣故」這個應成為例，一般的解釋是指所顯法「證為實事的量」中的「的」字，這個關係詞是八囀聲中的第六格「係屬聲」，而這個「係屬聲」具有聯結能證所證而一起引出的作用，此時所諍事中的遍智，會在第六囀聲的作用下，與所顯法的證為實事的量聯結，因此必須疊加而進行推算。因為這個原因，稱為「遍智第六囀聲」。

　　對於上述的應成，經過疊加之後回答承許時，成為「遍智是證遍智為實事的量」。其中第一個「遍智」是原先的所諍事，第二個「遍智」

則是直接在第六囀聲的作用下出現。因為在這個應成中，遍智是所諍事，證為實事的量是所顯法，由於第六囀聲的作用所致，此時討論是不是「證得某個所證是實事的量」，是在遍智之上進行；而是不是「能證得是為實事的量」也是在遍智之上進行討論。所以遍智在此既是「所證」，也是「能證」，為了呈現這樣的效果，所以疊加一次所諍事，而出現兩個遍智。

然而當問到：「遍智有法，證為常法的量應當存在」時，則是將「遍智是常法」作為所證，而討論有無另外能證達此事的量，所以不須疊加。

以上述原則為基礎，還會演繹出各種多重疊加的問答情形，以及加上連接詞、介係詞等多種細緻的差異。對於各種敘述句，分別應當如何承許，本單元詳盡地一一分析解釋。

例如以遍智為所諍事，疊加許多「證為實事的量」、「證為有的量」作為所顯法時，凡是是非敘法，就會將所諍事疊加為二。當問到：「遍智有法，應當是證為實事的量．證為有的量，因為是量的緣故」，由於這時是討論遍智是否證得「證遍智為實事的量是有」這件事，所以表達時，另加一個遍智；若再加上一個「證為實事的量」，則是討論遍智是否證得「證遍智為實事的量．證為有的量是實事」這件事。無論疊加多少「證為……的量」，都是相同的原理。因此在這種疊加方式之下，只須疊加至兩個遍智，不會更多。

關於遮遣處第六囀聲，若以「瓶子的遮遣處有法，應當是瓶子的遮遣處，因為有他，而且沒有瓶子的緣故」這個應成為例，回答承許時會

推算成「瓶子的遮遣處有法之上瓶子的遮遣處，在瓶子的遮遣處有法之上是瓶子的遮遣處」。由於討論這個應成時，是在瓶子的遮遣處有法之上進行，因此以「瓶子的遮遣處有法之上」這句話當中的「的」或是「之」為第六轉聲。而這樣的文法表達方式，是在針對遮遣處的問答中出現，所以名為「遮遣處第六轉聲」。

　　以上述的應成為例，回答承許時，之所以要疊加「瓶子的遮遣處」，是因為在一般的狀況下，瓶子的遮遣處並非瓶子的遮遣處，亦即瓶子的遮遣處不會整體否定瓶子存在的狀況，以免導致瓶子不存在的過失。所以只有在瓶子的遮遣處的範圍之內，瓶子的遮遣處才會否定在這個範圍內的瓶子，而成為在這個範圍之內瓶子的遮遣處。簡言之，瓶子的遮遣處是否瓶子的遮遣處，是在某個沒有瓶子的地方之上討論的，這便是「瓶子的遮遣處有法之上瓶子的遮遣處」的意涵。基於這樣的觀點，回答承許上述的應成論式時，在所諍事以及所顯法前面都會疊加一次「瓶子的遮遣處之上」，以表明這樣的討論都是在「瓶子的遮遣處」這個所諍事之上進行的。這樣的疊加，即是遮遣處的作用所導致的現象。

　　同樣地，以上述原則為基礎之下，進一步還會演繹出在所諍事當中疊加多重遮遣處，甚至遍智的六轉聲、遮遣處第六轉聲綜合應用，以及在所諍事或所顯法當中加入「他」字之後義理上的變化等等。對於各種敘述句，分別應當如何承許，本單元詳盡地一一分析解釋。

解說第六轉聲的單元

破除他宗

1.1

有人說：「回答承許『遍智有法，應當是證為實事的量，因為是量的緣故』這個應成的所顯法，則理應推算為『承許是證遍智為實事的量』。」

那麼是無我的話，應當遍不是證為實事的量，因為不宜回答承許「遍智有法，應當是證為實事的量，因為是量的緣故」這個應成的所顯法的緣故。

應當如此，因為對此回答承許，則理應推算為「承許是證遍智為實事的量」，然而不是證遍智為實事的量的緣故。已經承許第一個因了。

如果說第二個因不成立的話，那麼應當不是常法，因為是證遍智為實事的量的緣故。已經承許因了。

如果承許根本論式的宗，那麼遍智有法，應當不是證為實事的量，因為是無我的緣故。已經承許周遍了。

不能如此承許，因為回答承許「遍智有法，應當是證為實事的

量，因為是量的緣故」這個應成的所顯法，則理應推算為「承許遍智是證遍智為實事的量」的緣故。

應當如此，因為回答承許「遍智有法，應當是證為有的量，因為是量的緣故」這個應成的所顯法，則理應推算為「承許遍智是證遍智為有的量」的緣故。

應當如此，因為回答承許「遍智有法，證為有的量應當存在，因為是成實的緣故」這個應成的所顯法，則理應推算為「承許證遍智為有的量存在」，而且是非敘法與有無敘法[280]二者的推算方式有很大的差別的緣故。

❀ 1.2

另外，應當不宜回答承許「遍智有法，應當是證為實事的量的因，因為是實事的緣故」這個應成的所顯法，因為對此回答承許，則理應推算為「承許是證遍智為實事的量的因」，然而不是證遍智為實事的量的因的緣故。

如果說第一個因不成立的話，對此回答承許，則應該如此推算，因為回答承許「遍智有法，應當是證為實事的量，因為是量的緣故」這個應成的所顯法，則理應推算為「承許是證遍智為實事的量」，而且這二者的推算方式沒有差別的緣故。已經承許第一個因了。

---

280 **是非敘法與有無敘法** 指應成論式中所顯法是討論「是非」或者「有無」。如「瓶子有法，應當是無常」、「水有法，應當不是火」，這樣的應成是在討論是或非，因此都是「是非敘法」的應成；「海中有法，應當有眾生」、「此地有法，應當沒有瓶子」，這樣的應成則是討論有或無，因此都是「有無敘法」的應成。

如果承許前面的宗，那麼是實事的話，應當不遍是證為實事的量的因，因為不宜回答承許「遍智有法，應當是證為實事的量的因，因為是實事的緣故」這個應成的所顯法的緣故。已經承許因了。

應當如此，因為對此回答承許，則理應推算為「承許是證遍智為實事的量的因」，然而不是證遍智為實事的量的因的緣故。已經承許第一個因了。

不能承許前面的宗，因為是實事的話，遍是證為實事的量的因的緣故。

應當如此，因為是實事的話，遍是證為有的量的因的緣故。

❀ 1.3

另外，應當可以回答承許「遍智有法，應當是證為實事的量的因，因為是實事的緣故」這個應成的所顯法，因為對此回答承許，則理應推算為「承許遍智是證遍智為實事的量的因」，而且遍智是證遍智為實事的量的因的緣故。

如果說第一個因不成立的話，對此回答承許，則應該如此推算，因為回答承許「遍智有法，應當是證為有的量的因，因為是實事的緣故」這個應成的所顯法，則理應推算為「承許遍智是證遍智為有的量的因」的緣故。

應當如此，因為回答承許「遍智有法，證為有的量應當是他的果，因為他是證為有的量的因的緣故」這個應成的所顯法，則理應推算為「承許證遍智為有的量是遍智的果」的緣故。

應當如此，因為回答承許「遍智有法，證為常法的量應當是他的所遮，因為他是證為常法的量的遮遣處的緣故」這個應成的所顯法，則理應推算為「承許證遍智為常法的量是遍智的所遮」的緣故。

應當如此，因為回答承許「遍智有法，證為常法的量應當不存在，因為是實事的緣故」這個應成的所顯法，則理應推算為「承許證遍智為常法的量不存在」，而且同理即可推知的緣故。

◈ 2

有人說：「證為常法的量有法，應當是證為常法的量的遮遣處，因為是實事的緣故。」

可以回答承許，因為推算時，理應推算為「承許此證為常法的量是證為常法的量.證為常法的量的遮遣處」，而且此證為常法的量是證為常法的量.證為常法的量的遮遣處的緣故。第一個因容易理解。

如果說第二個因不成立的話，此證為常法的量應當是證為常法的量.證為常法的量的遮遣處，因為證為常法的量.證為常法的量是證為常法的量的所遮的緣故。

如果說因不成立的話，證為常法的量.證為常法的量應當是證為常法的量的所遮，因為證為常法的量.證為常法的量在一切狀態中都是決定無的緣故。

如果說因不成立的話，證為常法的量有法，證他為常法的量應當在一切狀態中都是決定無，因為他是實事的緣故。

◈ 3

有人說：「證為常法的量有法，應當不是證為常法的量的遮遣處，因為是與證為常法的量為一的緣故[281]。

如果說因不成立的話，證為常法的量有法，他應當是與他為一，因為他是成實的緣故。」

對此可以回答承許，因為推算時，理應推算為「承許證為常法的量是與證為常法的量為一」，而且證為常法的量是與證為常法的量為一的緣故。

這麼說了之後，有人說：「證為常法的量應當不是與證為常法的量為一，因為證為常法的量.證為常法的量不存在的緣故。」回答不遍。

如果說因不成立的話，證為常法的量.證為常法的量應當不存在，因為證為常法的量.證為實事的量存在的緣故。

 ◈ 4

有人說：「證為常法的量應當不是與證為常法的量為一，因為是

---

281 **證為常法的量有法，應當不是證為常法的量的遮遣處，因為是與證為常法的量為一的緣故**　他宗在此認為複誦方式都與之前的單元一樣，所以將所顯法複誦成「證為常法的量」不是「證為常法的量的遮遣處」；並將因複誦成「證為常法的量」是與「證為常法的量」為一。由於本單元的特殊推算法，在複誦承許時，應該複誦成「證為常法的量」不是「證為常法的量.證為常法的量的遮遣處」，這樣即不可承許，因為「證為常法的量.證為常法的量」本身是不存在的事例，所以任何存在的事物都是「證為常法的量.證為常法的量」的遮遣處。相同的，在複誦這個應成的因時，應該複誦成「證為常法的量」是與「證為常法的量.證為常法的量」為一，而這是不正確的，因此不能承許這個應成的因成立。

成實的緣故。」必須回答由於沒有所諍事，所以周遍的結構不完整[282]。

那麼對你而言，遍智應當不是證為實事的量的遮遣處，因為是成實的緣故[283]。符合周遍。

如果承許的話，遍智應當是證為實事的量的遮遣處，因為證為實事的量是遍智的所遮的緣故。

如果說因不成立的話，證為實事的量有法，應當是遍智的所遮，因為是量所除遣[284]的緣故。

如果說因不成立的話，證為實事的量有法，應當是量所除遣，因為是非成實的緣故。

---

282 **必須回答由於沒有所諍事，所以周遍的結構不完整**　在藏文中，這個應成的所顯法還有第二種理解方式，可以理解為「應當不是與證為常法的量.證為常法的量為一」。在不加入所諍事時，這個應成的所顯法會以第一種方式理解，成為「證為常法的量不是與證為常法的量為一」的意思。但是一般而言，證為常法的量確實與證為常法的量為一，因此不能回答承許，然而因是成立的。但是若為了表示不承許這個應成的所顯法而回答不遍，實際上也找不到不遍的事例，因為一旦加入某個所諍事作為不遍的事例，就會以第二種方式理解，成為「該所諍事不是與『證為常法的量.證為常法的量』為一」的意思。而事實上，「證為常法的量.證為常法的量」不存在，因此任何事物都不會與他為一，所以無論舉出任何事例作為所諍事，這個應成的所顯法都可以承許。由於藏文語法結構所致，安立任何所諍事，這個應成都不能回答不遍；而不安立所諍事時，也不能回答承許，因此自宗回答「沒有所諍事，所以周遍的結構不完整。」

283 **遍智應當不是證為實事的量的遮遣處，因為是成實的緣故**　在藏文中，「不是證遍智為實事的量的遮遣處」這句話有兩種解法：一、不是證遍智為實事的量的遮遣處，二、遍智不是證為實事的量的遮遣處。如果論式中加入所諍事，論式的所顯法就會變成第一種理解方式；如果沒有加入所諍事，則是第二種理解方式，所以對自宗而言，這樣的論式也是由於沒有所諍事，所以周遍的結構不完整。然而在漢譯的表達上無法二者兼通，無法表現出自他二宗的分歧點。

284 **量所除遣**　藏文為「ཚད་མས་བསལ་བ」，指不被任何量所證達，或被量證為無。凡是不存在的事例皆屬之，如兔子角。

❀ 5

有人說：「回答承許『遍智有法，應當是證為實事的量.證為有的量，因為是量的緣故』這個應成的所顯法，則應該推算為『承許此遍智是遍智證遍智為實事的量.證為有的量』，因為回答承許『遍智有法，應當是證為實事的量與證為有的量二者，因為是量的緣故』這個應成的所顯法，則理應推算為『承許遍智是證遍智為實事的量與證遍智為有的量二者』的緣故。」回答不遍。

因是成立的，因為回答承許「遍智有法，應當是證為實事的量與證為有的量與證為實事的量三者，因為是量的緣故」這個應成的所顯法，則理應推算為「承許遍智是證遍智為實事的量與證遍智為有的量與證遍智為實事的量三者」的緣故。

應當如此，因為回答承許「遍智有法，應當不是證為實事的量與證為有的量與證為常法的量與證為無的量四者，因為是無我的緣故」這個應成的所顯法，則理應推算為「承許遍智不是證遍智為實事的量與證遍智為有的量與證遍智為常法的量與證遍智為無的量四者」的緣故。

如果承許根本論式的宗，回答承許「遍智有法，應當是證為實事的量.證為有的量，因為是量的緣故」這個應成的所顯法，則不應該推算為「承許此遍智是遍智證遍智為實事的量.證為有的量」[285]，因

---

285 **則不應該推算為「承許此遍智是遍智證遍智為實事的量.證為有的量」**　各莫本原作「則應該推算為承許彼遍智是遍智證遍智為實事的量.證為有的量」，上下文義無法連貫，而拉寺本、果芒本、民族本皆作「則不應該推算為承許此遍智是遍智證遍智為實事的量.證為有的量」。

為對此回答承許，則理應推算為「承許遍智是證遍智為實事的量.證為有的量」的緣故。

應當如此，因為回答承許「遍智有法，應當是證為實事的量.證為有的量.證為常法的量，因為是量的緣故」這個應成的所顯法，則理應推算為「承許遍智是證遍智為實事的量.證為有的量.證為常法的量」的緣故。

應當如此，因為回答承許「遍智有法，應當是證為實事的量.證為有的量.證為常法的量.證為無的量，因為是量的緣故」這個應成的所顯法，則理應推算為「承許遍智是證遍智為實事的量.證為有的量.證為常法的量.證為無的量」的緣故。

應當如此，因為以「遍智」作為所諍事，證為實事的量.證為有的量.證為常法的量.證為無的量從一乃至百千，無論累積多少，凡是是非敘法，在開頭之處都不須推演超過兩個遍智的緣故。

按，當以遍智作為所諍事，問難是否為「證為實事的量.證為有的量」的時候，因為是問遍智是否是這樣的量，所以在此處必須要有一個遍智作為將「證為實事的量」證為有的能證。而此遍智能將「證為實事的量」證為有，亦須觀待此處被證為有的「證為實事的量」是否將某一個屬於實事的事物證為實事，而此「證為實事的量」是將什麼證為實事？在所顯法中並未詳述，故亦須有一遍智為此處「證為實事的量」的所證。故此處在回答承許的時候，自然就會成為「承許此遍智是證遍智為實事的量.證為有的量」，兩個遍智就足夠，不須增加到三個遍智，因此對於他宗的推算方式，自宗提出不該如此推算。今依拉寺等本改之。

◎ 6

有人說：「回答承許『遍智有法，應當是證為實事的量．證為有的量，因為是量的緣故』這個應成的所顯法，則應該在開頭之處推演為三個遍智而作推算，因為回答承許『遍智有法，應當是證為實事的量．證為是彼的量，因為是量的緣故』這個應成的所顯法，則理應在開頭之處推演為三個遍智而作推算的緣故。」回答不遍。

因是成立的，因為回答承許「遍智有法，應當是證為實事的量．證為是彼的量，因為是量的緣故」這個應成的所顯法，則理應推算為「承許此遍智是遍智證遍智為實事的量．證為是彼的量」的緣故。

應當如此，因為回答承許「遍智有法，應當是證為是彼的量．證為是彼的量，因為是量的緣故」這個應成的所顯法，則理應推算為「承許此遍智是遍智證為是遍智的量．證為是彼的量」的緣故。

如果說因不成立的話，對此回答承許，則應該如此推算，因為回答承許「遍智有法，應當是證為是彼的量．證為非彼的量．證為是彼的量．證為非彼的量，因為是量的緣故」這個應成的所顯法，則理應推算為「承許此遍智是遍智遍智遍智證為是遍智的量．證為非彼的量．證為是彼的量．證為非彼的量」的緣故。

應當如此，因為以「遍智」作為所諍事，而在證為是彼的量．證為非彼的量中間，不以「與」字間隔，並且為是非敘法，那麼累積四層時，在開頭之處必須推演為五個遍智；若是是非敘法，而累積五層時，在開頭之處必須推演為六個遍智等等，同理即可推知的緣故。

◎ 7

有人說：「可以回答承許『遍智有法，應當是證為是彼的量.證為是彼的量，因為是量的緣故』這個應成的所顯法。」

對此應當不宜回答承許，因為對此回答承許，則理應推算為「承許此遍智是遍智證為是遍智的量.證為彼的量」，然而此遍智不是遍智證為是遍智的量.證為是彼的量的緣故。第一個因容易理解。

如果說第二個因不成立的話，此遍智應當不是遍智證為是遍智的量.證為是彼，因為「遍智為是證為是遍智的量」不是遍智的所量的緣故。

如果說因不成立的話，「遍智為是證為是遍智的量」應當不是遍智的所量，因為遍智不是證為是遍智的量的緣故。

如果說因不成立的話，遍智應當不是證為是遍智的量，因為遍智是證為非遍智的量的緣故。

如果說因不成立的話，遍智應當是證為非遍智的量，因為為非遍智是遍智的所量的緣故。

◎ 8

有人說：「可以回答承許『遍智有法，應當是證為非彼的量.證為非彼的量，因為是量的緣故』這個應成的所顯法。」

對此應當不宜回答承許，因為回答承許這個應成的所顯法，則理應推算為「承許此遍智是遍智證非為遍智的量.證非為彼的量」，然而此遍智不是遍智證為非遍智的量.證為非彼的量的緣故。第一個因

容易理解。

如果說第二個因不成立的話，此遍智應當不是遍智證為非遍智的量.證為非彼彼的量，因為「遍智為非證為非遍智的量」不是遍智的所量的緣故。

如果說因不成立的話，「遍智為非證為非遍智的量」應當不是遍智的所量，因為遍智為是證為非遍智的量的緣故。

如果說因不成立的話，遍智為是證為非遍智的量，因為為非遍智是遍智的所量的緣故。

 9

有人說：「不宜回答承許『遍智有法，應當證為是彼的量的遮遣處，因為存在，而且是非彼的緣故』這個應成的所顯法。」

這應當可以回答承許，因為對此回答承許，則理應推算為「承許遍智是證為是遍智的量的遮遣處」，而且遍智是證為是遍智的量的遮遣處的緣故。第一個因容易理解。

如果說第二個因不成立的話，遍智應當是證為是遍智的量的遮遣處，因為證為是遍智的量是遍智的所遮的緣故。

這麼說了之後，有人說：「遍智應當不是證為是遍智的量的遮遣處，因為證遍智為是遍智的量存在的緣故[286]。」回答由於沒有所諍

---

286 **遍智應當不是證為是遍智的量的遮遣處，因為證遍智為是遍智的量存在的緣故**　在藏文中，這個所顯法有「遍智應當不是證是為遍智的量的遮遣處」及「不是證遍智是為遍智的量的遮遣處」這兩種理解方式。如果這個應成不加入所諍事，就會以第一種方式理解，這時因是成立的，但是不能回答承許，因為遍智確實是證為是遍智的量的遮遣處。若要回答不遍，則一定要

事，所以周遍的結構不完整。

❖ 10

有人說：「遍智有法，證為是遍智的量應當不存在[287]，因為是證為是遍智的量的遮遣處的緣故。」回答：論式結構有過失。

對此不宜回答承許，因為對此回答承許，則理應推算為「承許證遍智為是遍智的量不存在」，然而證遍智為是遍智的量存在的緣故。

如果說第一個因不成立的話，對此回答承許，則應該如此推算，因為回答承許「遍智有法，證為彼實事的量應當不存在，因為是量的緣故」這個應成的所顯法，則理應推算為「承許證遍智為彼實事的量不存在」，而且這二者的推算方式沒有差別的緣故。

有不遍的事例可以作為所諍事，但是無論加入任何所諍事，都會變成是以第二種方式理解，這時皆應承許，無法回答不遍，因為證遍智為是遍智的量是存在的，任何事例都不會是證遍智為是遍智的量的遮遣處。基於上述狀況，所以自宗回答「由於沒有所諍事，所以周遍的結構不完整。」漢譯時，無法在所顯法中同時表達出有無所諍事時的理解方式，在此僅依字面譯出不加所諍事時的涵義。

287 **證為是遍智的量應當不存在** 一般而言，若是「證為是遍智的量的遮遣處」，在此之上「證為是遍智的量」理應不存在；而遍智確實也是「證為是遍智的量的遮遣處」。他宗舉「是證為是遍智的量的遮遣處」作為因時，有確定的周遍，無法回答不遍。但是承許這個論式的所顯法，必須承許為「『證遍智為是遍智的量』不存在」，而承許因時，則必須承許為「『遍智』是『證為是遍智的量』的遮遣處」，兩者的理解方式明顯有差異。前者的承許方式是將遍智合進證為是遍智的量當中，成為一個整體，並以量作為主詞，不以遍智作為主詞；而後者則以遍智作為主詞。以遍智為有法，不能承許為「證為是遍智的量不存在」，因此在此特殊狀況下，自宗回答論式結構有過失。藏文中，「是遍智」（ རྣམ་མཁྱེན་ཡིན་པ ）與「為是遍智」（ རྣམ་མཁྱེན་ཡིན་པར ）兩者雖然相似，但是在文法上有微妙的差別，以致兩者的理解方式完全不同。如單講「是遍智」是存在的，「為是遍智」則不存在；遍智不是證是遍智的量的遮遣處，然而遍智是證為是遍智的量的遮遣處。漢文中難以分辨這兩者的差異，然姑將「 ཡིན་པར 」譯作「為是」，「 ཡིན་པ 」譯作「是」，以明差別耳。

如果說第一個因不成立的話，對此回答承許，則應該如此推算，因為回答承許「遍智有法，證為彼實事的量應當存在，因為是量的緣故」這個應成的所顯法，則理應推算為「承許證遍智為彼實事的量存在」的緣故。

應當如此，因為回答承許「遍智有法，證為實事的量應當存在，因為是量的緣故」這個應成的所顯法，則理應推算為「承許證遍智為實事的量存在」，而且同理即可推知的緣故。

❀ 11

有人說：「回答承許『遍智有法，應當是證為是遍智的量，因為是量的緣故』這個應成的所顯法，則理應推算為『承許遍智是證為是遍智的量』。」

這應當不合理，因為對此回答承許，則理應推算為「承許此遍智是證遍智為是遍智的量」的緣故。

應當如此，因為回答承許「遍智有法，應當是證為彼實事的量，因為是量的緣故」這個應成的所顯法，則理應推算為「承許遍智是證遍智為彼實事的量」，而且同理即可推知的緣故。

如果說第一個因不成立的話，對此回答承許，則應該如此推算，因為回答承許「遍智有法，應當是證為實事的量，因為是量的緣故」這個應成的所顯法，則理應推算為「承許遍智是證遍智為實事的量」，而且這二者的推算方式沒有差別的緣故。

◎ 12

有人說：「回答承許『遍智有法，應當是證為實事的量.證為實事的量，與證為有的量.證為有的量二者，因為是量的緣故』這個應成的所顯法，則應該推算為『承許此遍智是遍智證遍智為實事的量.證為實事的量，與遍智證遍智為有的量.證為有的量二者』，因為回答承許『遍智有法，應當是證為是彼的量.證為是彼的量，與證為非彼的量.證為非彼的量二者，因為是量的緣故』這個應成的所顯法，則理應推算為『承許此遍智是遍智證為是遍智的量.證為是彼的量，與遍智證為非遍智的量.證為非彼的量二者』的緣故。」回答不遍。

因是成立的，因為回答承許「遍智有法，應當是證為是彼的量.證為是彼的量，與證為非彼的量.證為非彼的量.證為非彼的量二者，因為是量的緣故」這個應成的所顯法，則理應推算為「承許此遍智是遍智證為是遍智的量.證為是彼的量，與遍智遍智證為非遍智的量.證為非彼的量.證為非彼的量二者[288]」的緣故。

不能承許根本論式的宗，因為對此回答承許，則理應推算為「承許遍智是證遍智為實事的量.證為實事的量，與證遍智為有的量.證為有的量二者」的緣故。

---

288 **承許此遍智是遍智證為遍智的量.證為彼的量，與遍智遍智證非為遍智的量.證非為彼的量.證非為彼的量二者** 各本皆作「承許此遍智是遍智證為遍智的量.證為彼的量，與此遍智遍智證非為遍智的量.證非為彼的量.證非為彼的量二者」。然此處安立「此」字，是為了標明能證，而此處之能證，乃為最初「此遍智」之遍智，其餘皆是所證，故下文「此遍智」之「此」字應衍，故改之。

應當如此，因為回答承許「遍智有法，應當是證為實事的量.證為實事的量.證為實事的量，與證為有的量.證為有的量.證為有的量二者，因為是量的緣故」這個應成的所顯法，則理應推算為「承許遍智是證遍智為實事的量.證為實事的量.證為實事的量，與證遍智為有的量.證為有的量.證為有的量二者」的緣故。

應當如此，因為以「遍智」作為所諍事，而在證為實事的量.證為有的量中間，不以「與」字間隔，並且為是非敘法，在開頭之處不須推演超過兩個遍智，就如前文已說的緣故。

 13

有人說：「回答承許『遍智有法，應當是證為實事的量與證為有的量二者，因為是量的緣故』這個應成的所顯法，則應該在開頭之處推演為三個遍智而作推算，因為回答承許『遍智有法，應當是證為「證為實事的量與有」的量[289]，因為是量的緣故』這個應成的所顯法，則理應在開頭之處推演為三個遍智而作推算的緣故。」回答不遍。

因是成立的，因為回答承許「遍智有法，應當是證為『證為實事的量與有』的量，因為是量的緣故」這個應成的所顯法，則理應推算為「承許此遍智是證遍智為證遍智為實事的量與有的量」的緣故。

---

289 **遍智有法，應當是證為「證為實事的量與有」的量** 依照藏文，一般而言此處亦可理解為「遍智有法，應當是證為實事的量與證為有的量」，故他宗將之與「遍智有法，應當是證為實事的量與證為有的量」二者視為同一類理解的方式。漢文中無法在一句話之內同時表達自宗與他宗的差異，此處僅依自宗的理解譯出。

應當如此，因為回答承許「遍智有法，應當是證為『與證為一的量為異』的量，因為是量的緣故」這個應成的所顯法，則理應推算為承許此遍智是證遍智為『與證遍智為與證遍智為一的量為異』的量」，並且也可以回答承許的緣故。

應當如此，因為回答承許「遍智有法，應當是證為『與證為一的量為一』的量的遮遣處，因為是一的緣故」這個應成的所顯法，則理應推算為「承許此遍智是證遍智為『與證遍智為一的量為一』的量的遮遣處」，而且同理即可推知的緣故。

★ ◎ 14.1

有人說：「應當可以回答承許『遍智有法，證為「與證為一的量為一」的量應當存在，因為是一的緣故[290]』這個應成的所顯法，因為可以回答承許『遍智有法，證為一的量與證為一的量二者應當存在，因為是一的緣故』這個應成的所顯法的緣故。」回答不遍。

不能如此承許，因為對此回答承許，則理應推算為「承許證遍智為『與證遍智為一的量為一』的量存在」，然而證遍智為「與證遍智為一的量為一」的量不存在的緣故。

應當如此，因為遍智不是與證遍智為一的量為一的緣故。

---

290 **遍智有法，證為『與證為一的量為一』的量應當存在，因為是一的緣故** 依照藏文，此處亦可理解為「遍智有法，證為一的量與證為一的量應當存在，因為是一的緣故」，故他宗認為此論式的理解方式與下文論式相同。漢文中無法在一句話之內同時表達自宗與他宗的差異，此處僅依自宗的理解譯出。

前面不遍處如果說因不成立的話，應當可以回答承許「遍智有法，證為一的量與證為一的量二者應當存在，因為是一的緣故」這個應成的所顯法，因為對此回答承許，則理應推算為「承許證遍智為一的量與證遍智為一的量二者存在」，而且這二者存在的緣故。

應當如此，因為回答承許「遍智有法，證為實事的量與證為有的量二者應當存在，因為是實事的緣故」這個應成的所顯法，則理應推算為「承許證遍智為實事的量與證遍智為有的量二者存在」，並且也可以回答承許的緣故。

✵ 14.2

另外，遍智有法，證為「與證為一的量為一」的量應當不存在，因為證為「與證為一的量為異」的量存在的緣故。

如果說因不成立的話，遍智有法，證為「與證為一的量為異」的量應當存在，因為是與證為一的量為異的緣故。

如果說因不成立的話，遍智有法，應當是與證為一的量為異，因為是成實的緣故。

✵ 15

有人說：「證為一的量有法，應當是與證為一的量為異，因為是成實的緣故。已經承許周遍了。」

可以回答承許，因為推算時，理應推算為「承許此證為一的量是與證為一的量.證為一的量為異」，並且也可以回答承許的緣故。

◈ 16

這麼說了之後，有人說：「證為一的量有法，他應當不是與他為異，因為他是成實的緣故。」

可以回答承許，因為推算時，理應推算為「承許證為一的量不是與證為一的量為異」的緣故。

◈ 17

有人說：「回答承許『瓶子的遮遣處有法，他應當是瓶子的遮遣處，因為有他，而且沒有瓶子的緣故』這個應成的所顯法，則理應推算為『承許瓶子的遮遣處是瓶子的遮遣處[291]』，並且可以回答承許。」

那麼瓶子的遮遣處應當是瓶子的遮遣處，因為你的推算方式合理的緣故。

如果承許的話，那麼瓶子的遮遣處應當遮遣瓶子，因為瓶子的遮遣處是瓶子的遮遣處的緣故。

如果承許的話，那麼瓶子的遮遣處應當遮遣瓶子是已經出生，因為瓶子的遮遣處遮遣瓶子的緣故。

---

291 **承許瓶子的遮遣處是瓶子的遮遣處** 指這個遮遣處排除瓶子本身，而非只是排除某一個時間、地點之上的瓶子，亦即瓶子整體都被這個遮遣處否定，因此會有瓶子不存在的過失。自宗認為，回答承許「瓶子的遮遣處有法，應當是瓶子的遮遣處」這個應成的所顯法，應該理解為「瓶子的遮遣處有法之上瓶子的遮遣處」是「瓶子的遮遣處有法之上瓶子的遮遣處」，因為瓶子的遮遣處不會整體否定瓶子存在的狀況，所以瓶子的遮遣處並非瓶子的遮遣處，只有在瓶子的遮遣處的範圍之內，瓶子的遮遣處才會否定在這個範圍內的瓶子，而成為在這個範圍之內瓶子的遮遣處，這便是「瓶子的遮遣處有法之上瓶子的遮遣處」的意涵。

如果承許的話，那麼瓶子有法，他應當不生，因為瓶子的遮遣處遮遣他已經出生的緣故。已經承許因了。

不能如此承許，因為他是實事的緣故。

18.1

有人說：「對此回答承許，則理應推算為『承許在瓶子的遮遣處有法之上瓶子的遮遣處是瓶子的遮遣處』，並且可以回答承許。」

那麼在瓶子的遮遣處有法之上瓶子的遮遣處應當是瓶子的遮遣處，因為你的推算合理，並且可以回答承許，二者皆是的緣故。

如果承許的話，那麼在瓶子的遮遣處有法之上瓶子的遮遣處應當遮遣瓶子，因為在瓶子的遮遣處有法之上瓶子的遮遣處是瓶子的遮遣處的緣故。

如果承許的話，那麼在瓶子的遮遣處有法之上瓶子的遮遣處應當遮遣瓶子已經出生，因為在瓶子的遮遣處有法之上瓶子的遮遣處遮遣瓶子的緣故。

不能如此承許，因為瓶子是已經出生的緣故。

18.2

另外，這些回答承許「瓶子的遮遣處有法，他應當是瓶子的遮遣處，因為有他，而且沒有瓶子的緣故」這個應成的所顯法的方式應當是不合理的，因為對此回答承許，則理應推算為「承許『瓶子的遮遣處有法之上瓶子的遮遣處』在瓶子的遮遣處有法之上是瓶子的遮遣

處」的緣故。

應當如此，因為回答承許「瓶子的遮遣處有法，應當不是柱子的遮遣處，因為有柱子的緣故」這個應成的所顯法，則理應推算為「承許『瓶子的遮遣處有法之上瓶子的遮遣處』在瓶子的遮遣處有法之上不是柱子的遮遣處」的緣故。

應當如此，因為回答承許「瓶子的遮遣處有法，應當是所知，因為是成實的緣故」這個應成的所顯法，則理應推算為「承許『瓶子的遮遣處有法之上瓶子的遮遣處』在瓶子的遮遣處有法之上是所知」的緣故。

❀ 19

有人說：「瓶子非量所緣的地方有法，應當是與瓶子為實質異，因為是實質，而且不是與瓶子為實質一的緣故。」回答不遍。

不能如此承許，因為對此回答承許，則理應推算為「承許『瓶子非量所緣的地方有法之上瓶子非量所緣的地方』在瓶子非量所緣的地方有法之上是與瓶子為實質異」，然而不宜回答承許的緣故。

應當如此，因為在瓶子非量所緣的地方有法之上瓶子不是實質的緣故。

應當如此，因為在瓶子非量所緣的地方有法之上瓶子非量所緣的緣故。

應當如此，因為在瓶子非量所緣的地方有法之上沒有瓶子的緣故。

20

有人說：「瓶柱二者的遮遣處有法，應當是瓶子的遮遣處，因為是瓶柱二者的遮遣處的緣故。」回答不遍。

如果承許的話，那麼是瓶柱二者的遮遣處的話，應當遍是瓶子的遮遣處，因為瓶柱二者的遮遣處是瓶子的遮遣處的緣故。

如果承許的話，那麼柱子的遮遣處有法，應當是瓶子的遮遣處，因為是瓶柱二者的遮遣處的緣故。已經承許周遍了。

如果承許的話，柱子的遮遣處有法，應當不是瓶子的遮遣處[292]，因為有瓶子的緣故。

如果說因不成立的話，那麼沒有柱子的話，應當遍沒有瓶子，因為是柱子的遮遣處的話，遍是瓶子的遮遣處的緣故。

應當如此，因為柱子的遮遣處是瓶子的遮遣處的緣故。已經承許因了。

21

這麼說了之後，有人說：「柱子的遮遣處有法，應當是瓶子的遮遣處，因為是瓶柱二者的遮遣處的緣故。」回答不遍。

如果說因不成立的話，柱子的遮遣處有法，應當是瓶柱二者的遮遣處，因為有他，而且沒有瓶柱二者的緣故。第一個因容易理解。

如果說第二個因不成立的話，柱子的遮遣處有法，應當沒有瓶柱

---

292 **應當不是瓶子的遮遣處**　民族本作「應當是瓶子的遮遣處」，上下文義無法連貫，應誤。

二者，因為沒有柱子的緣故。

如果說不遍的話，這應當有周遍，因為有瓶柱二者就必須有柱子的緣故。

✿ 22

有人說：「瓶柱二者的遮遣處有法，應當不是瓶柱二者的遮遣處，因為有瓶柱二者的緣故。

如果說因不成立的話，瓶柱二者的遮遣處有法，應當有瓶柱二者，因為有瓶子，而且有柱子的緣故。」回答不遍。

如果說第一個因不成立的話，瓶柱二者的遮遣處有法，應當有瓶子，因為不是瓶子的遮遣處的緣故。

如果說第二個因不成立的話，瓶柱二者的遮遣處有法，應當有柱子，因為不是柱子的遮遣處的緣故。

✿ 23

有人說：「不宜回答承許『瓶子的遮遣處有法之上所知有法，他應當是瓶子的遮遣處，因為有他，而且沒有瓶子的緣故』這個應成的所顯法。」

這應當可以回答承許，因為對此回答承許時，理應推算為「承許『瓶子的遮遣處有法之上所知有法之上瓶子的遮遣處有法之上所知』在瓶子的遮遣處有法之上所知有法之上是瓶子的遮遣處」，並且也可以回答承許的緣故。

如果說第一個因不成立的話，對此回答承許，則應該如此推算，因為回答承許「瓶子的遮遣處有法之上所知有法，應當是常法，因為存在，而且不是實事的緣故」這個應成的所顯法，則理應推算為「承許『瓶子的遮遣處有法之上所知有法之上瓶子的遮遣處有法之上所知』在瓶子的遮遣處有法之上所知有法之上是常法」的緣故。

應當如此，因為回答承許「瓶子的遮遣處有法之上所知有法，應當存在，因為是成實的緣故」這個應成的所顯法時，理應推算為「承許『瓶子的遮遣處有法之上所知有法之上瓶子的遮遣處有法之上所知』在瓶子的遮遣處有法之上所知有法之上存在」的緣故。

❁ 24

有人說：「回答承許『瓶子的遮遣處有法，他應當是與他為一，因為他是成實的緣故』這個應成的所顯法時，理應推算為『承許瓶子的遮遣處是與瓶子的遮遣處為一』。」

這應當不合理，因為對此回答承許，則理應推算為「承許瓶子的遮遣處有法之上瓶子的遮遣處是與瓶子的遮遣處有法之上瓶子的遮遣處為一」的緣故。

應當如此，因為回答承許「瓶子的遮遣處有法，他應當是瓶子的遮遣處，因為有他，而且沒有瓶子的緣故」這個應成的所顯法，則理應推算為「承許『瓶子的遮遣處有法之上瓶子的遮遣處』在瓶子的遮遣處有法之上是瓶子的遮遣處」，而且同理即可推知的緣故。

有人說：「不宜回答承許『瓶子的遮遣處有法之上遍智有法，應當是證為實事的量，因為是量的緣故』這個應成的所顯法。」

這應當可以回答承許，因為對此回答承許，則理應推算為「承許『瓶子的遮遣處有法之上遍智有法之上瓶子的遮遣處有法之上遍智』是證瓶子的遮遣處有法之上遍智有法之上瓶子的遮遣處有法之上遍智為實事的量」，而且如此推算也可以回答承許的緣故。

如果說第一個因不成立的話，對此回答承許，則應該如此推算，因為回答承許「遍智有法，應當是證為實事的量，因為是量的緣故」這個應成的所顯法，則理應推算為「承許遍智是證遍智為實事的量」，而且這二者的推算方式沒有差別的緣故。

另外，對此回答承許，則應該如此推算，因為回答承許「瓶子的遮遣處有法之上遍智有法，應當是證為常法的量的遮遣處，因為是實事的緣故」這個應成的所顯法時，理應推算為「承許『瓶子的遮遣處有法之上遍智有法之上瓶子的遮遣處有法之上遍智』是證瓶子的遮遣處有法之上遍智有法之上瓶子的遮遣處有法之上遍智為常法的量的遮遣處」的緣故。

應當如此，因為回答承許「瓶子的遮遣處有法之上遍智有法，證為常法的量應當不存在，因為是證為常法的量的遮遣處的緣故」這個應成的所顯法，則理應推算為「承許『證瓶子的遮遣處有法之上遍智

有法之上瓶子的遮遣處有法之上遍智為常法的量』在瓶子的遮遣處有法之上遍智有法之上不存在」的緣故。

應當如此，因為回答承許「瓶子的遮遣處有法，證為有的量應當存在，因為是有的緣故」這個應成的所顯法，則理應推算為「承許『證瓶子的遮遣處有法之上瓶子的遮遣處為有的量』在瓶子的遮遣處有法之上存在」，而且同理即可推知的緣故。

🏵 **26**

有人說：「對於『瓶子的遮遣處有法之上他有法，柱子的遮遣處有法之上他有法，應當是常法，因為是常法的緣故』這個應成的所顯法，沒有回答承許的方式。」

應當有回答承許的方式，因為對此回答承許，則理應推算為「承許『瓶子的遮遣處有法之上他有法之上柱子的遮遣處有法之上瓶子的遮遣處有法之上他有法之上瓶子的遮遣處有法之上他有法』在瓶子的遮遣處有法之上他有法之上是常法」的緣故。

如果說因不成立的話，他有法，對此回答承許，則應該如此推算，因為回答承許「瓶子的遮遣處有法，柱子的遮遣處有法之上他有法，應當是常法，因為是常法的緣故」這個應成的所顯法，則理應推算為「承許『瓶子的遮遣處有法之上柱子的遮遣處有法之上瓶子的遮遣處有法之上瓶子的遮遣處有法』在瓶子的遮遣處有法之上是常法」的緣故。

第十七章

小應成的單元

導讀

〈小應成〉源於《釋量論》中說：「餘人由餘解，亦不應道理，以他所妄計，成立其過失。」提到他宗透過應成論式成立自己的立宗，由於他宗的想法帶有過失，因此自宗同樣以應成的形式，利用他宗不合理的主張，指出他宗立論的缺失，從中引申出應成的內涵。

本單元主要討論各種應成的結構，如何解析與辨認應成的各個組成，以及如何承許；應成的各個組成之間的關係為何等等。這些討論是在應成論式本身的範圍中進行，並未旁及其他單元的內容，相較於第25單元〈大應成〉，本單元範圍較集中，因此名為〈小應成〉。

本單元首先介紹重疊有法的應成、重疊所顯法的應成、重疊因的應成，以及回填式的應成。前三者乍看之下，分別有數個所諍事、所顯法與因並列，但是經過特定的分配原則解讀後，仍可組合成所諍事、所顯法與因各一的應成。

回填式的應成，同樣也是在應成中重疊許多所諍事或所顯法，但在應成結構組合的作用之下，會轉變成所顯法或是因的一部分，而只剩下一個所諍事或所顯法。回填式的應成，可分為有法回填的應成與所顯法回填的應成兩種。

此外，由於問答雙方可能就各種命題進行討論，討論過程中也可能

產生各種狀況，有時提問的應成沒有所諍事，只有所顯法與因，或者沒有因，只有所諍事或所顯法；甚至也有僅具一個所顯法與僅具一個因的應成。

如上所述，本單元便是詳盡分析各種類型的應成，指出如何正確分辨其因顯所諍三者，從而做出正確的回答。

在問難者與立宗者雙方來回問答的過程中，有時看似同樣的一個應成，會出現截然不同的答案，看似前後完全相違背，實際上兩者卻都是正確的。這是由於因顯所諍三者的範圍改變，以致應成的結構發生變化。

例如自宗提出，凡是無我的話，「應當是實事，因為是實事的緣故」這個應成的因必定不成立。他宗於是問道：「聲音有法，應當是實事，因為是實事的緣故這個應成的因應當不成立，因為是無我的緣故。」在他宗看來，聲音既然是實事，所以跟「應當是實事，因為是實事」這個應成組合在一起時，這個應成的因當然成立；但是聲音又確實是無我，所以理應是一個正確合理的問難，足以推翻自宗所說「凡是無我的話，『應當是實事，因為是實事的緣故』這個應成的因必定不成立」的立論。但是自宗卻直接給出相違周遍的答案，亦即是這個因就必定不是這個所顯法。

對他宗而言，原先承許「凡是無我的話，『應當是實事，因為是實事的緣故』這個應成的因必定不成立」，現在卻反過來承許「凡是無我的話，『應當是實事，因為是實事的緣故』這個應成的因必定不是不成立」，一個問題之內，自宗前後立論就已嚴重矛盾。那麼自宗的想法究

竟是什麼？

　　原來自宗認為，雖然凡是無我的話，「應當是實事，因為是實事的緣故」這個應成的因必定不成立，但是「應當是實事，因為是實事的緣故」這個應成本身是一個缺乏所諍事的應成，一旦加入任何事例作為所諍事，這個所諍事便會被填入應成當中，重新組合成一個截然不同的、具有因顯所諍三者的應成。而這樣的情形，正好符合「有法回填式的應成」的原則。

　　簡言之，如果出現「……的緣故這個應成」，那麼距離這句話最近的所顯法與所諍事，多半會被拉在一起，組成一個完整的應成。

　　因此對自宗而言，原本的立論是：「凡是無我的話，『應當是實事，因為是實事的緣故』這個應成的因必定不成立」，但是現在他宗提出的周遍關係卻變成：「凡是無我的話，『聲音有法，應當是實事，因為是實事的緣故』這個應成的因必定不成立」。周遍的內容既然不同，給出的答案自然迥異，所以前者回答承許，後者回答相違周遍，兩者都是正確的。正文中還舉出很多類似的例子，說明各種應成結構變化的情形，自宗的思考角度都是相同的。

　　「應當是實事，因為是實事的緣故」這個應成的因不成立，是因為在沒有所諍事的狀況下，自宗認為常法實事二者之中是承許為常法，不承許是無常，理由詳見〈承許軌則〉一章。

　　第三十五至三十九小節的問答，自宗回應他宗的提問後，他宗都會將自己的提問與自宗的答案覆述一遍而作反駁，自宗也總是肯定他宗的問話。

　　乍看之下，自宗的回答似乎總是與上一個答案直接相違，實際上，他宗一旦將自己的提問與自宗的答案整合起來敘述時，整段話的因顯所諍三者便產生新的變化，所以每一段話都與先前的不同。自宗每一次都是重新解讀新的因顯所諍三者，而提出當前的答案。所以正確分辨每一段話中因顯所諍三者的位置，才能明白自宗提出每一個答案的理由，這正是〈小應成〉所要幫助學習者培養出的最主要的核心概念。

解說小應成的單元

　　應成從陳述方式的角度分為五種，因為有具有所諍因顯的應成、堆聚眾多有法的應成陳述方式、堆聚所顯法的應成陳述方式、堆聚因的應成陳述方式、回填[293]式的應成陳述方式這五者的緣故。

　　第一、具有所諍因顯的應成可得舉例，因為「聲音有法，應當是無常，因為是所作的緣故」這個應成即是彼的緣故。

　　有堆聚眾多有法的應成陳述方式，因為「色法有法，聲音有法，柱子有法，瓶子有法，應當是無常，因為是所作的緣故」這個應成即是彼的緣故。

　　有堆聚所顯法的應成陳述方式，因為「聲音有法，應當是實事，應當是所作，應當是無常，應當是剎那性，因為是能作用的緣故」這個應成即是彼的緣故。

　　有堆聚因的應成陳述方式，因為「聲音有法，應當是非所作，因為是常法的緣故，因為是法與非剎那性的共同事的緣故，因為是無為法的緣故」這個應成即是彼的緣故。

　　回填式的應成分為兩種，因為有「有法回填式的應成陳述方式」與「所顯法回填式的應成陳述方式」二者的緣故。

---

293 **回填**　藏文為「སྒྲུབས་འཚང་」，意指一個應成當中，雖然表面上有許多所諍事或所顯法，但是由於應成論式的結構作用，以致所諍事被填入後面的所顯法當中，或者所顯法被填入後面的因當中，因此實際上還是只有一個所諍事或所顯法，甚至完全沒有所諍事。

第一、有「有法回填式的應成陳述方式」，因為「色法有法，『聲音有法，「遍智有法，應當是實事，因為是實事的緣故」這個應成的因應當成立，因為是無我的緣故』這個應成應當有周遍，因為是無我的緣故[294]」這個應成即是彼的緣故。

第二、有「所顯法回填式的應成陳述方式」，因為「聲音有法，應當是所知，『應當是有，「應當是量所緣，因為是所作的緣故」這個應成的因成立的緣故』這個應成有周遍的緣故」這個應成即是彼的緣故。

應當如此，因為這種應成的前前的「緣故」將後後的所顯法依次回填，而只剩下「應當是所知」是所顯法的緣故。

應當如此，因為辨識這個應成的因顯所諍三者時，必須以「聲音」作為所諍事，「所知」作為所顯法，「應當是有」以下作為因的緣故。

---

294 **色法有法，『聲音有法，「遍智有法，應當是實事，因為是實事的緣故」這個應成的因應當成立，因為是無我的緣故』這個應成應當有周遍，因為是無我的緣故**　這個論式表面上放了三個所諍事，但是因為後面有相對應的三個「這個應成」，因此第三及第二個所諍事，分別會被第一、第二個「這個應成」吸收，回填成論式裡所顯法中的一部分，因而稱為有法回填式的應成。此時，這個應成的所諍事就只剩下「色法」，而所顯法則為「『聲音有法，「遍智有法，應當是實事，因為是實事的緣故」這個應成的因應當成立，因為是無我的緣故』這個應成應當有周遍」，而因則為最後一個「因為是無我的緣故」。

破除他宗

🌸 1.1

有人說：「是應成的話，遍是具有因顯二者的應成。」

那麼「聲音有法，應當是無常」這個應成有法，應當是具有因顯二者的應成，因為是應成的緣故。已經承許周遍了。

因是成立的，因為是只陳述所諍事與所顯法二者的應成的緣故。

不能承許根本論式的宗，因為是不具有因的應成的緣故。

🌸 1.2

另外，「因為是實事的緣故」這個應成有法，應當是具有因顯二者的應成，因為是應成的緣故。已經承許周遍了。

因是成立的，因為是只陳述因的應成的緣故。

應當如此，因為只陳述因的應成可得辨識的緣故。

不能承許根本論式的宗，因為是不具有所顯法的應成的緣故。

🌸 2

有人說：「是因顯為異的應成的話，他的因顯二者遍是相互為異[295]。」

---

295 **是因顯為異的應成的話，他的因顯二者遍是相互為異** 「因顯為異的應成」，義為該應成的因及所顯法，不是安立同一個事物。如「聲音有法，應當是無常，因為是能生的緣故」，這個應成的所顯法是指「無常」，因則是指「能生」，由於所顯法的內容與因的內容不是同一個事

那麼「聲音有法，應當是非所作，因為是常法的緣故」這個應成有法，他的因顯二者應當是相互為異，因為他是因顯為異的應成的緣故。已經承許周遍了。

因是成立的，因為他是以「聲音」作為所諍事，「非所作」作為所顯法，「常法」作為因的具有因顯二者的應成的緣故。

如果承許根本論式的宗，「聲音有法，應當是非所作，因為是常法的緣故」這個應成有法，他的因顯二者應當不是相互為異，因為他的因顯二者不存在[296]的緣故。

如果說因不成立的話，「聲音有法，應當是非所作，因為是常法的緣故」這個應成有法，他的因顯二者應當不存在，因為他的因顯二者都不成立的緣故。

物，因此這個應成是因顯為異的應成。「他的因顯二者是相互為異」，義為該應成的因及所顯法都成立，又是相互為異。如「聲音有法，應當是無常，因為是能生的緣故」，複誦這個應成的因時，應作「聲音是能生」，複誦所顯法時，則作「聲音是無常」。由於這兩者都是正確的，因此這個應成的因與所顯法分別都成立。在此之上，「這個應成的因」與「這個應成的所顯法」為異，而「這個應成的所顯法」與「這個應成的因」也是異，所以這個應成的因與所顯法二者是相互為異。基於這個原則，「聲音有法，應當是非所作，因為是常法的緣故」這個應成的因及所顯法都不成立，因此這個應成的因與所顯法兩者不是相互為異。但是這個應成的因與所顯法並非安立同一個事物，因——常法，以及所顯法——非所作，兩者是異，所以這個應成是因顯為異的應成。

296 **他的因顯二者不存在** 指該應成的因顯二者都不成立，所以該應成的因顯二者不存在。如「聲音有法，應當是非所作，因為是常法的緣故」，這個應成的因如果成立，則「聲音是常法」就會成立；這個應成的所顯法如果成立，那麼「聲音是非所作」也就會成立。由於聲音既不是常法，也不是非所作，這個應成的因與所顯法二者都不成立，所以這個應成的因顯二者不存在。

◎ 3

有人說：「這個應成的表述層面的因成立的話，這個應成的因遍成立[297]。」

那麼「聲音有法，應當是有，因為是常法的緣故」這個應成有法，他的因應當成立，因為他的表述層面的因成立的緣故。已經承許周遍了。

如果說因不成立的話，「聲音有法，應當是有，因為是常法的緣故」這個應成有法，他的表述層面的因應當成立，因為常法是他的表述層面的因，而且這是成立的緣故。

第一個因是成立的，因為常法是他的因的緣故。

應當如此，因為他的因可得辨識的緣故。

如果承許根本論式的宗，「聲音有法，應當是有，因為是常法的緣故」這個應成有法，他的因應當不成立，因為對於他的因可以回答因不成立的緣故。

如果說因不成立的話，「聲音有法，應當是有，因為是常法的緣故」這個應成有法，對於他的因應當可以回答因不成立，因為對於他的因回答因不成立，則必須推算為「聲音是常法因不成立」，而聲音不是常法的緣故。

---

297 **這個應成的表述層面的因成立的話，這個應成的因遍成立** 如「聲音有法，應當是有，因為是常法的緣故」這個應成表述層面的因是指「常法」，因為在總體狀況下承許是常法，所以這個應成的表述層面的因也隨之成立。但是這個應成的因如果成立，則「聲音是常法」就會成立。由於聲音不是常法，因此這個應成的因不成立。由此可知，這個應成的因成立，與其表述層面的因成立，兩者的理解方式不同，不可一概而論。

● 4

有人說：「這個應成的因成立的話，這個應成的表述層面的因遍成立。」

那麼「兔子角有法，應當是無，因為是非量所緣的緣故」這個應成有法，他的表述層面的因應當成立，因為他的因成立的緣故。已經承許周遍了。

如果說因不成立的話，「兔子角有法，應當是無，因為是非量所緣的緣故」這個應成有法，他的因應當成立，因為「兔子角非量所緣」是他的因，而且這是成立的緣故。

應當如此，因為「兔子角非量所緣」是他的歸結層面的因[298]的緣故。

決擇[299]應成的單元有其目的，是為了獲得同時現證一切法的究竟遍智的緣故。

遍智有法，是同時現證一切法的究竟智慧，因為《二諦論》說[300]：「以一剎那間的智慧，也能遍及所知的所有範圍」的緣故。

---

298 **歸結層面的因**　藏文為「མཇུག་བསྡུ་ཡི་རྟགས།」，泛指該應成的因與所諍事結合之後，用來成立立宗的核心理由。如「聲音有法，應當是能生，因為是無常的緣故」這個應成的因與所諍事結合之後為「聲音是無常」，這點即是用來成立「聲音是能生」的真正理由，所以是此應成歸結層面的因。

299 **決擇**　「決」意指決斷，「擇」意指抉擇。此詞在此強調的是經過抉擇之後所下的判斷，與一般慣用的「抉擇」兩字意涵有所不同。

300 **《二諦論》說**　引文出自《二諦論釋》。《二諦論釋》，中觀部論典，全名《分辨二諦釋》，智藏阿闍黎（ཡེ་ཤེས་སྙིང་པོ།）著，尚無漢譯。智藏阿闍黎生卒年、事蹟不詳。《分辨二諦釋》主要說明導師宣說二諦的本懷，並分別詳解勝義及世俗二諦的意涵。引文見《丹珠爾》對勘本冊62，頁763。

◈ 5

有人說：「是因顯不異的應成的話，他的因顯二者遍是不異。」

那麼「應當是常法，因為是常法的緣故」這個應成有法，他的因顯二者應當是不異，因為他是因顯不異的應成的緣故。已經承許周遍了。

如果說因不成立的話，常法有法，「應當是他，因為是他的緣故」這個應成應當是因顯不異的應成，因為他是補特伽羅無我的緣故。

如果承許根本論式的宗，「應當是常法，因為是常法的緣故」這個應成有法，他的因顯二者應當不是不異，因為他的因顯二者是相互為異的緣故。此因容易理解。

◈ 6

有人說：「是以『實事』作為所顯法，『實事』作為因的應成的話，遍是因顯不異的應成。」

那麼「聲音有法，應當是有，因為是實事作為所顯法，實事的緣故[301]」這個應成有法，應當是因顯不異的應成，因為是以「實事」作為所顯法，「實事」作為因的應成的緣故。已經承許周遍了。

---

301 **聲音有法，應當是有，因為是實事作為所顯法，實事的緣故**　按照藏文一般的理解方式，此句應當譯作「因為實事作為所顯法是實事的緣故。」但是這麼翻便無法表達出這個應成是「以實事作為所顯法，實事作為因的應成」，故權且如此翻譯，保留立破的焦點，但與藏文原意已不完全相同了。

因是成立的，因為是以「聲音」作為所諍事，「有」作為所顯法，「實事作為所顯法，實事」作為因的具有因顯所諍三者的應成的緣故。

應當如此，因為以「聲音」作為所諍事，「有」作為所顯法，「實事作為所顯法，實事」作為因的應成可得辨識的緣故。

如果承許根本論式的宗，「聲音有法，應當是有，因為是實事作為所顯法，實事的緣故」這個應成有法，應當不是因顯不異的應成，因為是因顯為異的應成的緣故。

應當如此，因為是以「聲音」作為所諍事，「有」作為所顯法，將「實事作為所顯法，實事」陳述為因的具有因顯所諍三者的應成的緣故。

❖ 7

有人說：「是以『聲音』作為所諍事，『有』作為所顯法，將『實事作為所顯法，實事』陳述為因的應成[302]的話，遍是具有因顯所諍三者的應成。」

那麼「是以『聲音』作為所諍事，『有』作為所顯法，將實事作

---

302 以『聲音』作為所諍事，『有』作為所顯法，將『實事作為所顯法，實事』陳述為因的應成
在藏文中，此句還有其他理解方式：一、理解為以「聲音」作為所諍事，「有作為所顯法實事」為所顯法，「實事」為因的應成，如「聲音有法，應當是有作為所顯法實事，因為是實事的緣故」這個應成，是具足因顯所諍三者的應成；二、理解為「以聲音作為所諍事有作為所顯法將實事作為所顯法實事」陳述為因的應成，如「是以聲音作為所諍事；有作為所顯法；實事作為所顯法，實事的緣故」這個應成是只陳述因的應成。自宗是以後者來問難他宗。

為所顯法，實事的緣故」這個應成有法，應當是具有因顯所諍三者的應成，因為是將「以『聲音』作為所諍事，『有』作為所顯法，實事作為所顯法，實事」陳述為因的應成的緣故。

不能如此承許，因為是只陳述因的應成的緣故。

 8

有人說：「實事是應當是彼，因為是實事的緣故這個應成的因的話[303]，遍是與實事為一。」

那麼常法有法，應當是與實事為一，因為實事是應當是彼，因為是實事的緣故這個應成的因的緣故。已經承許周遍了。

如果說因不成立的話，實事應當是「應當是彼，因為是實事的緣故」這個應成的因，因為實事是「應當存在，因為是實事的緣故」這個應成的因的緣故。

如果說因不成立的話，實事應當是「應當存在，因為是實事的緣故」這個應成的因，因為安立「應當存在，因為是實事的緣故」這個應成的因時，必須安立實事的緣故。

應當如此，因為有辨識「應當存在，因為是實事的緣故」這個應成的因的方式的緣故。

---

303 **實事是應當是彼，因為是實事的緣故這個應成的因的話** 在藏文中，此句有另一種理解方式：「是應當是實事，因為是實事的緣故這個應成的因」，他宗取此理解方式，故認為若是如此則與實事為一，而此處的翻譯則取自宗的理解方式而譯。

9

有人說：「『瓶子有法，應當是彼，因為瓶子是有法的緣故[304]』這個應成是因顯不異的應成。」

「瓶子有法，應當是彼，因為瓶子是有法的緣故」這個應成有法，應當不是因顯不異的應成，因為是因顯為異的應成的緣故。

應當如此，因為是以「瓶子」作為所諍事，「是彼」作為所顯法，「瓶子是有法」作為因的具有因顯二者的應成的緣故。

應當如此，因為「瓶子有法，應當存在，因為瓶子有法存在的緣故」這個應成，是以「瓶子」作為所諍事，「存在」作為所顯法，「瓶子有法存在」作為因的應成，而且同理即可推知的緣故。

10

有人說：「『應當是實事，因為是實事的緣故』這個應成的因應當成立，因為『應當是實事，因為是實事的緣故』這個應成的因存在的緣故。

如果說因不成立的話，『應當是實事，因為是實事的緣故』這個應成的因應當存在，因為實事是這個應成的因，而且彼存在的緣故。」回答不遍。

「應當是實事，因為是實事的緣故」這個應成的因應當不成立，因為是無我的緣故。

---

304 **瓶子有法，應當是彼，因為瓶子是有法的緣故**　在藏文中，此段亦可理解為「瓶子應當是有法，因為瓶子是有法的緣故」，他宗依此理解方式，故認為此應成是因顯不異的應成。

這麼說了之後，有人說：「『聲音有法，應當是實事，因為是實事的緣故』這個應成的因應當不成立，因為是無我的緣故。」落入相違周遍。

這麼說了之後，如果說：「落入直接相違」，則回答不會落入，因為是無我的話，「應當是實事，因為是實事的緣故」這個應成的因雖然遍不成立，但是是無我的話，「聲音有法，應當是實事，因為是實事的緣故」這個應成的因遍成立的緣故。

應當如此，因為是無我的話，對於「聲音有法，應當是實事，因為是實事的緣故」這個應成的因，遍不宜回答因不成立的緣故。

◈ 11.1

有人說：「『瓶子有法，應當是實事，因為是實事的緣故』這個應成的因應當不成立，因為是無我的緣故。」這麼說了之後，有人說：「落入相違周遍。」

那麼是無我的話，「瓶子有法，應當是實事，因為是實事的緣故」這個應成的因應當遍成立，因為前面落入相違周遍合理的緣故。

如果承許的話，那麼瓶子的遮遣處有法，「瓶子有法，應當是實事，因為是實事的緣故」這個應成的因應當成立，因為是無我的緣故。已經承許周遍了。

不能如此承許，因為對此回答承許，則理應推算為「承許『瓶子的遮遣處有法之上瓶子有法，在瓶子的遮遣處有法之上應當是實事，因為在瓶子的遮遣處有法之上是實事的緣故』這個應成的因成立」，

然而這種應成的因不成立的緣故。

11.2

另外「應當是實事，因為是實事的緣故」這個應成的因應當不成立，因為「應當是常法，因為是常法的緣故」這個應成的因成立的緣故。

如果說因不成立的話，「應當是常法，因為是常法的緣故」這個應成的因應當成立，因為是無我的緣故。

12

這麼說了之後，有人說：「『聲音有法，應當是常法，因為是常法的緣故』這個應成的因應當成立，因為是無我的緣故。」

這理應落入相違周遍，因為是無我的話，「應當是常法，因為是常法的緣故」這個應成的因雖然遍成立，但是是無我的話，「聲音有法，應當是常法，因為是常法的緣故」這個應成的因遍不成立的緣故。

13

有人說：「遍智有法，瓶子有法，應當是實事，因為是實事的緣故這個應成應當是因顯為異的應成，因為遍智有法，瓶子有法，應當是實事，因為是實事的緣故這個應成是因顯為異的應成的緣故。」回答不遍。

 བསེ་བསྡུས་གྲྭ།

　　不能如此承許，因為對此回答承許，則理應推算為「承許『瓶子有法，應當是實事，因為是實事的緣故』這個應成是因顯為異的應成」，然而「瓶子有法，應當是實事，因為是實事的緣故」這個應成不是因顯為異的應成的緣故。第一個因容易理解。

　　如果說第二個因不成立的話，「瓶子有法，應當是實事，因為是實事的緣故」這個應成應當不是因顯為異的應成，因為這種應成是因顯不異的應成的緣故。

　　應當如此，因為這種應成是以「實事」作為所顯法，「實事」作為因的具有因顯二者的應成的緣故。

　　如果說不遍的話，實事有法，是以他作為所顯法，他作為因的具有因顯二者的應成的話，應當遍是因顯不異的應成，因為他是補特伽羅無我的緣故。

　　前面不遍處不宜回答因不成立，因為對此回答因不成立，則理應推算為「『遍智有法，瓶子有法，應當是實事，因為是實事的緣故』這個應成是因顯為異的應成因不成立」，然而「遍智有法，瓶子有法，應當是實事，因為是實事的緣故」這個應成是因顯為異的應成的緣故。第一個因容易理解。

　　如果說第二個因不成立的話，他有法，「遍智有法，瓶子有法，應當是實事，因為是實事的緣故」這個應成應當是因顯為異的應成，因為這種應成是以「遍智」作為所諍事，「瓶子有法是實事」作為所顯法，「實事」作為因的應成的緣故。

★ 🏵 14

聲音是「應當是無常，因為是聲音的緣故」這個應成的因[305]。

這麼說了之後，有人說：「聲音無常應當不是『應當是彼，因為是聲音的緣故』這個應成的因。因為聲音是『應當是無常，因為聲音是無常的緣故』這個應成的因[306]的緣故。

應當如此，因為『應當是彼，因為聲音是無常的緣故』這個應成的因可得辨識的緣故。」回答不遍。

不能如此承許，因為承許「聲音是『應當是無常，因為是聲音的緣故』這個應成的因」，是承許為將「聲音」安立成「應當是無常，因為是聲音的緣故」這個應成的因，所以與前面不同的緣故。

🏵 15

自宗認為：「『遍智有法，瓶子有法，柱子有法，聲音有法，應當是實事，因為是實事的緣故』這個應成，是以『遍智』作為所諍事的應成。」

305　**聲音是「應當是無常，因為是聲音的緣故」這個應成的因**　在藏文中，這句話也可以理解為「聲音無常是『應當是彼，因為是聲音的緣故』這個應成的因」。他宗取此義，故有下文的辯難。此處依自宗的理解方式譯出。

306　**聲音是『應當是無常，因為聲音是無常的緣故』這個應成的因**　在藏文中，這句話也可以理解為「聲音無常是『應當是彼，因為是聲音的緣故』這個應成的因」。他宗即取此義，也就是將「聲音無常」視為一個不可分割的整體。若藏文中，此句文義確實應作如此理解的話，則所顯法亦當理解成「聲音無常不是『應當是彼，因為是聲音的緣故』這個應成的因」，如此則確實可以承許。然而自宗認為這個小節當中的「聲音」與「無常」都必須分開，所以自宗接下來才會回答不遍。由於這個應成的因包含自宗與他宗兩種不同理解的方式，但是漢文無法在同一句話同時表達兩種涵義，所以此處依自宗的理解方式譯出。

這麼說了之後，有人說：「遍智有法，瓶子有法，柱子有法，聲音有法，應當是實事，因為是實事的緣故這個應成，應當不是以『遍智』作為所諍事的應成，因為是無我的緣故。」

回答承許之後，如果說：「落入直接相違」，則回答不會落入，因為前面提問時，雖然是如此回答，但是這裡引出時，則理應推算為「承許瓶子有法，柱子有法，聲音有法，應當是實事，因為是實事的緣故這個應成，不是以『遍智』作為所諍事的應成」，而且這種應成不是以「遍智」作為所諍事的應成的緣故。第一個因容易理解。

如果說第二個因不成立的話，他有法，「瓶子有法，柱子有法，聲音有法，應當是實事，因為是實事的緣故」這個應成，應當不是以「遍智」作為所諍事的應成，因為這種應成是以「瓶子」作為所諍事的應成的緣故。

應當如此，因為這種應成是以「瓶子」作為所諍事，「柱子有法，聲音有法是實事」作為所顯法，「實事」作為因的應成的緣故。

❀ 16

有人說：「回答承許『瓶子有法，柱子有法，他應當是與他為一，因為他是成實的緣故』這個應成的所顯法，則理應推算為『承許瓶子有法，柱子有法是與柱子為一』。」

這應當不合理，因為回答承許這種應成的所顯法，則理應推算為「承許柱子有法，瓶子是與瓶子為一」的緣故。

如果說因不成立的話，他有法，對此回答承許，則應該如此推

算，因為回答承許「瓶子有法，柱子有法，他應當是有，因為他是成實的緣故」這個應成的所顯法，則理應推算為「承許柱子有法，瓶子是有」的緣故。

如果說因不成立的話，他有法，對此回答承許，則應該如此推算，因為回答承許「瓶子有法，所知應當是他的總，因為他是所知的別的緣故」這個應成的所顯法，則理應推算為「承許所知是瓶子的總」，而且同理即可推知的緣故。

★ ❀ **17**

自宗認為：是無我的話，遍不是與「應當存在，因為存在的緣故」這個應成為一[307]。

這麼說了之後，有人說：「應當不是與『應當存在，因為存在的緣故這個應成有法，應當存在，因為存在的緣故』這個應成為一，因為是無我的緣故[308]。」

---

307 **自宗認為：是無我的話，遍不是與「應當存在，因為存在的緣故」這個應成為一** 自宗會如此承許，是由於在藏文中，「應當存在，因為存在的緣故」這個應成是不具足所諍事的應成，無論安立任何所諍事，都會被回填成這個應成的一部分，以至於改變原本不具足所諍事的應成的結構，而成為因顯所諍三者的應成。即使加入所諍事之後的應成可以找得到與他為一的事物，也不會違背自宗原本的立宗。由於漢文的語法結構不同，加入所諍事之後不一定會被回填成這個應成的一部分，因此在漢文中無法成立這個周遍，此處姑且譯出以存文獻耳。

308 **應當不是與『應當存在，因為存在的緣故這個應成有法，應當存在，因為存在的緣故』這個應成為一，因為是無我的緣故** 藏文中，這段話亦可理解為「『應當存在，因為存在的緣故』這個應成有法，應當不是與『應當存在，因為存在的緣故』這個應成為一，因為是無我的緣故」，他宗即採取這種理解方式。然而由於漢藏語法結構不同，漢文中無法用同一個論式呈現自宗與他宗對同一句話理解的差異，在此僅依自宗的理解方式譯出。

ｂｄｅ'ｂｓｄｕｓ'ｇｌ

可以回答承許，因為推算時，理應推算為「承許不是與『「應當存在，因為存在的緣故這個應成」有法。應當存在，因為存在的緣故』這個應成為一」，並且也可以回答承許的緣故。

應當如此，因為「『應當存在，因為存在的緣故』這個應成有法，應當存在，因為存在的緣故」這個應成，是以「應當存在，因為存在的緣故這個應成」作為所諍事，「存在」作為所顯法，「存在」作為因的應成的緣故。

◎ 18

對此有人說：「『應當存在，因為存在的緣故』這個應成有法，應當不是無我，因為是與『應當存在，因為存在的緣故』這個應成為一的緣故。」

回答不遍，因為是無我的話，雖然遍不是與「應當存在，因為存在的緣故」這個應成為一，但是是與「應當存在，因為存在的緣故」這個應成為一的話，不遍不是無我的緣故。

◎ 19

有人說：「『應當存在，因為存在的緣故』這個應成有法，他應當是與他為一，因為他是成實的緣故。」

可以回答承許，因為推算時，理應推算為「承許『應當存在，因為存在的緣故』這個應成是與『應當存在，因為存在的緣故』這個應成為一」的緣故。

✦ ❀ 20

有人說：「應當是應成，因為『應當存在，因為存在的緣故』這個應成是與『應當存在，因為存在的緣故』這個應成為一的緣故。」回答不遍[309]。

這麼說了之後，有人說：「應當存在，因為存在的緣故這個應成應當存在，因為存在的緣故這個應成有法，是與他為一的話，應當遍是應成，因為他是應成的緣故。」回答：論式結構有過失[310]。

---

309 「應當是應成，因為『應當存在，因為存在的緣故』這個應成是與『應當存在，因為存在的緣故』這個應成為一的緣故。」回答不遍　藏文中，「應當是應成，因為『應當存在，因為存在的緣故』這個應成是與『應當存在，因為存在的緣故』這個應成為一的緣故」這個應成又可理解為「應當是應成，因為是與『應當存在，因為存在的緣故，這個應成應當存在，因為存在的緣故』這個應成為一的緣故」他宗即取此義，認為既然與這個應成為一，就應當是應成，既然是應成，進一步就會成立是實事。而這個應成與上述自宗承許「『應當存在，因為存在的緣故』這個應成是與『應當存在，因為存在的緣故』這個應成為一」兩者在藏文中是完全相同的應成，所以自宗在此不能回答因不成；如果承許，就必須承許「是實事」，如此又會與第十五章所承許的相違，因此自宗才會回答不遍。

310 **論式結構有過失**　在藏文中，承許這個應成的所顯法後，得出的結論會成為「『應當存在，因為存在的緣故這個應成』是與『應當存在，因為存在的緣故這個應成』為一的話，遍是應成」。這時，這個周遍具有回填的作用，所以無法安立出任何一個不遍的事例，因而不能回答不遍。但是他宗接著提出「應當是應成，因為『應當存在，因為存在的緣故這個應成』是與『應當存在，因為存在的緣故這個應成』為一的緣故」這個應成，自宗也不能回答承許，否則就會在沒有所諍事的情況下承許「是應成」，接著在同樣的狀況下必須承許「是實事」，最終會違背在沒有所諍事的情況下，自宗承許「是常法」的觀點，所以自宗回答論式結構有過失。但是在漢文中，承許這個應成的所顯法後，得出的結論則是「是與『應當存在，因為存在的緣故這個應成應當存在，因為存在的緣故這個應成』為一的話，遍是應成」，而這是正確的，所以可以直接回答承許。由於在漢文中無法呈現這個應成結構的問題，此處姑譯出以存文獻耳。

那麼對你而言，無常無常有法，是與他為一的話，應當遍是無常，因為他是無常的緣故。符合周遍[311]。

❀ 21

有人說：「應當是實事有法，他應當是與他為一，因為他是成實的緣故。」

可以回答承許，因為推算時，理應推算為「承許應當是實事是與應當是實事為一」。

這麼說了之後，有人說：「這種推算方式應當是不合理的，因為『應當是實事有法，應當存在，因為存在的緣故』這個應成是以『應當是實事有法存在』作為所顯法，『存在』作為因的不具有所諍事的應成的緣故。

應當如此，因為『應當是實事是聲音有法，應當存在，因為存在的緣故』這個應成是以『應當是實事是聲音有法存在』作為所顯法，『存在』作為因的不具有所諍事的應成的緣故。」

這應當是不合理的，因為「應當是實事是聲音有法，應當是有，

---

311 **符合周遍**　在藏文中，承許這個應成的所顯法後，得出的結論會成為「無常是與無常為一的話，遍是無常」，但是在一般狀況下無論舉出任何事例，無常都是與無常為一；相對地，舉出任何一個事例，不一定都是無常，因此對自宗而言，這個周遍明顯不能成立，而他宗卻不得不承許，因為與上一個應成的結構是相同的。但在漢文中，承許這個應成的所顯法後，得出的結論則是「是與無常無常為一的話，遍是無常」。其中「無常無常」是存在的事物，只有「無常無常」才會與他為一，其他任何事物都與他為異，而「無常無常」本身也是無常，所以這個周遍完全正確，可以回答承許，不會對他宗構成詰難。漢文中無法呈現這個應成結構的問題，在此處姑譯出以存文獻耳。

因為是有的緣故」這個應成，必須辨識為以「應當是實事是聲音」作為所諍事，「有」作為所顯法，「有」作為因的具有因顯所諍三者的應成的緣故。

★ ❀ 22

自宗認為：應當是實事是實事的話，遍是怎麼想都能成立。

這麼說了之後，有人說：「聲音有法，應當是怎麼想都能成立，應當是實事，是實事的緣故[312]。」

可以回答承許，因為推算時，理應推算為「承許『應當是怎麼想都能成立』是實事」，而且「應當是怎麼想都能成立」是實事的緣故。

如果說因不成立的話，「應當是怎麼想都能成立」應當是實事，因為「應當是怎麼想都能成立」是聲音的緣故。

如果說因不成立的話，「應當是怎麼想都能成立」有法，應當是聲音，因為是應成語的緣故。

---

312 **聲音有法，應當是怎麼想都能成立，應當是實事，是實事的緣故**　按照一般的體例，此段文中應當加上「因為」二字，以界定這個應成論式的所顯法與因的分界點。而由於藏文文法的緣故，這段可理解為：「聲音有法，應當是怎麼想都能成立，因為應當是實事是實事的緣故」，也可以理解為「聲音有法，應當是怎麼想都能成立，應當是實事，因為是實事的緣故。」他宗取第一種理解方式，自宗則取第二種理解方式，自宗於此場論辯中，似有轉換概念之嫌，但卻較合乎藏文文法的統一規則。為了讓譯文能保存兩種理解方式，所以文中不加上「因為」二字，讓此應成的因與所顯法的界定點有討論空間。

◎ **23**

有人說：「對於『所知有法，應當是非所作，應當是常法，應當是法與非剎那性的共同事，是實事的緣故[313]』這個應成的因回答因不成立，則必須推算為『所知是實事因不成立』，而也可以回答這樣的因不成立。」

這應當是不合理的，因為對於這種應成的因回答因不成立，則必須推算為「應當是法與非剎那性的共同事是實事因不成立」，而不宜回答這樣的因不成立的緣故。

第一個因是成立的，因為這種應成必須以「所知」作為所諍事，「應當是非所作是常法」作為所顯法，「應當是法與非剎那性的共同事是實事」作為因的緣故。

應當如此，因為堆聚所顯法的應成，凡是有三個「應當」、一個「緣故」，出現這四者時，必須將最後一個應當結合為因；而有五個「應當」、一個「緣故」，出現這六者時，必須將最後兩個應當結合為因的緣故。

◎ **24**

有人說：「『應當存在，因為存在的緣故這個應成應當存在，因為存在的緣故這個應成的因應當成立，因為是無我的緣故[314]』這個

---

313 所知有法，應當是非所作，應當是常法，應當是法與非剎那性的共同事，是實事的緣故　譯此論式時，也將常例的「因為」去掉，以明自宗與他宗的差異。

314 應當存在，因為存在的緣故這個應成應當存在，因為存在的緣故這個應成的因應當成立，因為

應成是堆聚所顯法的應成。」

這應當不合理，因為這種應成是因顯各一的應成陳述方式的緣故。

應當如此，因為回答承許這種應成的所顯法，則理應推算為「承許『應當存在，因為存在的緣故這個應成應當存在，因為存在的緣故』這個應成的因成立」；對於因回答因不成立，則理應推算為「是無我因不成立」；誦隨品遍時，理應誦作「是無我的話，『應當存在，因為存在的緣故這個應成應當存在，因為存在的緣故』這個應成的因遍成立」的緣故。

應當如此，因為誦「應當存在，因為存在的緣故這個應成的因應當成立，因為是無我的緣故」這個應成的因顯與周遍的方式是如此，而且同理即可推知的緣故。

❀ 25

有人說：「這種應成應當是堆聚所顯法的應成，因為『應當存在，因為存在的緣故這個應成的因應當成立，應當是實事，因為是實事的緣故這個應成應當有周遍，應當是實事，因為是實事的緣故這個應成的因應當成立，應當是常法，因為是常法的緣故這個應成的因應

是無我的緣故 此應成論式亦可理解作：「『應當存在，因為存在的緣故』這個應成應當存在，『因為存在的緣故』這個應成的因應當成立，因為是無我的緣故。」他宗即取此意而認為這樣的應成是堆聚所顯法的應成。自宗的理解則是「『應當存在，因為存在的緣故這個應成應當存在，因為存在的緣故』這個應成的因應當成立，因為是無我的緣故」，所以自宗認為這個應成的所顯法與因各只有一個。

當成立，因為是無我的緣故』這個應成是堆聚所顯法的應成的緣故。」回答不遍。

因是成立的，因為辨識這種應成的因顯時，必須將「應當存在，因為存在的緣故這個應成的因應當成立，應當是實事，因為是實事的緣故這個應成應當有周遍，應當是實事，因為是實事的緣故這個應成的因成立」之間作為所顯法，「應當是常法，因為是常法的緣故這個應成的因應當成立，是無我」作為因的緣故。

應當如此，因為這種應成有四個「應當」與一個「緣故」，共有五者，必須將前三個「應當」作為所顯法，最後一個「應當」結合為因的緣故。

應當如此，因為堆聚所顯法的應成，凡是有四個「應當」與一個「緣故」，出現這五者時，必須將前三個「應當」作為所顯法，最後一個「應當」結合為因的緣故。

⊛ 26

有人說：「回答承許『應當存在，因為存在的緣故這個應成有法，應當是實事，因為是實事的緣故這個應成有法，他應當是與他為一，因為他是成實的緣故』這個應成的所顯法，則應該推算為『承許應當是實事，因為是實事的緣故這個應成有法，應當存在，因為存在的緣故這個應成是與應當存在，因為存在的緣故這個應成為一』，因為回答承許『瓶子有法，柱子有法，他應當是與他為一，因為他是成實的緣故』這個應成的所顯法，則理應推算為『承許柱子有法，瓶子

是與瓶子為一」的緣故。」回答不遍。

不能如此承許，因為對前面回答承許，則理應推算為「承許應當存在，因為存在的緣故這個應成有法，應當是實事，因為是實事的緣故這個應成是與應當存在，因為存在的緣故這個應成有法，應當是實事，因為是實事的緣故這個應成為一」的緣故。

應當如此，因為這種應成必須以「應當存在，因為存在的緣故這個應成有法，應當是實事，因為是實事的緣故這個應成」作為所諍事，「他是與他為一」作為所顯法，「成實」作為因的緣故。

27

有人說：「可以回答承許『遍智有法，瓶子有法，柱子有法，應當存在，因為存在的緣故這個應成的因應當成立，因為是實事的緣故這個應成的因應當成立，因為是無我的緣故這個應成應當有周遍，因為是無我的緣故這個應成應當是具有所諍事的應成，因為是無我的緣故』這個應成的所顯法。」

這應當是不合理的，因為回答承許這種應成的所顯法，則理應推算為「承許『遍智有法，瓶子有法，柱子有法，應當存在，因為存在的緣故這個應成的因應當成立，因為是實事的緣故這個應成的因應當成立，因為是無我的緣故這個應成應當有周遍，因為是無我的緣故』這個應成是具有所諍事的應成」，然而這種應成不是具有所諍事的應成的緣故。第一個因容易理解。

如果說第二個因不成立的話，「遍智有法，瓶子有法，柱子有

法。應當存在，因為存在的緣故這個應成的因應當成立，因為是實事的緣故這個應成的因應當成立，因為是無我的緣故這個應成應當有周遍，因為是無我的緣故」這個應成應當不是具有所諍事的應成，因為這種應成是不具有所諍事的應成的緣故。

應當如此，因為這種應成的所顯法之中的前三個「緣故」，依次將三個有法回填後，而成為不具有所諍事的緣故。

應當如此，因為這種應成的所顯法之中的第一個「緣故」──「存在的緣故」將「柱子有法」回填；第二個「緣故」──「是實事的緣故」，將「瓶子有法」回填；第三個「緣故」──「是無我的緣故」，將「遍智有法」回填的緣故。

應當如此，因為誦這種應成的隨品遍時，必須誦作「是無我的話，遍智有法，瓶子有法，柱子有法，應當存在，因為存在的緣故這個應成的因應當成立，因為是實事的緣故這個應成的因應當成立，因為是無我的緣故這個應成遍有周遍」的緣故。

◎ 28

有人說：「遍智有法，應當是實事，因為是實事的緣故這個應成有法，瓶子有法，應當是實事，因為是實事的緣故這個應成的因應當成立，因為是無我的緣故這個應成是回填了其所諍事之後，不具有所諍事的應成。」

這應當是不合理的，因為這種應成是具有所諍因顯三者的應成的緣故。

應當如此，因為這種應成是以「遍智有法，應當是實事，因為是實事的緣故這個應成」作為所諍事，「瓶子有法，應當是實事，因為是實事的緣故這個應成的因成立」作為所顯法，「無我」作為因的應成的緣故。

應當如此，因為瓶子有法，柱子有法，應當是常法，因為是無我的緣故這個應成是以「瓶子」作為所諍事，「柱子有法是常法」作為所顯法，「無我」作為因的應成，而且同理即可推知的緣故。

✿ 29

有人說：「『遍智有法，瓶子有法，應當是實事，因為是實事的緣故，因為是能作用的緣故，因為是剎那性的緣故，因為是無常的緣故這個應成的因應當成立，因為是無我的緣故』這個應成，是其所顯法之中的前前的『緣故』依次將所諍事回填後，不具有所諍事的應成。」

這應當是不合理的，因為這種應成是以「遍智」作為所諍事的應成的緣故。

應當如此，因為這種應成的所顯法之中的後面的「緣故」——「是無常的緣故」將「瓶子有法」回填之後，前面的幾個「緣故」便不能回填所諍事的緣故。

應當如此，因為「遍智有法，瓶子有法，應當是實事，因為聲音無常存在是所知的緣故這個應成的因應當成立，因為是無我的緣故」這個應成的所顯法之中，一個「緣故」不能回填超過一個以上的有

法，而且同理即可推知的緣故。

❀ 30

聲音有法，『他應當是非所作，因為是常法的緣故這個應成應當有周遍，因為是無我的緣故』這個應成的所顯法應當可以回答承許，因為『聲音有法，應當是非所作，因為是常法的緣故這個應成應當有周遍，因為是無我的緣故』這個應成的所顯法可以回答承許的緣故。」回答不遍。

不能如此承許，因為對此回答承許，則理應推算為「承許聲音應當是非所作，因為是常法的緣故這個應成應當有周遍，因為是無我的緣故這個應成的所顯法可以回答承許」，然而這種應成的所顯法不宜回答承許的緣故。

如果說第一個因不成立的話，對此回答承許，則應該如此推算，因為回答承許「『聲音有法，他應當是與他為一，因為是成實的緣故』這個應成的所顯法應當可以回答承許，因為是無我的緣故」這個應成的所顯法，則理應推算為「承許聲音應當是與聲音為一，因為是成實的緣故這個應成的所顯法可以回答承許」，而且同理即可推知的緣故。

★ ❀ 31

有人說：「『聲音有法，應當是實事，（因為是）[315]應當是所作，

（因為是）應當是無常，是能作用的緣故這個應成的緣故這個應成的緣故」這個應成是以『聲音』作為所諍事，『應當是實事是所作』作為所顯法，『應當是無常』以下作為因。」

這應當是不合理的，因為這種應成必須將「聲音」作為所諍事，「實事」作為所顯法，「應當是所作」以下結合為因的緣故。

應當如此，因為這種應成的最後兩個「應當」是被因的前面兩個「緣故」依次回填的緣故。

如果說因不成立的話，這種應成的因的前面兩個「緣故」應當是將最後兩個「應當」依次回填，因為這種應成的因的第一個「緣故」——「是能作用的緣故」將「應當是無常」回填；第二個「緣故」——「這個應成的緣故」將「應當是所作」回填的緣故。

應當如此，因為「聲音有法，應當是實事，（因為是）應當是有，（因為是）應當是所知，（因為是）應當是量所緣，（因為是）應當是堪為覺知的境，因為是成實的緣故這個應成的緣故這個應成的緣故這個應成的緣故這個應成的緣故」這個應成的因的前前的『緣故』，將後後的「應當」依次回填後，而成了回填的論式的緣故。

回填「應當」的方式應當是如此，因為「遍智有法，應當是有，（因為是）應當是所知，因為是成實的緣故這個應成的緣故」這個應成的第一個「緣故」，將後面的「應當」回填的緣故。

諍三者，所以他宗才會與自宗在理解上產生分歧。由於中文表達時無法同時兼容自他二宗的想法，此處依自宗的想法譯出，所以在「應當是所作」前加上「因為是」，以表達「因為是」以下都是因。

❀ 32

有人說：「這種應成是以『遍智』作為所諍事，『應當是有是所知』作為所顯法，『是成實的緣故這個應成』作為因的應成。」

這應當不合理，因為這種應成是將「遍智」作為所諍事，「有」作為所顯法，「應當是所知，是成實的緣故這個應成」陳述為因的具有所諍因顯三者的應成的緣故。

應當如此，因為將「應當是所知，是成實的緣故這個應成」陳述為因的具有因顯所諍三者的應成可得辨識的緣故。

❀ 33

有人說：「『遍智有法，應當是實事，（因為是因為是因為）是能作用的緣故這個應成的緣故這個應成的緣故』這個應成的因的第一個『緣故』，應當是將『應當是實事』回填，因為前面回填『應當』的方式合理的緣故。」回答不遍。

不能如此承許，因為因無論累積多少「緣故」，都不能回填那一個根本的「應當」的緣故。

應當如此，因為這個原因，所以這種應成是將「遍智」陳述為所諍事，「實事」陳述為所顯法，「（因為是因為）是能作用的緣故這個應成的緣故這個應成」陳述為因的應成的緣故。

❀ 34

有人說：「回答承許『應當是他，因為是他的緣故這個應成有

法，應當是實事，因為是實事的緣故這個應成有法，他應當是與他為一，因為是成實的緣故』這個應成的所顯法，則理應推算為『承許應當是實事，因為是實事的緣故這個應成有法，應當是他，因為是他的緣故這個應成，是與應當是他，因為是他的緣故這個應成為一。』」

這應當不合理，因為對此回答承許，則理應推算為「承許『應當是他，因為是他的緣故這個應成有法，應當是實事，因為是實事的緣故這個應成』是與『應當是他，因為是他的緣故這個應成有法，應當是實事，因為是實事的緣故這個應成』為一」的緣故。

應當如此，因為回答承許「瓶子有法，應當是實事，因為是實事的緣故這個應成有法，他應當是與他為一，因為是成實的緣故」這個應成的所顯法，則理應推算為「承許『瓶子有法，應當是實事，因為是實事的緣故這個應成』是與『瓶子有法，應當是實事，因為是實事的緣故這個應成』為一」，而且同理即可推知的緣故。

❀ 35[316]

有人說：「『應當是他，因為是他的緣故這個應成有法，應當是實事，因為是實事的緣故這個應成有法，他應當是與他為一，因為是成實的緣故。』回答承許這個應成的所顯法，則不應該推算為『承許應當是他，因為是他的緣故這個應成有法，應當是實事，因為是實事的緣故這個應成是與應當是他，因為是他的緣故這個應成有法，應當是實事，因為是實事的緣故這個應成為一』，因為是無我的緣故。」

316 　**35**　第三十五小節以下內容的詳細解釋，請參照附錄一小應成單元應成結構解析

　　回答承許之後，如果說：「落入直接相違」，則回答不會落入，因為前面提問時，雖然是如此回答，但是對此回答承許，則理應推算為「承許『應當是他，因為是他的緣故這個應成有法，應當是實事，因為是實事的緣故這個應成應當是與應當是他，因為是他的緣故這個應成有法，應當是實事，因為是實事的緣故這個應成為一，因為是成實的緣故。』回答承許這個應成的所顯法，則不該推算為[317]『承許應當是應當是他，因為是他的緣故這個應成有法，應當是實事，因為是實事的緣故這個應成，因為是應當是他，因為是他的緣故這個應成有法，應當是實事，因為是實事的緣故這個應成的緣故這個應成有法，應當是實事，因為是實事的緣故這個應成，是與應當是應當是他，因為是他的緣故這個應成有法，應當是實事，因為是實事的緣故這個應成，因為是應當是他，因為是他的緣故這個應成有法，應當是實事，因為是實事的緣故這個應成的緣故這個應成有法，應當是實事，因為是實事的緣故這個應成為一』」，並且也可以回答承許，而如此推算不會落入直接相違的緣故。

❀ 36

　　有人說：「應當是他，因為是他的緣故這個應成有法，應當是實事，因為是實事的緣故這個應成有法，應當是他，因為是他的緣故這個應成有法，應當是實事，因為是實事的緣故這個應成應當是具有因

317　**則不該推算為**　各莫本作「則理應推算為」，上下文無法連貫，又拉寺本、果芒本、民族本皆作「則不該推算為」，故依拉寺等本改之。

顯所諍三者的應成，因為是無我的緣故。」

可以回答承許，因為推算時，理應推算為「承許應當是應當是他，因為是他的緣故這個應成有法，應當是實事，因為是實事的緣故這個應成，因為是應當是他，因為是他的緣故這個應成有法，應當是實事，因為是實事的緣故這個應成的緣故這個應成有法，應當是實事，因為是實事的緣故這個應成是具有因顯所諍三者的應成」的緣故。

這麼說了之後，有人說：「『應當是他，因為是他的緣故這個應成有法，應當是實事，因為是實事的緣故這個應成有法，應當是他，因為是他的緣故這個應成有法，應當是實事，因為是實事的緣故這個應成，應當是具有因顯所諍三者的應成，因為是無我的緣故。』回答承許這個應成的所顯法，則不應該推算為[318]『承許應當是應當是他，因為是他的緣故這個應成有法，應當是實事，因為是實事的緣故這個應成，因為是應當是他，因為是他的緣故這個應成有法，應當是實事，因為是實事的緣故這個應成的緣故這個應成有法，應當是實事，因為是實事的緣故這個應成是具有因顯所諍三者的應成』，因為是無我的緣故。」

回答承許之後，如果說：「落入直接相違」，則回答不會落入，因為前面提問時，雖然是如此回答，但是對此回答承許，則可以回答承許的緣故。

318　**不應該推算為**　各莫本作「應該推算為」，上下文義無法連貫，又拉寺本、果芒本、民族本皆作「不應該推算為」，故依拉寺等本改之。

　　對此可以回答承許，因為對此回答承許，則理應推算為「承許『應當是應當是他，因為是他的緣故這個應成有法，應當是實事，因為是實事的緣故這個應成，因為是應當是他，因為是他的緣故這個應成有法，應當是實事，因為是實事的緣故這個應成的緣故這個應成有法，應當是實事，因為是實事的緣故這個應成應當是具有因顯所諍三者的應成，因為是無我的緣故。』回答承許這個應成的所顯法，則不該推算為『承許「應當是應當是應當是他，因為是他的緣故這個應成有法，應當是實事，因為是實事的緣故這個應成，因為是應當是他，因為是他的緣故這個應成有法，應當是實事，因為是實事的緣故這個應成的緣故這個應成有法，應當是實事，因為是實事的緣故這個應成，因為是應當是應當是他，因為是他的緣故這個應成有法，應當是實事，因為是實事的緣故這個應成，因為是應當是他，因為是他的緣故這個應成有法，應當是實事，因為是實事的緣故這個應成的緣故這個應成有法，應當是實事，因為是實事的緣故這個應成的緣故這個應成有法，應當是實事，因為是實事的緣故」這個應成是具有因顯所諍三者的應成。』」而且回答承許這種應成的所顯法，確實不該如此推算的緣故。

🏵 37

　　有人說：「他有法，應當是實事，因為是實事的緣故這個應成有法，應當是他，因為是他的緣故這個應成有法，應當是他，因為是他的緣故這個應成應當是因顯不異的應成，因為是無我的緣故。」

可以回答承許，因為推算時，理應推算為「承許應當是他有法，應當是實事，因為是實事的緣故這個應成，因為是他有法，應當是實事，因為是實事的緣故這個應成的緣故這個應成有法，應當是他有法，應當是實事，因為是實事的緣故這個應成，因為是他有法，應當是實事，因為是實事的緣故這個應成的緣故這個應成是因顯不異的應成」的緣故。

這麼說了之後，有人說：「『他有法，應當是實事，因為是實事的緣故這個應成有法，應當是他，因為是他的緣故這個應成有法，應當是他，因為是他的緣故這個應成應當是因顯不異的應成，因為是無我的緣故。』回答承許這個應成的所顯法，則不應該推算為『承許應當是他有法，應當是實事，因為是實事的緣故這個應成，因為是他有法，應當是實事，因為是實事的緣故這個應成的緣故這個應成有法，應當是他有法，應當是實事，因為是實事的緣故這個應成，因為是他有法，應當是實事，因為是實事的緣故這個應成的緣故這個應成是因顯不異的應成』，因為是無我的緣故。」

回答承許之後，如果說：「落入直接相違」，則回答不會落入，因為前面提問時，雖然是如此回答，但是對此回答承許，則理應推算為「承許『應當是他有法，應當是實事，因為是實事的緣故這個應成，因為是他有法，應當是實事，因為是實事的緣故這個應成的緣故這個應成有法，應當是他有法，應當是實事，因為是實事的緣故這個應成，因為是他有法，應當是實事，因為是實事的緣故這個應成的緣故這個應成應當是因顯不異的應成，因為是無我的緣故。』回答承許

這個應成的所顯法，則不該推算為『承許「應當是他有法，應當是實事，因為是實事的緣故這個應成有法，應當是實事，因為是實事的緣故這個應成，因為是他有法，應當是實事，因為是實事的緣故這個應成有法，應當是實事，因為是實事的緣故這個應成的緣故這個應成有法，應當是他有法，應當是實事，因為是實事的緣故這個應成有法，應當是實事，因為是實事的緣故這個應成，因為是他有法，應當是實事，因為是實事的緣故這個應成有法，應當是實事，因為是實事的緣故這個應成的緣故」這個應成是因顯不異的應成』」，而如此推算不會落入直接相違的緣故。

◎ **38**

有人說[319]：「『他是與他為一所屬的所知有法，他是與他為一所屬的存在有法，他應當是與他為一，因為是無我的緣故。』回答承許這個應成的所顯法，則理應推算為『承許他是與他為一所屬的所知是與他是與他為一所屬的所知為一所屬的存在有法，他是與他為一所屬的所知是與他是與他為一所屬的所知為一』。」

這麼說了之後，有人說：「『他是與他為一所屬的所知有法，他是與他為一所屬的存在有法，他應當是與他為一，因為是無我的緣故。』回答承許這個應成的所顯法，則不應該推算為『承許他是與他為一所屬的所知是與他是與他為一所屬的所知為一所屬的存在有法，

---

319 **有人說** 此處雖作「有人說」，但所陳述的內容其實是自宗的觀點。

他是與他為一所屬的所知是與他是與他為一所屬的所知為一』，因為是無我的緣故。」

回答承許之後，如果說：「落入直接相違」，則回答不會落入，因為前面提問時，雖然是如此回答，但是對此回答承許，則理應推算為「承許『他是與他為一所屬的所知是與他是與他為一所屬的存在有法，他是與他為一所屬的所知應當是與他是與他為一所屬的所知為一，因為是無我的緣故。』回答承許這個應成的所顯法，則不該推算為『承許他是與他為一所屬的所知是與他是與他為一所屬的所知為一所屬的所知是與他是與他為一所屬的所知是與他是與他為一所屬的所知為一所屬的所知為一所屬的存在有法，他是與他為一所屬的所知是與他是與他為一所屬的所知為一所屬的所知是與他是與他為一所屬的所知是與他是與他為一所屬的所知為一所屬的所知為一』」，而如此推算不會落入直接相違的緣故。

❀ 39

自宗認為：「瓶子的遮遣處有法之上他有法，柱子的遮遣處有法之上他有法，應當是柱子的遮遣處，因為沒有柱子的緣故。」回答承許這個應成的所顯法，則理應推算為「承許瓶子的遮遣處有法之上他有法之上柱子的遮遣處有法之上瓶子的遮遣處有法之上他有法之上瓶子的遮遣處有法之上他有法，在瓶子的遮遣處有法之上他有法之上是柱子的遮遣處。」

　　這麼說了之後，有人說：「『瓶子的遮遣處有法之上他有法，柱子的遮遣處有法之上他有法，應當是柱子的遮遣處，因為沒有柱子的緣故。』回答承許這個應成的所顯法，則不應該推算為『承許瓶子的遮遣處有法之上他有法之上柱子的遮遣處有法之上瓶子的遮遣處有法之上他有法之上瓶子的遮遣處有法之上他有法，在瓶子的遮遣處有法之上他有法之上是柱子的遮遣處』，因為是無我的緣故。」

　　回答承許之後，如果說：「落入直接相違」，則回答不會落入，因為前面提問時，雖然是如此回答，但是對此回答承許，則理應推算為「承許『瓶子的遮遣處有法之上他有法之上柱子的遮遣處有法之上瓶子的遮遣處有法之上他有法之上瓶子的遮遣處有法之上他有法，在瓶子的遮遣處有法之上他有法之上應當是柱子的遮遣處，因為瓶子的遮遣處有法之上他有法之上沒有柱子的緣故。』回答承許這個應成的所顯法，則不該推算為『承許瓶子的遮遣處有法之上瓶子的遮遣處有法之上他有法之上瓶子的遮遣處有法之上他有法之上柱子的遮遣處有法之上瓶子的遮遣處有法之上瓶子的遮遣處有法之上他有法之上瓶子的遮遣處有法之上他有法之上瓶子的遮遣處有法之上瓶子的遮遣處有法之上他有法之上瓶子的遮遣處有法之上他有法，在瓶子的遮遣處有法之上瓶子的遮遣處有法之上他有法之上瓶子的遮遣處有法之上他有法之上是柱子的遮遣處』」，而如此推算不會落入直接相違的緣故。

國家圖書館出版品預行編目 (CIP) 資料

賽倉攝類學 / 賽倉·語王吉祥造論；釋如法,
釋性忠等譯註. -- 二版. -- 臺北市：福智文化,
2017.12
　冊；　公分
ISBN 978-986-93257-3-8 (全套：平裝)

1. 藏傳佛教　2. 注釋　3. 佛教修持

226.962　　　　　　　　　　106019178

賽倉攝類學（上）

造　　　論	賽倉·語王吉祥大師
總　　　監	真　如
主　　　譯	釋如法
主　　　校	釋性忠

責 任 編 輯	黃瑞美
文 字 校 對	王淑均　李宜容　沈平川　黃雪嬌　陳清億
美 術 設 計	張福海
版 型 設 計	黃清田　張福海
排　　　版	華漢電腦排版有限公司
印　　　刷	和宜彩色印刷包裝有限公司

出 版 者	福智文化股份有限公司
地　　　址	105407 台北市松山區八德路三段 212 號 9 樓
電　　　話	(02) 2577-0637
客服 Email	serve@bwpublish.com
官 方 網 站	https://www.bwpublish.com/
FB 粉絲專頁	https://www.facebook.com/BWpublish/

總 經 銷	時報文化出版企業股份有限公司
地　　　址	333019 桃園市龜山區萬壽路二段 351 號
電　　　話	(02) 2306-6600 轉 2111
出 版 日 期	2024 年 3 月　二版九刷
定　　　價	新台幣 800 元（全套 2 冊，不分售）

I　S　B　N　978-986-93257-3-8